みぢかな刑事訴訟法

河上和雄　編

不磨書房

は　し　が　き

　テレビや新聞の報道を見ると，意外に刑事事件について間違った説明をしている例が多い。一応刑事手続を知っているはずの記者でさえ，本当のところかなりあやふやな知識で記事を書いているようである。まして一般の人にとって，警察官と検察官の区別もおぼつかないのが実際であろう。そればかりでなく，事件を起こした犯人がどのように捕まり，どのように裁かれ，どのようにして刑務所に行くようになるのか，刑務所から出たらどうなるのかもおそらく想像さえできない世界ではないのか。

　しかし，われわれは，いつ如何なる犯罪に巻き込まれないとも限らない。その際，どのような手続で自分の権利が守られているのかを知らないでは適切な対応ができないことはいうまでもない。そこで，多くの人々に広く刑事事件に関する手続を知ってもらうためには，やさしい言葉で，できる限り嚙み砕いて説明をすることが専門家の義務でもあろう。その観点から『みぢかな刑事訴訟法』という構想が生まれ，出版にこぎつけることとなった。もとより本書は，刑事訴訟法を学ぶ学生にとっても親しみやすい入門書となるように構成されており，ある程度の専門性も考慮し初学者ばかりでなく広く社会一般の人々も利用できるようにしている。

　執筆にあたってはそれぞれ手分けした関係から若干時間がかかったが，十分読者の要望に応えられるものを完成したと自負している。多忙の中で努力された各執筆者のご協力に感謝したい。

　　平成15年1月

河　上　和　雄

目　　次

はしがき

1 ▨ 刑事訴訟法とは？ ……………………………………………2
　1　刑事訴訟法とは　2
　2　刑事訴訟法の沿革　3
　3　刑事訴訟法の特色　5
　4　刑事訴訟法の種類　9
　5　刑事訴訟の現実　10

2 ▨ 捜査とは？ ………………………………………………………13
　1　捜査のあらまし　13
　2　捜査機関　14
　3　捜査の方法　17
　4　捜査の端緒　21

3 ▨ 被疑者の逮捕とは？ …………………………………………31
　1　逮捕とはなにか　31
　2　逮捕の要件と手続　33
　3　逮捕後の手続　44

4 ▨ 被疑者の勾留とは？ …………………………………………47
　1　勾留とはなにか　47
　2　勾留の要件　48
　3　勾留の裁判　51
　4　不服申立　52
　5　勾留の場所と期間　54
　6　勾留の取消，執行停止　57

7　逮捕・勾留をめぐる諸問題　58

5　捜索・押収とは？…………………………………………61
　　1　捜索・押収とはなにか　61
　　2　令状による捜索・差押え　64
　　3　令状によらない捜索・差押え（逮捕に伴う捜索・差押え）　74
　　4　検証・鑑定　77
　　5　体液等の強制採取，通信傍受　80

6　被疑者・被告人・参考人の取調べとは？………………86
　　1　被疑者の取調べ　86
　　2　被告人の取調べ　90
　　3　参考人の取調べ　94
　　4　証人尋問　97

7　被疑者の防護とは？………………………………………102
　　1　弁護権と弁護人　102
　　2　弁護人の接見交通権　107
　　3　身体拘束に対する救済・不服申立　112
　　4　証拠保全　115

8　公訴の提起とは？…………………………………………117
　　1　起訴便宜主義　117
　　2　不起訴処分　118
　　3　公訴の提起　121
　　4　公訴時効　124
　　5　時効完成の効果　126

9　公判手続とは？……………………………………………127
　　1　裁判所の組織・管轄　127

2　公判のための準備活動　131
　　3　公判手続　136
　　4　公判期日の手続　142

10　証拠とは？　……………………………………………………148
　　1　証拠の種類　148
　　2　厳格な証明と自由な証明　149
　　3　証拠能力と証明力　150
　　4　証人尋問　153
　　5　鑑定人・通訳人・翻訳人の尋問　158

11　違法収集証拠とは？　……………………………………………161
　　1　違法収集証拠　161
　　2　違法収集証拠の排除法則　162
　　3　おわりに　174

12　自白とは？　……………………………………………………176
　　1　自白の意義　176
　　2　自白法則（自白の任意性）　177
　　3　自白の証明力（信用性）　179
　　4　補強法則　180
　　5　共犯者の自白　181

13　伝聞証拠とは？　…………………………………………………183
　　1　伝聞証拠の意義　183
　　2　伝聞証拠と例外　190
　　3　証明力を争う証拠　204

14　裁判の意義と種類とは？　………………………………………208
　　1　裁判の意義　208

2　裁判の種類　208
　　3　裁判の成立　211
　　4　裁判の構成　213
　　5　裁判の効果　218

15　上訴とは？ ……………………………………………………223
　　1　上訴一般　223
　　2　控　訴　230
　　3　上　告　238
　　4　抗告・準抗告　242
　　5　非常救済手段　245

16　少年事件の手続とは？ ……………………………………249
　　1　少年による刑事事件と少年法　249
　　2　逆送決定に至るまでの手続の流れ　250
　　3　少年事件の刑事手続　255

事項索引……………………………………………………………259

みぢかな刑事訴訟法

1 刑事訴訟法とは？

1 刑事訴訟法とは

　刑法は，国家が社会の秩序や安全を守り，人々の生命や身体等を守るため，人の一定の行為を犯罪と定め，そのような行為をした人に対して刑罰としてどのようなものをどれだけ科するのかを定めている。つまり，犯罪とそれに対する刑罰を定めているのが刑法（この種の法律を，一般的に実体法という）であるが，刑法はそれだけではいわば「絵に描いた餅」であって意味をなさない。刑法を実現する手続があって，初めて刑法は生きてくるのである。
　この刑法を実現するための手続を定めているのが刑事訴訟法（令）である。すなわち，人のしたある行為，あるいは人のしなかったある行為が，刑法の定めている犯罪に該当するのか該当するとして，刑法の定めるどのような刑罰をどれだけ科するのか，を規定しているのが，刑事訴訟法（令）である。これをいささか難しい言葉を使えば，国家刑罰権の実現を図るための手続を定めている法律ということができる。
　国家刑罰権の実現のための手続ということは，刑罰は，常に刑事訴訟法の定める手続によらなければ，人に科することができないことを意味する。仲間の掟を破ったからといって，仲間内でその者を処罰するような私刑（リンチ）は許されないのであって，犯罪とされる行為をした人間は，刑事訴訟法の定める手続によってのみ処罰されるのである。
　「法律なければ，刑罰なし」というのが，ローマ法以来の刑法の大前提であるが，「手続によらなければ刑罰なし」ということができる。憲法31条が「何人も，法律の定める手続によらなければ，その生命若しくは自由を奪われ，又はその他の刑罰を科せられない。」と規定しているのは，直接的には，このことを意味するといえる（「直接的には」というのは，憲法31条は，罪刑法定主義の保障

のように，実体法の適正をも要求していることを考慮しての表現である)。

　このことは，民事や商事などのいわゆる私法とそれを実現するための民事訴訟法(令)との関係と比較するとよく判る。民事，商事の事件では，民法，商法などで定められている私法上の権利を実現する場合，必ずしも民事訴訟法(令)によらねばならないものではない。当事者間で任意に話し合って解決することがおそらく実生活で多いと思われるように，民事訴訟法(令)とは，関係ない手続で，私法上の権利が実現されうるのである。

　刑法と刑事訴訟法(令)との関係は，民法・商法と民事訴訟法(令)の関係と異なり，刑事訴訟法がなければ，刑法は意味を持たないといえる。といって，刑事訴訟法は，刑法を具体的な事件(人の行為)に当てはめるための法令であるから，刑法がなければ，刑事訴訟法は存在する意味がない。

　かつて，刑事訴訟法は，刑法の補助法と考えられていたが，両者の関係を右のように解するのが通説といえる。

　このように，刑法と刑事訴訟法とが相まって，犯罪を犯した犯人を処罰し，その犯人がさらに犯罪を重ねないようにする(特別予防)とともに，同じような犯罪を犯せば，処罰されることを明らかにして，他の潜在的犯罪者に警告を与え，犯罪を未然に防ぐ(一般予防)という刑事政策の目的を達成しようとしているのである。

2　刑事訴訟法の沿革

　わが国では，古くは盟神探湯(くがたち)といわれる熱湯に犯人の手を入れさせて火傷すれば有罪，しなければ無罪といった刑事訴訟法に属する証拠法のような慣習があったが，律令時代の昔から，刑法が刑事法の中心であり，手続は必ずしも厳格とはいい難かった。

　わが国の近代化は，明治維新(1868年)に始まるが，当初は，当時の中国国家の清の法令によった新津綱領にみるように，前近代的な刑事法体制をとっていたが，欧米諸国との不平等条約の早期改正のためには，法制度の欧米化，近代化が必要不可欠であった関係から，フランスのパリ大学から招いたボアソナード教授を中心とする立法作業が進められ，明治13年には，治罪法が，わが国初

の刑事訴訟法として制定公布された。1808年のナポレオン法典の一つであるフランス治罪法を模したものであることからも判るように，治罪法は，フランス法系に属するものであった。検察官の起訴独占主義，三審制度，捜査における予審手続，証拠の自由心証主義，裁判の公開主義といった近代的訴訟手続を定めているが，この特徴は，その後に引き継がれている。

明治22年に旧憲法が当時のプロシア憲法を範として制定公布された関係から，わが国の実情と必ずしも合わなかった治罪法の見直しが行われ，ドイツ法に則した旧・旧刑事訴訟法が明治23年に制定公布された。しかしながら，刑法自体は，フランス法系の旧刑法（明治13年公布施行）であったこともあり，現実には，フランス法系に属する手続であったといえる。ただ，裁判所の構成については，1877年のドイツ法を模した裁判所構成法（明治23年公布施行）が成立していた関係で，ドイツ法的であった。

その後，刑法が改正されることとなって，明治40年から現行刑法が施行されることとなり，それがドイツ法によっていた関係から手続法についても，ドイツ法による必要が生じ，大正11年に旧刑事訴訟法が制定公布されるに至った。

この大正刑事訴訟法は，1877年のドイツ刑事訴訟法や1920年の刑事訴訟法改正草案の影響を強く受けたもので，この時点で刑事訴訟法はフランス法系からドイツ法系に変わったといえる。この法律自体は，法的規制の強化，弁護機能の拡充といった自由民主的色彩の強いものであったが，現実の運用面では，昭和に入ってからの軍事色の濃厚化とともに違警罪即決令の濫用による人権無視の風潮などが一般化して法律と現実とが異なる状況が現出していた。

昭和20年8月15日の敗戦によって，わが国は連合軍の占領するところとなり，連合総司令部（GHQ）が最高権力を持ち，わが国の統治機構はその間接支配の下に存在するにすぎないようになった。

まず，基本法である憲法の改正が行われ，昭和22年5月3日に現行憲法が施行された。現行憲法は，GHQの中心であるアメリカの連邦憲法の強い影響を受けたもので，とりわけ刑事に関しては31条から40条までの10条を置き，その内容も，連邦憲法修正条項の人権規定にならったものが主であった。法定手続の保障（憲法31条），捜査機関の強制処分に対する保障（同33条～35条），弁護人依頼権の確立（同34条・37条3項），公開裁判の保障（同37条1項），証人喚問権の

保障（同37条2項），黙秘権の保障（同38条），一事不再理の宣明（同39条），刑事補償の確立（同40条）といった刑事手続の細部にまでわたる条文は，憲法としては細かすぎるという批判もあるが，敗戦までの人権被害の現実を考えての人権の保障のためといえよう。ただ，最近に至って，これらの条文は，犯罪の一方当事者である犯人に対する人権の保障のみを重視したもので，犯罪のもう一方の当事者である被害者やその遺族に対する保障が欠けているという批判がなされている。

現行憲法への改正の動きを受けて，刑事訴訟法のアメリカ法化による改正がＧＨＱの指示の下に行われ，改正法の成立までの間，とりあえず憲法との整合性を目的とした「日本国憲法の施行に伴う刑事訴訟法の応急的措置に関する法律」（刑訴応急措置法）が制定され，日本国憲法の施行と同日に施行された。そして，さらに改正作業が続けられ，アメリカ刑事訴訟法の強い影響を受けた現行刑事訴訟法が昭和24年から施行されて現在に至っている。

一方，刑法は，皇室に対する罪の章の削除のように一部手直しが行われたものの，基本的には，現在までドイツ法系のままであり，条文の解釈もドイツ法の強い影響を受けたままであったが，その刑法を実現する刑事訴訟法は，アメリカ法によったもので，実体法と手続法との齟齬という問題が生じたが，その後の半世紀にわたる実務の定着で，両者間の矛盾は相当程度解決されてきている。

3　刑事訴訟法の特色

アメリカ法の影響の強い現行刑事訴訟法の特色として，従来からの社会防衛のための真実の解明，犯人の必罰という目的とアメリカ法の最大特徴ともいえる人権保障，とりわけ被疑者の人権保障との調和を図ろうとしていることを指摘できる。

刑事訴訟法1条は，この点について，「この法律は，刑事事件につき，公共の福祉の維持と個人の基本的人権の保障とを全うしつつ，事案の真相を明らかにし，刑罰法令を適正且つ迅速に適用実現することを目的とする。」と表現している。事案の真相の解明→犯人の処罰という刑法を具体的に実現するための

刑事訴訟法としては当然の大前提の命題も，一方において人権の保障という憲法上の大原則によって制約されざるをえない現実を，両者の調和ということで目的を達しようとしたのである。

前者を「**実体的真実主義**」とよぶことができるし（批判的にいえば，糾問主義，職権主義），後者を「人権擁護（保障）主義」ないし「デュープロセス主義」（弾劾主義，当事者主義）ということができる。一般的にいって，弁護士会や学界は，後者の立場に立ち，検察側や実務家出身の学者は，前者の立場に立つといってよい。もとより，1条が規定するように，両者の調和こそ理想であろう。

現行刑事訴訟法の特色として，次の点を指摘できる。

（1） 捜査，公判における強制処分に対する人権保障の強化

逮捕，勾留，捜索，差押え等に対する令状主義の徹底が図られ，捜査機関による強制処分は，現行犯の場合を除いて（憲法33条・35条1項）裁判官の令状によらなければならないとされたことにみることができる。逮捕（199条），勾留（207条・60条），捜索差押検証（218条・220条）などの規定がその代表である。勾留理由開示制度（82条以下），被告人の無罪の推定を具現化した必要的保釈（89条）もこれに加え得よう。しかし，反面，被疑者の保釈制度がないこと，被疑者の勾留制度（208条以下），被疑者に対する取調べ（197条・198条）といった実体的真実発見のための規定も置かれている。

（2） 検察官と司法警察職員との関係

旧刑事訴訟法においては，捜査は検察官が主宰するものであり，警察官はその指揮命令に従わなければならないとされていた。現行法では，当事者主義的考えの下で，検察官は独自の捜査権を持つ（191条1項）とはされたものの，警察官が司法警察職員という地位で捜査の主体となり（189条），両者は協力関係（192条）で，検察官の司法警察職員に対する指示・指揮権（193条）は，具体的事件などに限定されている。アメリカ法的に，検察官は法廷における原告官として活躍することが想定されているのであるが，現実には，検察官の捜査権の行使が大きな意味を持っている。

（3） 起訴独占主義に対する抑制

付帯私訴（民事訴訟を起こすのに加えて刑事の起訴も私人が行う制度）こそ例外的にあったものの治罪法以来の検察官の起訴独占主義に対する抑制の制度が設け

られている。刑法の職権濫用罪（刑193条～196条）については，検察官が不当な不起訴処分をした場合に，告訴・告発人に裁判所に対する付審判請求権を認め（262条）た準起訴手続や検察官の不起訴処分を一般の国民の良識によって批判，抑制しようとする検察審査会の制度が設けられている（昭和23年法147，検察審査会法）。

（4）当事者主義の拡充

この点は，捜査の場面と公判の場面の両者に現われている。捜査の場面でもっとも端的に現われたのが，治罪法以来旧刑訴法まで続けられてきた予審制度（公判前に非公開で裁判官が中心になって証拠を収集する制度。証拠のない場合には手続の停止という人権保障的な面もある）が廃止された点であろう。本来当事者でない裁判官（予審判事）が，当事者の一方である捜査官に結果として協力することが当事者主義に反するとされたわけである。弁護人選任権の告知（203条1項等）弁護人の自由な接見交通（39条1項）なども指摘できよう。

これに対して，捜査官による弁護人と被疑者との接見の指定（39条3項），取調べに弁護人の立会権のないことなどは，実体的真実発見主義によったものといえよう。

なお，逮捕，勾留されている被疑者の取調べ受認義務（198条1項但書）については，最高裁の判例（最大判平11・3・24民集53巻3号514頁）により，当該事実以外についても認められている（拙稿「接見指定の憲法上の意義」法学紀要40巻別巻149頁）。

公判段階においては，最も当事者主義が強力に進められ，弁護権も強化されている。まず，予断排除の原則が強調され，公平な裁判所の裁判（憲37条1項）の実現のために起訴状一本主義（256条1項）がとられ，旧刑訴時代のように公訴の提起とともに捜査記録が裁判所に提出されることはなくなった。もっとも，少年審判においては，当事者主義と無関係なために，すべての記録が裁判官のアプローチ可能となっている（少年8条ほか）。

訴因制度（256条3項）をとって審判の対象を限定し，被告人・弁護人の防禦の範囲を明確にしたのも，当事者主義の現われといえる。また，証拠法において，原則として伝聞証拠に証拠能力を否定したこと（320条1項），その結果，直接主義，口頭主義が重視されていること，自白について，憲法38条を更に進

めて、「任意にされたものでない疑のある自白」の証拠能力を否定し（319条1項）、公判廷における自白か否かを問わず自白のみでは有罪とされない（319条2項）として、自白の証明力を制限しているのも、当事者主義の現われということができる。

これに対して、伝聞証拠排斥の原則に対する例外として、検証調査や鑑定書と並んで被疑者の捜査機関に対する供述調書（321条）や被告人の供述調書（322条）に一定の条件はあるものの証拠能力を認めた規定は、実体的真実主義の現われということができよう。

（5）上訴制度の改革

旧刑訴法では、控訴審は、もう一度裁判をやり直すという覆審の制度をとっていたが、現行法では、控訴審は第一審判決の当否を判断する事後審とされ、否と判断した場合には第一審に差し戻す形がとられている（397条以下）。また上告審も、最高裁判所の性格が違憲立法審査権（憲81条）を付与されることによって大審院と異なるに至ったため、上告理由は、憲法違反と判例違反のみに限定されている（405条）。民事事件の場合と異なり、刑事事件では、一審が地方裁判所、家庭裁判所、簡易裁判所に分かれていても、控訴審は高等裁判所に限られ、上告審も最高裁判所のみが行うことになっている。

（6）不利益再審の廃止

旧刑訴法では、被告人にとって不利益となる再審制度が認められていたが、現行法では廃止され、再審は被告人の利益のためにのみ行えるにすぎない（435条・436条）。

このように、現行刑事訴訟法は、アメリカ法の影響を強く受けてはいるものの、従来の職権主義的色彩を基調とした実体的真実主義をも色濃く残している。前者の立場に立って当事者主義を強調すれば、その論理的帰結として、被疑者保釈制度、取調べへの弁護人の立会、捜査官の接見指定権の廃止、保釈制度の活発な利用といった点が当然の主張となるし、後者の立場に立てば、これらの主張は法文を欠き、立法論を解釈論に持ち込むものだと批判することになる。

いずれの立場を主と見るかによって、現実の具体的事件の処理に当って、法文の解釈が正反対に分かれることになり勝ちであるが、現行法に目指すのは、両者のいずれにも重きを置かず、人権保障と真実発見とを調和させるとすると

ころであろう。捜査に関する権限規定が憲法上存在しないのに被疑者の権利保障規定が沢山存在することを理由にして，捜査権は，憲法上の権利ではないから，被疑者，被告人保護の規定が優先すべきであるとする見解があるが，もとより正しいものではない（最大判平11・3・24民集53巻3号514頁）。

　いずれにせよ，ドイツ法系の刑法を適用実現するために，ドイツ法系をアメリカ法系で大幅に修正した刑事訴訟法によって，この半世紀の間わが国の刑事裁判が行われてきたのであって，その間先進諸国の中でも抜群の治安の良さをわが国が誇っている以上，どちらかの立場に偏った見解には疑問がある。

4　刑事訴訟法の種類

　刑事手続に関する法律は，犯罪の発生から犯人の検挙，起訴，有罪，無罪，上訴，刑の執行というすべての局面に係るものであるから，単一の法律で出来上がっているものではない。

　もちろん，基本となるのは，憲法31条から40条までの刑事に関する基本規定であるが，刑事手続の一般的，基本的なことを規定しているのが，刑事訴訟法（昭和23年法131号）であり，通常，刑事訴訟法というときには，この法律を意味する。以下の各章において，とくに断りのない限り，右の刑事訴訟法典を刑事訴訟法ないし刑訴法としている。

　広い意味で，刑事手続に関する法律としては，組織面でいえば，「裁判所法」（昭和22年法59号），「検察庁法」（同61号），「弁護士法」（昭和24年法205号），「警察法」（昭和29年法162号），「警察官職務執行法」（昭和23年法136号）などがあり，特殊な対象に対するものとしては，「少年法」（昭和23年法168号）のほか，交通違反者に対する簡易な裁判手続を定める「交通事件即決裁判手続法」（昭和29年法113号）などがある。

　国際的な犯罪の増加を反映して，渉外関係の刑事手続を定める法律として，「逃亡犯罪人引渡法」（昭和28年法68号），「国際捜査共助法」（昭和55年法69号）などがあるし，その他「法廷の秩序維持に関する法律」（昭和27年法286号），「刑事確定訴訟記録法」（昭和62年法64号），「刑事訴訟費用等に関する法律」（昭和46年法41号），「刑事補償法」（昭和25年法51号），「犯罪被害者等給付金支給法」（昭和

55年36号）などの法律も，広い意味での刑事訴訟法に入る。

　刑事手続は，裁判で終わるものではなく，有罪判決の場合，その執行があって初めて完結するものであるから，「監獄法」（明治41年法28号）のように自由刑（懲役刑，禁固刑）の執行に関する手続を定める法律も広い意味での刑事訴訟法に入るし，「少年院法」（昭和23年法169号）も少年院に収容される非行少年に対するものとして同様に解せる。そして，「執行猶予者保護観察法」（昭和29年法58号）や「犯罪者予防更正法」（昭和24年法142号），「更生保護事業法」（平成7年法86号），「保護司法」（昭和25年法204号）といった刑務所に入らずに保護観察を受ける場合や入って出た後に受ける場合の手続に関する法令も，広い意味での刑事訴訟法に属するといってよい。

　その他，最高裁判所の規則制定権（憲77条）に基づいて，刑事手続の基本的なものについて刑事訴訟法を補充する「刑事訴訟規則」（昭和23年最高裁規則32号）少年法を補充する「少年審判規則」（昭和23年最高裁規則33号）も広い意味で刑事訴訟法に入る。

　警察官の犯罪捜査についての指針を規定する「犯罪捜査規範」（昭和32年国家公安委員会規則2号）は，刑事訴訟法手続に関するものではあるが，広い意味での刑事訴訟法に入るか否かかなり微妙なものがある。手続違反が直ちに違法となるものではないからである。

5　刑事訴訟の現実

　わが国に現在施行されている法令（法律，政令，勅令，閣令，府省庁令）はおよそ6,600余りであり，そのうち法律は1,700余りである。このうち，罰則がついている法令が800弱でその大半が法律であるが，一番古いものとしては，法律と同じ効力を持つ「爆発物取締罰則」（明治17年太政官布告32号）という太政官布告が未だに現実に働いている。

　この法律を施行する主だった者の数は，警察官が事務職員を含めて約25万人，裁判官が約3,000人，検察官が約2,300人，弁護士が約2万人弱という状況である。

　そこで，更に進んで，わが国で1年間に起きる犯罪の数，検挙件数その他の

数字や率，起訴される事件数，裁判の状況，刑の執行状況を平成13年の統計に従ってみてみよう（以下，平成14年版犯罪白書による。）。

犯罪は，刑法を犯した刑法犯と刑法以外の法令に違反した特別法犯に分類されるが，両者で統計の取り方が異なり，刑法犯については警察が知った事件（認知事件）が数字として把握されているのに対し，特別法犯は，犯罪の検挙がすなわち警察が知った事件となるため検察庁の新規受理人員の数が事件数として統計上出てくる。

平成13年の刑法犯をみると，認知事件数3,581,521件（うち交通事故による刑法211条違反事件を除くと2,735,612件，以下括弧内は同じ），検挙件数1,388,024件（542,115件），検挙人員1,195,897人（325,292人），人口10万人当りの事件数である発生率2,814件（2,149件），これらの事件を検挙して解決した検挙率38.8%（19.8%）という数字になっている。認知件数のうち窃盗が65.3%，交通事故が23.6%となっているのに対し，検挙人員の罪名では，交通事故が72.8%，窃盗が14.1%，横領が5.5%，傷害が2.5%となっている。

ここでの問題は，検挙率が極端に低いことである。従来，交通事故を除外しても50%以上の数字を維持していたのが平成に入ってから約40%に落ち込み，それが，19.8%にまで低下している（更にその後この傾向が続いている。）点は，まことに憂うべきである。認知件数が明治16年の犯罪統計以来最悪の数字を示している一方で，検挙率も戦後最悪の数字を示しているのである。

といっても，個別の犯罪では，重罪ほど検挙率も高い。殺人では94.1%，強盗は48.7%であるのに対し，窃盗は15.7%と極めて低い。

平成13年における特別法犯は，1,009,850件（人）で，うち道路交通法違反が1,890,969件（人），自動車の保管場所の確保等に関する法律違反が25,120件（人）で90.7%以上を交通関係が占めており，その他では覚せい剤取締法違反などの薬物関係が交通違反などを除く特別法犯の37.6%を占めているほか，銃砲刀剣等所持取締法違反などの保安関係が13.2%となっている。

このように検挙された被疑者は，原則として全て検察庁に送致される。検察庁では，これらの被疑者について，起訴（公判請求と略式命令請求，刑訴法256条，271条と461条以下）と不起訴（起訴猶予，248条とその他），家庭裁判所送致（少年法42条）の処分をしているが，平成13年における検察庁の処理人員総数は，

2,219,801人で，うち公判請求は130,085人，略式命令請求は1,892,613人，不起訴のうち起訴猶予は885,085人，その他の嫌疑なしなどの不起訴が47,744人，家庭裁判所送致が264,321人となっている。この総数のうち，刑法犯が1,196,078人，公判請求が79,083人，略式命令請求が113,418人，起訴猶予が778,251人，その他の不起訴処分が38,048人，家庭裁判所送致が187,278人であり，特別法犯が1,023,723人，うち公判請求が50,955人，略式命令請求が779,195人，起訴猶予が106,834人，その他の不起訴が9,696人，家庭裁判所送致が77,043人となっている。刑法犯で交通事故が887,071人，窃盗が148,685人，横領が39,173人で，殺人は1,479人，強盗が4,369人，特別法犯では，道交法関係を別として，覚せい剤取締法違反が26,378人，うち公判請求が22,760人，起訴猶予1,045人，その他不起訴1,439人，家庭裁判所送致1,134人で他の事件に比べて圧倒的に公判請求率が高い（殺人でも，1,479人中公判請求は872人である。）。

　1人の犯人が複数の犯罪を犯す場合が多いため，裁判ではこれらがまとめられ，終局裁判の処理人員数は，公判請求人員に比べて半減する。地方裁判所，家庭裁判所，簡易裁判所の一審裁判所の通常の公判手続による終局処理人員は，平成13年の統計で81,503人，うち死刑10人，無期懲役88人，無罪が68人（全体の0.1％）となっている。有罪の自由刑のうち，執行猶予率は61.2（簡裁事件を除く）％である。

　こうして裁判を受けた被告人のうち，自由刑の実刑判決で刑務所に入って来た数が平成13年では25,469人（うち少年39人）で，うち窃盗犯が26.5％，覚せい剤取締法違反者が25.6％を占め，全体の半分以上となっている。

　そして，1日の行刑施設の収容人員は63,415人，うち受刑者51,668人，未決拘禁者が11,323人である。

　なお，少年院の新収容者は6,008人で，男子5,393人，女子615人となっている。

　一方，平成13年における保護観察の新規受理人員は，少年関係を含めて75,114人で，うち仮出獄者が14,423人，保護観察処分付執行猶予者が5,493人，保護観察少年が49,410人，少年仮退院者が5,788人である。

　以上が，わが国の犯罪と犯罪者の実態である。

2 ■ 捜査とは？

1　捜査のあらまし

（1）　刑事訴訟法と刑事裁判，刑事裁判と捜査
　この本の書名は「みぢかな刑事訴訟法」であるが，「刑事訴訟」と聞いて多くの人がまず思い浮かべるのは，おそらく刑事裁判であろう。ニュースなどでときどき映し出される開廷前の法廷内の様子を見て，あの続きは一体どうなるのだろうかと興味を持ってこの本を手に取られた方もおられるかも知れない。そういう方には少々申し訳ないが，この章で取り上げるのは，あのあとに続く裁判の話ではなくて，そのはるか以前の捜査の話である。
　このようにいうと，自分が聞きたいのは裁判の話だ，ということで，この先を読み進めるのが億劫になってしまった方もおられるかも知れないが，そういう方にも，事件が発生したからといって，すぐには刑事裁判を始められないということはご理解いただけるだろう。たとえば，殺人事件が発生したというので，裁判官と検察官と弁護士が急いで法廷に駆けつけても，裁判の対象になるべき人（「被告人」という）がいなければ，裁判は始められない。裁判を始めるには，その前段階の手続として，検察官が，ある人を被告人として裁判を開始するよう裁判所に申し立てる手続（「公訴の提起」という［247条以下］）が必要である（細かくいえば例外はある［267条参照］）。それなら「公訴の提起」から話を始めろといわれるかも知れないが，犯人は，「私が犯人です」という看板をぶら下げ，証拠を小脇に抱えて検察庁の前に立っているわけではないので，検察官が公訴を提起するには，これに先立って，誰が犯人であるのかを明らかにし，公訴を提起した場合には刑事裁判において犯罪を立証できるような証拠を収集する活動，すなわち捜査が必要となる。このような意味で，捜査は第一審手続の出発点であるので，本書の構成としても，捜査の説明が公判手続の説明に先

立って置かれているのである。ちなみに，六法に掲載されている刑事訴訟法の目次を見ても，第2編「第一審」は裁判手続についての規定から始まるのではなく，やはり「捜査」から始まっている（「公判」は，第2章「公訴」に続く第3章に置かれている）。

（2） 捜査と憲法

　捜査に関する細かい説明はこの先たくさん出てくるので，ここでは憲法と捜査との関係について，ごく簡単に見ておくことにしよう。憲法といえば9条以外はよく知らないという方も多いかも知れないが，実は，憲法には，刑事手続と非常に密接な関係をもつ重要な人権保障規定がいくつも置かれている（憲31条～40条）。このうち，捜査と直接関係があるものだけを抜き出してみても，①何人も現行犯として逮捕される場合を除いては，令状によらなければ逮捕されないと規定する33条，②理由を告げられ，かつ弁護人に依頼する権利を与えられなければ抑留・拘禁されない等と規定する34条，③現行犯として逮捕される場合を除いては，令状によらなければ，住居等を捜索され，押収を受けることはない等と規定する35条，④公務員による拷問等を禁止する36条，⑤何人も，自己に不利益な供述を強要されないこと，強制等による自白・不当に長く抑留もしくは拘禁された後の自白は証拠とすることができないこと等を規定する38条をあげることができる（正確な条文は六法を参照していただきたい）。憲法のこれらの規定は，捜査機関が行う捜査を直接・間接に規律しているが，なかでも，①および③に宣明されている「令状主義」は，捜査機関が行う強制処分（詳細は後述）を貫く大原則であり，この先で紹介する，捜査を巡るさまざまな問題を理解するための重要なキーワードとなる。ぜひ，記憶に留めておいていただきたい。

2　捜査機関

（1） 捜査機関とは

　「捜査機関」ときいて，多くの人がまず思い浮かべるのは警察官であろう。確かに，警察官は捜査機関である。しかし，唯一の捜査機関というわけではない。大規模な経済事件や政治家の汚職事件等では，「東京地検特捜部が○×容疑者

を逮捕」などという報道にしばしば接するが，ここから分かるように，検察官も捜査機関である。さらに，刑事もののドラマでときどき登場する麻薬捜査官（麻薬54条）や，不審船が日本の領海に進入したときに巡視船に乗って駆けつける海上保安官（海上保安庁31条）などのように，一定領域の犯罪についてのみ捜査の権限を与えられている捜査機関もある。

（2） 警察の組織

このように，ひとくちに捜査機関といってもいろいろあるが，それでも，最も主要な捜査機関といえば，やはり警察官である。というわけで，ここでは警察の組織について若干説明しておくことにしよう。

まず，警察組織の大枠がどうなっているかというと，日本の警察は，国の機関である警察庁と，都道府県の機関である都道府県警察とに分かれている。行政組織上の所轄・管理関係は，それぞれ，内閣総理大臣－国家公安委員会－警察庁（警察4条1項15号〜17号），都道府県知事－都道府県公安委員会－都道府県警察（警察38条1項・3項）である。しかし，この2本立ての警察組織は，もちろん互いに無関係なわけではなく，密接な関係をもっている。なかでも，都道府県警察の本部長等の幹部ポストが警察庁採用のいわゆるキャリア警察官で多く占められていることは，近時の報道等を通じて一般にも広く知られるようになったところだろう（警察49条以下も参照していただきたい）。

都道府県警察の本部は，ニュースなどでしばしば耳にするように，たとえば「大阪府警察本部」，「神奈川県警察本部」など，府県名のうしろに「警察本部」をつけた名称で呼ばれるのが一般である。しかし，東京都の警察本部だけはこれとは異なって「警視庁」と呼ばれる（警察47条1項）。英語名も「東京警察」ではなく「首都警察」にあたる，Metropolitan Police Department（MPD）である。最近の刑事ドラマにはこの「MPD」のバッジがときどき登場しているので，目にされたことのある方も少なくないだろう。

警察官の階級で比較的よく知られているのは，「巡査」，「巡査部長」，「警部補」，「警部」，「警視」と，「警視総監」だと思われるが，警視と警視総監の間にも，実はいくつかの階級があり，下から（といってもあくまで相対的な意味での「下」であるが）順に，「警視正」，「警視長」，「警視監」である（警察62条）。そして，全警察官約23万人の頂点に位置するのが警察庁長官であり，95年に起き

た長官狙撃事件は，まさに驚天動地の大事件であった。

(3) 司法警察職員

ところで，六法を開いて刑事訴訟法を眺めていると，ところどころに，「司法警察職員」という，見慣れない言葉が出てくる。たとえば，逮捕に関する189条を見てみると，「検察官，検察事務官又は司法警察職員は，被疑者が罪を犯したことを疑うに足りる相当な理由があるときは，……逮捕することができる。……」とされている。「検察官」，「検察事務官」はともかく，「司法警察職員」という言葉には，日常生活の中ではなかなか接する機会がないと思われるが，これは，警察官（「一般司法警察職員」といわれる）と上記の麻薬取締官等の特別の捜査機関（「特別司法警察職員」といわれる）とを総称したものである。そして，話が込み入って申し訳ないが，刑事訴訟法は，司法警察職員を，さらに「司法巡査」と「司法警察員」とに分けて，その権限に区別を設けている。この先，話はさらに入り組んでくるので，厳密にいえば不正確であるが，とりあえず「司法警察職員＝警察官」と考えていただければ，多少とも理解が容易になるだろう。以下の説明も，警察官である司法警察職員を念頭に置いて行うことにしよう。

まず，司法巡査と司法警察員との区別であるが，これは，おおむね巡査の階級の警察官が司法巡査，巡査部長以上の階級の警察官が司法警察員とされていると考えていただければよい。そして，両者の権限の区別は，たとえば，捜索令状で捜索をする権限が司法巡査にも司法警察員にも認められているのに対し（218条1項），捜索令状を請求する権限が司法警察員にしか認められていない（同条3項）ことなどに見られる。同様の例は，逮捕された被疑者の釈放および検察官への送致（203条1項等），告訴・告発の受付等，ほかにも多くの場面で見られるが，通常逮捕状の請求に関してだけは，もうひとひねりあって，司法警察員の中でも一定の者（国家／都道府県公安委員会の指定を受けた警部以上の階級の者［「指定司法警察員」といわれる］）だけにしか令状請求権が認められていない（199条2項）。これは，初めて聞くとやや混乱するところかも知れないが，実はさらにややこしい話があって，警察の内部規則である犯罪捜査規範は，令状請求の適正化を徹底するために，通常逮捕以外の令状の請求についてもできる限り指定司法警察員が行うこととしている。もし余裕があれば，こちらも

記憶に留めておいていただきたい。

（4）警察官と検察官との関係

警察官と検察官とは、それぞれ別個の組織に属する独立した捜査機関であるから、両者の関係の基本は、上下関係ではなく協力関係である（192条）。しかし、警察官の捜査は、推理小説の探偵の調査とは異なって、犯人を見つけて大団円というわけにはいかない。捜査の過程で行われる被疑者の特定、証拠の収集は、公訴提起の要否の適正な判断を可能にし、公訴が提起された場合には後に続く刑事裁判における犯人の適正な処罰を実現するためのものである。そして、公訴の提起とその後の訴追活動は、いうまでもなく検察官の権限に属する事柄であるから、警察官の捜査は、いわば検察官が「使える」ものでなくてはならない。ここから、検察官が警察官の捜査を一定の範囲でコントロールする必要が生じてくる。このコントロールの方法として、刑事訴訟法は3種類のものを用意している。

そのひとつは「一般的指示権」（193条1項）といわれるものである。たとえば、東京で被疑者として取調べを受けたことがある窃盗犯人は、次に大阪で取調べを受けたとき、そこで使われている供述調書の用紙が東京で使われていたものと同じであることに気づくであろう。これは偶然の一致ではなくて、検事総長（管轄区域は全国）の「一般的指示」により定められた「司法警察職員捜査書類基本書式例」が全国の警察で使用されていることによる。同書式例によって、上記の供述調書を始め、逮捕状請求書、捜索調書等、公訴の提起・公判の維持に重要な各種捜査書類の書式が統一されているのである。そして、この一般的指示に加えて、「一般的指揮権」（同条2項。検察官が捜査を行う場合の捜査方針の統一等）、「具体的指揮権」（同条3項。検察官が捜査を行う場合の捜査の補助）が定められている。

3 捜査の方法

（1）任意捜査と強制捜査

捜査という言葉を聞いて何のイメージもわかないという人はおそらくあまりいないだろう。多くの人は、テレビのニュースで目にした、容疑者（刑事訴訟

法では「被疑者」という）の自宅から運び出されるたくさんの段ボール箱の列，背広の上着を頭からかぶり，顔を隠しながら警察署の中に連行されて行く容疑者の姿，あるいは刑事ドラマの俳優たちが演じていた張り込み，尾行，聞き込みなどの光景などを思い浮かべることだろう。では，このイメージをもう少し膨らませて，自分が捜査の対象になった場合のことを想像してみるとどうだろうか。おそらく，上記の捜査の中に，何がなんでも避けたいものと，それほどでもないものとがあることに気づかれるだろう。たとえば，刑事が自分の家を訪ねて来て話を聞かせて下さいというくらいのことであれば，それほどの不利益を被るわけではない。もちろん，ご近所の手前不体裁だということはあるかも知れないが，それにしても，自宅をパトカーに囲まれる中，手錠をかけられて連れて行かれるよりは，はるかにましだろう。また，張り込みや尾行によって行動を監視されることは，もちろん喜ばしいことではないが，自宅に乗り込まれて部屋中をかき回された上，予定が書き込まれたスケジュール表や日記帳，その他のメモ類を根こそぎ持って行かれるよりはそちらの方がいいと思うのが普通の感覚であろう。

　このように，捜査には，個人の重大な利益を侵害する性質のものと，個人の利益を侵害する度合いが比較的小さいものとが存在する。ごく大まかにいえば，前者が強制処分といわれる捜査方法で，たとえば，逮捕（199条以下），勾留（204条以下），捜索・差押・検証（218条以下）等がこれにあたる。そして，後者が任意処分といわれる捜査方法で，たとえば，被疑者の取調べ（198条1項），任意同行（規定はない），実況検分（同）等がこれに当たる。強制処分と任意処分とは，単にその性質が異なるだけでなく，刑事訴訟法上の取扱いに重要な違いがいくつかある。以下，これを見ていくことにしよう。

（2）　任意処分優先主義

　まず第1の違いは，捜査においては任意処分をできる限り用い，強制処分は，これがどうしても必要な場合に限って用いるとされていることである（197条1項が根拠規定とされる）。刑事ドラマの中では警察が逮捕や捜索等にかなり積極的なので，むしろ強制捜査が原則だと思っておられる方も多いかも知れないが，あそこには，逮捕のかわりに任意同行を行い，捜索差押のかわりに任意提出を求めていたのでは話が盛り上がらないという事情があるのだろう。現実には，

「書類送検」,「在宅起訴」などの言葉にしばしば接する機会があることからも分かるように、ニュースや新聞で報道されるほどの事件であっても、逮捕・勾留されない（要するに身柄を拘束されない）場合も多いのである。

（3） 強制処分法定主義

そして、違いの第2は、任意処分が必ずしも刑事訴訟法上の明文の根拠を要しないのに対して、強制処分はこれを要するということである（197条1項但書）。これは、「強制処分法定の原則」、「強制処分法定主義」等といわれるが、この規定にどのような意味があるのかは、やや理解しにくいところかも知れない。この規定からすると、たとえば立法者がうっかりして逮捕の条文を置くのを忘れていたら逮捕はできないことになるが、このような事態が生じることは、ふつう考えにくいからである。では、同原則は、どのような場合に「効いてくる」のであろうか。これは、たとえば、技術の進歩によって新たに登場した強制処分が、現行法が用意している強制処分のカタログのいずれにも当てはまらないように見える場合である。先頃、いわゆる「通信傍受法」（正式名は「犯罪捜査のための通信傍受に関する法律」）の成立・施行がニュースや新聞等で報じられたが、同法が規制することとなった通信傍受は、その好例であったということができる。すなわち、電話等の通信の内容を傍受する捜査方法、いわゆる通信傍受は、とくに薬物取引の捜査の過程でその必要が生じたが、これは通信の秘密、プライバシーの権利を侵害するものであるため、任意処分ではなく、強制処分であると考えざるを得なかった。しかし、通信傍受が強制処分だとすると、刑事訴訟法が定める強制処分のどれに当たるのか、具体的にいえば、検証（218条）に当たるといえるのかに、かなりの問題があったのである（いまだ実行されていない犯罪に対する処分であること、捜査目的を達するには事前の令状呈示ができないこと等の理由による）。下級審判例には、検証令状による通信傍受を適法としたものも見られたが（東京高判平4・10・15高刑集45巻3号85頁）、この問題は結局のところ、上述のように立法によって解決されることになった（222条の2が新たに設けられ、通信傍受の要件等を「別に法律［注・通信傍受法を指す］で定めるところとする」とした）。

（4） 令状主義

最後に、第3の違いは、任意処分には令状がいらないが、捜査機関が強制処

分を行う際には，原則として令状が必要だということである。この方式は，「令状主義」といわれる。多くの人は，刑事ドラマ，あるいは警察の捜査を密着取材した番組などを通じて，「令状」といわれるものが存在すること，これが捜査と何らかの関係を持っていることはご存じであろう。しかし，令状が何のために存在するのか，だれがこれを発するのかについてはどうであろうか。学生諸君の答案を見ていてときどき遭遇する誤解は，令状は，上官が部下に逮捕等を命じるときに発する捜査機関内部の命令状だというものである。確かに，「令状」という言葉には命令状を連想させるところがあるので，その気持ちも分からないではない。しかし，実際は，令状を発するのは裁判官で，その目的は，強制処分がその対象となる者の重大な利益を侵害することに鑑み，捜査機関が行う強制処分に司法的抑制を加え，その適正化をはかることである。このように説明すると，なるほど，令状というのは裁判官が捜査機関に逮捕等を命じる命令状なのか，と思った方もおられるかも知れない。これは誤解とはいえないが，令状が命令状であるか否かの問題を巡っては，実は，「弾劾的捜査観」と「糾問的捜査観」との対立という奥の深い議論があって，なかなか一筋縄ではいかない。詳細は体系書等の解説にあたっていただきたいが，捜査実務では，令状（勾留状は除く）は命令状ではなく，捜査機関がそもそも有する権限の行使を裁判所が許可する許可状であると考えられている。ちなみに，逮捕状には，「右の被疑者を逮捕することを許可する」と書かれてあり，捜索差押の令状は，タイトルからしてすでに「捜索差押許可状」となっている。

（5） 任意処分と強制処分との境界線

　以上に見たように，ある捜査方法が任意処分であるか強制処分であるかは，令状の要否という，捜査実務にとってきわめて重要な問題の結論を左右する。しかし，両者は，1枚の紙の表と裏のような非連続的な観念ではなく，昼と夜，夜と朝のような連続的な観念である。このため，任意的要素と強制的要素とが混在するその境界付近においては，ある捜査方法が任意処分であるのか，あるいは強制処分として令状を要するのかがはっきりしない場合も少なくない。たとえば，酒酔い運転で物損事故を起こし，呼気検査を拒んで警察署へ任意同行された者が，検査を受けるよう説得されている最中に部屋を出ようとした場合，検査を受けてからでいいじゃないかと言って彼の手首をつかむことは適法だろ

うか（最決昭51・3・16刑集30巻2号187頁）。あるいは，殺人事件の被害者とかつて同棲していた男を，4夜にわたって警察署近くのホテルに宿泊させ，監視をつけた上で連日出頭させ，5日間にわたって長時間取調べをすることや（最決昭59・2・29刑集38巻3号479頁），殺人事件の被疑者を，深夜に任意同行したあと翌日の午後9時過ぎまで，一睡もさせずに徹夜で取り調べること（最決平元・7・4刑集43巻7号581頁）は適法であろうか。

　この問題に関する判例の立場は以下のようなものである。すなわち，捜査において強制手段を用いることは，法律の規定がなければ許されない。しかし，「強制手段」であるか否かは，「個人の意思を制圧し，身体，住居，財産等に制約を加えて強制的に捜査目的を実現する行為など，特別の根拠規定がなければ許容することが相当でない手段」であるかどうかで決まると考えるべきである。したがって，有形力（物理的な作用を及ぼす力）の行使を伴う手段や，個人の意思や身体の自由に何らかの制約を加える手段であっても，これが上記の基準に照らして「強制手段」にあたらないなら，任意捜査の過程で（もちろん無令状で）行うことが許される。もっとも，これらの手段は，これを受ける人のさまざまな利益を侵害する危険をもっているため，これが許されるのは，その必要性・緊急性等を考慮して，具体的状況の下で相当と認められる範囲に限られる。

　上記に紹介した各事案に関する最高裁判例は，このような基本的立場に立って，いずれの捜査手段も，任意捜査の範囲内のものとして無令状で行うことが許されるとした。しかし，昭和59年・平成元年決定には，当該捜査方法は強制手段にあたり違法だとする反対意見が付されている。任意処分と強制処分との間に境界線を引くことは，法律の専門家にとっても難しい作業なのである。

4　捜査の端緒

　「捜査の端緒」とは，簡単にいえば捜査のきっかけのことである。刑事訴訟法は，司法警察職員は「犯罪があると思料するとき」は犯罪を捜査する（189条2項），検察官は「必要と認めるとき」には捜査をすることができる（191条1項），としていて，捜査の端緒にとくに制限はつけていない。というわけで，捜査の端緒には，ドラマに出てくる「聞き込み」や「たれ込み」をはじめとし

て，実にさまざまなものがあり得るが，以下では，刑事訴訟法が捜査の端緒として規定を置いているもの（(d)～(g)）と，これ以外のもので重要な論点を含んでいるもの（(a)～(c)）とについて見ていくことにしよう。

(1) 職務質問

(a) **問題の所在** たとえば，深夜，体に不釣り合いな大きさの自転車に乗っていて，警察官に呼び止められた経験があるという方はおられるだろうか。警察官は，「ちょっとすみません」などと声をかけて，相手が止まれば，行き先，住所，自転車がだれのものなのか等を尋ね，場合によっては盗難届の有無を照会し，問題がないことが分かれば，「お気をつけて」と解放してくれる。これは職務質問の一場面であるが，このように，呼びかけられた人が自発的に停止して質問に応じれば，問題は生じない。問題が生じるのは，呼びかけられた人がこれを無視して行こうとし，あるいは質問の途中でその場を離れようとした場合である。警察官は，職務質問に応じない人を，追跡し，その行く手に立ちふさがり，あるいは有形力を行使して引き留めることができるのだろうか。

(b) **職務質問の根拠法** はじめに，職務質問の根拠となっている条文から見てみよう。まず，職務質問の規定は，どの法律に置かれているのだろうか。もちろん刑事訴訟法に決まっている，と思われた方も少なくないだろうが，実は違う。確かに，職務質問をきっかけに犯人が捕まったというニュースを耳にすることは珍しくなく，職務質問と犯罪捜査とは切っても切れない関係にある。しかし，職務質問の規定が置かれている法律は，刑事訴訟法ではなく，「警察官職務執行法」という法律である（全8条。職務質問の規定は第2条）。同法の目的は，「個人の生命，身体及び財産の保護，犯罪の予防，公安の維持並びに他の法令の執行等の職権職務を忠実に遂行するために，必要な手続を定めること」（警職1条）なので，ここに「本籍」をもつ職務質問は，犯罪捜査（司法警察活動といわれる）と密接な関係をもちながらも，直接これを目的とする手段ではなく，基本はあくまで，犯罪の予防等の行政警察活動を行うための手段だということになる。

職務質問について規定している警職法2条の内容を簡単に紹介しておくと，①警察官は，何らかの犯罪を犯した，もしくは犯そうとしていると疑うに足りる相当な理由がある者等を停止させて質問することができる（1項），②その場

での質問が本人に不利である場合等に，付近の警察署等への同行を求めることができる（2項），③1項，2項の規定に該当する者は，「刑事訴訟に関する法律の規定によらない限り」（たとえば緊急逮捕の要件が存在することが明らかになった場合など），身柄を拘束されず，または，意に反する警察署等への連行，答弁の強要をされない（3項），④適法に逮捕された者については，凶器を所持しているかどうかを調べることができる（4項），である。

(c) **実力行使の許否と限界** そこで先ほどの問題に戻るが，警察官は，職務質問に応じない者を追跡し，立ちふさがり，あるいは有形力を行使して引き留めることができるのだろうか。まず，はっきりしているところから見ていくことにしよう。

第1に，一時的に停止させるために有形力を行使する等の手段をとることは許される。上に見た警職法2条1項が，「停止させて質問することができる」という規定であることから，止まろうとしない，あるいはいったん止まったものの再び行こうとする者が，停止を求める警察官の呼びかけにあくまで応じないならば，必要最小限の限度で（警職1条2項）有形力等を用いて彼を停止させることは許されると解されるからである（もっとも，疑われる犯罪がごく軽微である等の理由から，必要最小限の措置として，呼びかけや説得に留めるべき場合もあろう）。

第2に，相手方がどうしても行こうとして，これを停止させるにはもはや身柄の拘束しかないという場合であっても，逮捕の要件がない以上，これが許されないことは明らかである（前述した2条3項を参照）。これは，親が危篤で一刻を争うというまっとうな理由で行こうとしている人の場合だけでなく，実は泥棒に入ってきたばかりで止まるわけにはいかないという犯人の場合でもそうである。

そこで問題は，両者の中間，つまり，一時的に停止させる措置を超えるが身体の拘束には至らない有形力の行使その他の手段をとることが，どのような要件の下で許されるのかである。この問題には，疑われる犯罪の軽重，犯罪の疑いの濃淡，緊急性の有無・程度等をさまざまな要素が絡み合っているので，いくつかのデータを入力すれば適法・違法の結論が自動的に出てくるというような都合のよい基準を立てるのは難しく，裁判所も，個々のケースごとの妥当な

結論を導くことに専念しているように見える。判例にあらわれた事案では、当時頻発していた窃盗事件との関係を疑って所持品の提示を求めたところ逃げ出した者を追いかけたこと（最決昭29・12・27刑集 8 巻13号2435頁）、夜間、駐在所で職務質問をしている最中に逃げ出した者を130m追跡して、腕に手をかけて停止させたこと（最判昭29・7・15刑集 8 巻 7 号1137頁）、酒気帯び運転の疑いのある者が車を発進させようとしたので、窓から手を入れてエンジンキーを回し、エンジンを切ったこと（最決昭53・9・22刑集32巻 6 号1774頁）などが、いずれも適法な行為とされている。他方、違法とされた行為としては、逃走した被質問者を、逃げると撃つぞなどと叫びながら追跡し、塀際に追いつめて肩に手をかけたというものがある（大阪地判昭43・9・20判タ228号229頁）。

（2） 所持品検査

(a) 問題の所在　たとえば、アメリカの大統領が滞在している迎賓館の周辺を、不審なボストンバッグを抱え、帽子を目深にかぶった男性がうろうろしているとしよう。警備にあたっている警察官は、おそらくこの男性に職務質問をするだろう。このとき、警察官は、単にこの男性の職業や行き先などを尋ねるだけでなく、ボストンバッグの中身についても質問をし、場合によっては中に何が入っているか見せてくれるよう協力を要請するものと思われる。このとき、その男性が実は善良な市民で、どうぞどうぞとこの要請に応じれば問題はない。問題が生じるのは、彼がこれを拒み、説得にも応じようとしない場合である。先ほど見たように、職務質問を行うために有形力を行使する等して被質問者を停止させることができることの根拠は、警職法 2 条に求めることができた。しかし、2 条を何度読み返してみても、職務質問に際して、被質問者の承諾を得ずに所持品検査ができるとは書かれていない（4 項は、逮捕されている者について凶器所持の有無を検査できるという規定であるから、これ以外の場合における所持品検査の根拠にはなりえない）。警察官は、明文の規定がないにも拘らず、これを行うことができるのだろうか。

(b) 承諾を得ない所持品検査の許否と限界　まずひとつはっきりしていることは、任意の行政警察活動として行われる職務質問の過程で、相手方の承諾を得ずに、捜索にあたるような所持品検査を行うことは許されないということである。捜索は令状主義をはじめとする憲法・刑事訴訟法上のコントロールを

受ける強制処分であるので(憲35条,刑訴218条〜222条),捜査の一環として行われるのであろうと,外形上職務質問に付随する形で行われるのであろうと,やはり令状は必要であり,刑事訴訟法上の手続を踏まなくてはならない。これは,警察官が捜査のためであろうと,パトロールのためであろうと,パトカーを運転する以上は運転免許証を持っていなければならず,交通法規を遵守しなければならないのと同じことである。そうすると,次の問題は,明文の規定がない以上,捜索には至らない所持品検査であっても一切許されないと考えるべきなのか,それとも許される場合があると考えるべきなのか,であるということになる。

この点,捜索に至らない程度の所持品検査だといっても,相手方の承諾を得ずにこれを行えば,所持者のプライバシーを相当程度侵害することは否定できない。したがって,所持品検査をあえて実施することが何の利益も生まないという場合には,これはとうてい許されないということになるだろう。しかし,ここには同時に,不承諾の所持品検査をあえて実施することで守られる公共の利益が存在する場合には,この利益と,当該所持品検査によって侵害されるプライバシーの利益とを比較衡量して,所持品検査の許否を決するべきだと考える契機がある。そして,最高裁は,リーディングケースとなった昭和57年の判決(最判昭53・6・20刑集32巻4号670頁)以来,この立場に立っている。同判決を,少し詳しく見てみよう。

最高裁は,同判決の中で,法律上の明文規定がない所持品検査がおよそ認められるのかという問題にまず触れて,所持品検査は口頭による質問と密接に関連し,その効果を挙げる上で必要,有効であるから,明文の規定がなくても職務質問に付随して許容される場合があるとした。その上で,所持品検査は,所持人の承諾を得て行うのが原則だとしながらも,承諾がない所持品検査が一切許されないわけではなく,「限定的な場合において,所持品検査の必要性,緊急性,これによって害される個人の法益と保護されるべき公共の利益との権衡などを考慮し,具体的状況の下で相当と認められる限度においてのみ,許容されるものと解すべきである」としたのである。この判決の事案は,猟銃等を使用した銀行強盗事件の発生を受けて緊急配備についていた警察官が,職務質問を行った不審者が所持する鍵のかかっていないカバンを承諾を得ずに開け,中

身を一瞥したことが(実際，中には被害銀行の帯封がついた札束が入っていた)，所持品検査として適法であるのかが問題となったものであったが，最高裁は，結論としてもこれを適法としている。

なお，この後，上記最判と同様の立場に立ちつつ，結論としては，承諾を得ないで行われた所持品検査を違法とする最高裁判所が出ている。そこで問題になったのは，覚せい剤所持の疑いがある者に対する職務質問の過程で上着の内ポケットに手を差し入れて覚せい剤の包みを取り出した行為（最判昭53・9・7刑集32巻6号1672頁），警察署まで違法に連行した上，靴下の足首付近の膨らんだ部分から覚せい剤の包みを取り出した行為（最決昭63・9・16刑集42巻7号1051頁）であった。これらの判決・決定において，どのような事情が適法・違法の判断を分けたのか，考えてみていただきたい。

（3） 自動車検問

（a） **問題の所在** 自動車を運転される方の中には，検問にあったことがあるという方も少なくないだろう。あるときには，自分の車も含めて全部の車が停止を求められているのに，あるときには，前を走っていた車は止められたが，自分の車は止められなかった，あるいはその逆だったという経験をして，不思議に思った方もおられるかも知れない。これは，運の良し悪しやドライバーの人相の問題，あるいは，警察官の人手が足りなかったか否かによるのではなくて，おそらく，検問の種類が違ったことによるものと思われる。普通のドライバーにとっては，検問はどれも検問なのであって，その違いを意識することはあまりないと思われるが，実は，検問には，緊急配備検問，交通検問，警戒検問の3つの種類があり，これらは，単にその目的と名前が違うというだけではなく，その根拠となる法律が違い，そしてこれに応じて，停止しない車両に対して許されると考えられている実力行使の程度もかなり異なる。以下，これを簡単に見ることにしよう。

（b） **緊急配備検問** まず，緊急配備検問であるが，これには実はあまり問題がない。緊急配備検問の主な目的は，ある特定の犯罪が発生した際に，特定の不審車等を中心に検問を行って，犯人を検挙し，または捜査情報を収集することなので，すでに見た職務質問として（警職2条1項），あるいは，刑事訴訟法上の任意捜査として（197条1項），問題なく行うことができる。

また，当該車両が停止に応じない場合には，職務質問を行うための措置として許容される範囲で（職務質問の項を参照していただきたい），これを停止させることが可能である。緊急配備検問は，特定の犯罪の発生を受けて行われているから，判例にも，盗難車両を警察車両3台で挟み込んで停止させたという，かなり思い切った停止措置を適法とした事例が見られる（名古屋高金沢支判昭52・6・30判時878号118頁）。

　(c)　交通検問　　交通検問は，交通違反の予防・検挙を主な目的とする検問である。たとえば蛇行走行をしていて酒気帯び運転が強く疑われるなどの場合，その他，過積載，整備不良等が疑われる場合には，警職法2条1項によって，あるいは道交法の規定（道交61条・63条・67条）によってこれを停止させることが可能である。これに対して，このような徴表がない，外見上は善良な市民の車にしか見えない車を停止させられる根拠が何であるかは，なかなかはっきりしなかった。すでに見たように，警察官は，このような人には職務質問をし，あるいは停止を求めることはできない。これに反して，車の場合には怪しくなくても停止を求められるのはなぜかが問題となったのである。これについて，最高裁は，「交通の取締」を警察の責務としている警察法（警察2条1項）を援用し，交通違反の多発地域等で任意の協力を求めて行われ，自動車利用者の自由を不当に制約しないなど一定の要件を備えた交通（一斉）検問は適法だとして，この問題に決着をつけた（最決昭55・9・22刑集34巻5号272頁）。

　停止に応じない車両に対して取ることのできる措置は，職務質問の要件を備える車両については，職務質問を行うための措置として許容される範囲で認められる。しかし，そうでない一般車両については，交通検問が交通違反という比較的軽微な犯罪の取締りを目的としていることや，上記のように，最高裁が，一定の実力行使の余地を残す警職法ではなく警察法を援用したことなどから，障害物の設置や追跡は許されず，合図によって停止を促すことができるにとどまるとする見解が有力である。

　(d)　警戒検問　　警戒検問は，不特定の一般犯罪の予防・検挙を目的とする検問である。不審車両について停止を求めることは，警職法2条1項によって可能であるが，問題なのは，交通検問と同様，そのような徴表のない一般車両について停止を求めることの根拠である。この点は，交通検問と同様に警察法

2条1項が根拠法であるとする見解が有力であり、停止に応じない車両に対して取ることができる措置についての考え方も、交通検問と同様である。

（4）現行犯

捜査機関が現行犯人（212条）と遭遇した場合には、通常の場合、逮捕等の捜査活動が開始される。この意味で、現行犯は捜査の端緒であるが、詳しくは後述する（3「被疑者の逮捕とは？」）。

（5）変死体の検視

たとえば、朝公園を散歩していたらベンチで人が死んでいたという場合、発見者は、ふつう警察に通報するであろう。すると、警察官が何人か駆けつけてきて、死体の身元を確認し、死体の発見現場や死体の状況等を調査する。調査の結果、その人が犯罪によって死亡したのではなく、たとえば飲酒してベンチで眠り込んでしまった結果凍死したことなどが判明すれば、あとは、死体を遺族に引き渡す等の行政上の手続がとられる。しかし、調査の結果、頭部に外傷があった、あるいは首を絞められた跡があって所持品がなくなっていたなど、その人が犯罪によって死亡した疑いが生じた場合には捜査が開始され、死体の司法解剖、被疑者の割出し、任意の取調べ、逮捕、捜索、勾留等々の刑事手続がとられることになる（併行して行政上の手続もとられる）。

このように、明らかに老衰によって死亡した、あるいは、明らかに病気で死亡したという死体を除く死体、すなわち「変死体」に対しては、警察による調査が行われる。上記のように、この調査の結果、犯罪による死亡でないことが判明する場合もあるし、逆の場合もある。このうちの後者の場合の調査が「検視」であり（より正確には「代行検視」という［後述参照］）、このあとには捜査が開始されるため、これもまた捜査の端緒である（なお、前者の場合の調査は、「死体見分」という）。

変死体の検視は、本来的には、検察官の義務として定められている（229条1項）。しかし、現在、検察官が自ら変死体の検視を行うことはほとんどなく、これは、ほぼ全面的に警察に委ねられている（同条2項参照）。このため、警察は、犯罪捜査上の死体調査と行政上の死体調査の両方の任務を担当することになっているが、両者は、観念的には区別されるものの、その実質は、ともに犯罪の有無の調査である。変死体に向かった警察官は、端的に犯罪の有無を明ら

かにするための調査を行うのであって，犯罪捜査上の調査をしようか，行政上の調査をしようかと考えるわけではない。そこで，都道府県警察の多くは，調査を行った結果（あるいは一見して），犯罪による死亡であることが判明した死体についての調査は「検視」（いわゆる「代行検視」）であったとし，犯罪による死亡でないことが判明した死体についての調査は，警察が固有の行政上の権限にもとづいて行う「死体見分」であったとする取扱いをしている。このため，調査後に，その調査が「検視」だったか「死体見分」だったかが確定する（「検視調書」の作成と検察官への報告がされる，あるいは単に「死体見分調書」が作成される）という，初めて聞くと少々戸惑ってしまうようなことになっている。

(6) 告訴・告発・請求

まず，告訴は，被害者をはじめとする一定の告訴権者（230条～233条）が，捜査機関に対して犯罪事実を告げて犯人の処罰を求める意思表示をすることで，これもまた，捜査の端緒となり得る。一定の罪（強姦罪［刑177条］，名誉毀損罪［刑230条］等）については，捜査の端緒であるばかりでなく，公訴提起の条件でもある。

告発は，犯罪事実を告げて犯人の処罰を求める意思表示をすることである点は告訴と同じであるが，（告発しようとしても告訴や自首になってしまう告訴権者と犯人を除き）誰でもできる（239条）という点などで異なっている。

ところで，告訴・告発は，抽象的な意味では捜査の端緒であるが，実際の告訴・告発の中には，単なる中傷を行い，あるいは民事裁判を有利に進める目的で，処罰を求める意思を欠いて，あるいは事実を歪めてなされるものも少なくないといわれる。告訴・告発のすべてが捜査の端緒となるわけではないのである。また，告訴と似たものに被害届があるが，これは，犯人の処罰を求める意思表示を伴わない単なる被害の申告であり，告訴について認められている，起訴・不起訴処分の通知（260条），不起訴理由の開示（261条）などの効果はない。

請求は，一定の機関が，請求が訴訟条件とされている犯罪について，処罰を求める意思表示をすることである。このような犯罪としては，外国国章損壊等の罪（刑92条），公共事業の争議行為の予告違反（労調39条）がある。

(7) 自　　首

自首は，犯人が，捜査機関に発覚する前に自己の犯罪を捜査機関に申告し，

その処分に委ねることである。これが捜査の端緒となり得ることは明らかであるが，このこととは別に，自首は，刑の裁量的減軽事由（刑42条）または必要的減免事由（刑228条の3）であるので，どのような場合に犯罪の申告が自首と認められるのかは，とくに犯人にとっては重大問題である。

　まず，自首の要件を満たすためには，その犯罪と犯人とがともに発覚していないか，犯罪は発覚しているが犯人が不明であることが必要である（最判昭24・5・14刑集3巻6号721頁）。犯人が自ら出頭することは必ずしも自首ではないので，たとえば，犯人として追われている男が，その恋人から「自首して」と懇願されて警察署に出頭しても，自首したことにはならない（情状に有利にはたらくことはあるかも知れないが）。また，犯罪の申告は，自発的にしなければならないともされていて，すでに犯罪を疑われて職務質問されている者が，あれこれと弁解したあげくにした自供は，自首とは認められなかった（最判昭29・7・16刑集8巻7号1210頁）。

3 ■ 被疑者の逮捕とは？

1　逮捕とはなにか

（1）　手続の連鎖としての逮捕

　逮捕がどんなものなのか想像もつかないという人は，おそらくあまりいないだろう。逮捕は，刑事ドラマにおいては，しばしばラストシーンを飾る花形的存在であるし，犯罪報道においても，むしろ本来の主役であるはずの有罪判決を上回る人気と注目とを集めているように見える。しかし，このように世間の関心を集め，またよく知られている「逮捕」は，登山隊の登頂の瞬間を写した写真やビデオ映像のようなもので，逮捕に関する手続全体の中で見ると，ほんのワン・シーンに過ぎない。つまり，登山隊の場合，登頂の瞬間に至るまでには地道な一歩の積み重ねがあり，登頂後には足下に気を付けながらの下山があるが，逮捕にもこれと同じように，逮捕に至るまでの，また逮捕後の，地道な，しかし重要な手続がある。そして，ヘリコプターで頂上まで往復しても正当な登頂と認められないのと同じように，前後の手続をおろそかにした逮捕は，適法な逮捕とは認められない。この意味で，逮捕において重要なのは，華やかな逮捕の瞬間ではなくて，むしろその地味さのゆえにあまり世間には知られていない逮捕前後の手続の部分なのである。本章では，逮捕の瞬間の前後の手続も含めた広い意味での逮捕を見てみることにしよう。

（2）　逮捕の基礎知識

　まず，「逮捕」とは，瞬間的に捕まえることだけを意味するのであり，捕まえ続けることは逮捕とはまた別の手続だと考えている方もおられるかも知れない。しかし，これはそうではなく，あとで詳しく述べるが，警察官が適法に逮捕をした場合には，その効力として，最長で72時間（正確には，これを若干超えることも可能であるが）身柄を拘束し続けることができる（203条1項・205条1項・211

条・216条)。この制限時間は，検察官が逮捕をした場合には少し短くなって最長48時間となるが（204条・211条・216条），いずれにせよ，逮捕における身柄拘束は，ある程度継続的なものとなる可能性があること，しばらくあとに触れる逮捕の要件も，そのような継続的な身柄拘束が許されるための要件だということにご注意いただきたい。

　では，逮捕にはどのような種類があるのだろうか。もっともよく知られている逮捕は，おそらく，逮捕状を示して被疑者を逮捕する「通常逮捕」だろう。これは，いわば逮捕の基本型で，刑事訴訟法においても，逮捕の中では一番最初に規定されている（199条以下）。次に有名なのは，おそらく「現行犯逮捕」であろう（212条以下）。現行犯逮捕の特徴は，なんといっても，逮捕の前にもあとにも令状がいらないこと，つまり令状主義の例外とされていることである（憲33条，刑訴213条）。さらに，このこととも関係するが，他の逮捕とは異なって誰でもこれを行うことができるというのも，現行犯逮捕の大きな特徴である。そして，認知度の上でこれら2つの逮捕に大きく水をあけられているのは，おそらく「緊急逮捕」であろう（210条以下）。新聞を注意して眺めていると，妻を殺したといって警察署に出頭してきた夫が緊急逮捕された，というような記事に出会うこともないではないが，緊急逮捕は，数の上で通常逮捕や現行犯逮捕と比べるとかなり少なく，また通常逮捕のような登りつめていく緊張感や，現行犯逮捕のような劇的な急展開にも欠けがちで，このことが注目度の低さ，知名度の低さにつながっているようである。それはともかく，緊急逮捕は，逮捕するときには令状はいらないが（この点では現行犯逮捕と同じ），逮捕した後には直ちに令状の発付を受けなければならない（令状主義の適用があるという点では通常逮捕と同じ）という点で，実はかなり個性的なのである。

　刑事訴訟法が定める逮捕は，以上の3種類であるが，読者の中には，ほかにも「○×逮捕」というのがあった気がする，という方がおられるかも知れない。この「○×逮捕」というのは，おそらく「再逮捕」，あるいは「別件逮捕」であろうと思われる。しかし，これらはいずれも刑事訴訟法上の逮捕の種類ではない。

　まず，再逮捕であるが，これは，たとえばA事件で逮捕した被疑者を釈放し，その後さらに同じA事件で逮捕することをいう。これは，コーヒーに砂糖を2

杯入れることが砂糖の種類ではないのと同じように，逮捕の種類ではない。再逮捕は，被疑者にとって大きな負担であるため，無制限には許されないが，証拠不十分で釈放したあとに新たな証拠が発見された場合など，まったく許されないわけではない（199条3項，規則142条1項8号）。ところで，このように説明すると，再逮捕が逮捕の種類でないのは分かったが，再逮捕の意味は本当にそれでいいのか，と疑問に思われた方も少なくないだろう。これは，刑事訴訟法的な意味での「再逮捕」と，犯罪報道等を通じて一般に知られている「再逮捕」の意味とが異なっていることから生じる疑問だと思われる。犯罪報道などで被疑者が「再逮捕」されたといわれる典型的な例は，殺人事件に関わったとされる被疑者がまず死体遺棄容疑で逮捕され，その後，殺害行為への直接の関与を自白するなどして殺人容疑で逮捕される場合である。刑事訴訟法的に見ると，それぞれの逮捕は，別個の被疑事実についての逮捕なので「再」ではなくて1度目の逮捕なのであるが，犯罪報道の視点からは被疑者が逮捕されることが重要なので，数え方として2度目の逮捕，つまり「再逮捕」ということになるのだろう。前者の意味での再逮捕には，上に述べたように無制限には許されないという法律的な意味があるが，後者の再逮捕には，このような意味はない。

　また，別件逮捕は，A事件（殺人事件のような重大事件）への関与を疑われるが，これで逮捕するだけの証拠がないという状況の下で，たまたま証拠が得られたB事件（ナイフの不法所持のような軽微な事件）について，A事件についての取調べを主な目的として被疑者を逮捕することをいう。ここでも，B事件についての逮捕の種類は上記の3つのいずれかであって，「別件逮捕」というのは，捜査機関のこのような目的とこれにもとづくその後の取調べが逮捕自体を違法にするのではないか，という問題を議論する際の用語である。

2　逮捕の要件と手続

(1) 通常逮捕

(a) 逮捕権者と逮捕状請求権者　　刑事訴訟法は，通常逮捕を行うことができる者について，「検察官，検察事務官又は司法警察職員は……逮捕することができる」としている（199条1項）。司法警察職員の意味はすでに述べたとおりで

あるが（2（1）「捜査機関」参照），この規定から，警察官には，その階級にかかわりなく，通常逮捕を行う権限があることが分かる。

では，通常逮捕状の請求についてはどうであろうか。われわれになじみが深い住民票や戸籍謄本の場合には，これを行使することができる人はこれを請求することもできるが，通常逮捕状の場合には，これとは事情が異なる。つまり，199条の2項を見てみると，「裁判官は，……検察官又は司法警察員（警察官たる司法警察員については，国家公安委員会又は都道府県公安委員会が指定する警部以上の者に限る。……）の請求により，前項の逮捕状を発する。」とされていて，逮捕状を請求できる警察官の階級等に，かなり厳しい制限がつけられていることが分かる（この指定を受けた警察官を「指定司法警察員」という）。

ところで，「警部」は，第一線で捜査にあたる警察官の中ではかなり高い階級に属する人たちである。このことは，刑事訴訟法が，通常逮捕状請求の適正性の確保に格別の配慮を行っていることを表している。とはいえ，刑事訴訟法も，立法の当初からこのような厳しい制限を設けていたわけではなく，199条2項は，もともとは，司法警察員一般に通常逮捕状の請求権を認めていた。しかし，法の施行後，徐々に逮捕状請求の濫発が指摘されるようになり，これを受けて，昭和28年の改正で現在のように改められたのである（六法を開いて199条2項の左に目をやると，「昭28法172本項全部改正」［表記等は六法ごとに多少異なる］と書かれていることに気づくだろう）。

この改正の目的は，いうまでもなく，請求者を相当程度の知識・経験をもった者に限定し，請求者自身に逮捕状請求の妥当性を十分検討させることによって，逮捕状の適正な請求と発付とを確保することにあった。しかし，考えてみれば，令状が適正に請求されなければならないのは，通常逮捕状以外の令状の場合も同じであろう。強制処分を受ける側にしてみれば，通常逮捕状の請求も捜索令状の請求も，両方適正にやってもらわないと困る。このことからすれば，刑事訴訟法は，警察官が請求することができる他の令状についても同じような制限を設けていてもよさそうに見える。しかし，実際にはそうなってはおらず，刑事訴訟法が特別扱いをしているのは，通常逮捕状だけである。これは，通常逮捕が，数ある強制処分の中にあって，身体の自由というきわめて重要な権利を侵害する処分であり，特別の慎重さを要すると考えられたことによるもので，

刑事訴訟法は，通常逮捕状以外の令状，たとえば捜索令状，検証令状については，司法警察員一般に令状請求の権限を与えている（さらに，緊急逮捕の逮捕状の場合には，司法警察職員であれば［要するに階級の制限なく］請求が可能である）。しかし，ここには実はもうひとひねりあって，警察の内部規則である犯罪捜査規範は，通常逮捕状以外の令状請求にもなるべく指定司法警察員を関与させることとして，通常逮捕状と同レベルの適正性の保障を実現しようとしている。犯罪捜査規範は一般の六法には載っていないが，もし機会があれば，120条（緊急逮捕の際の逮捕状の請求）や137条（捜索令状等の請求）をご覧いただきたい。

　(b)　**通常逮捕の要件①**　　次に，被疑者を通常逮捕するには，どのような要件が必要なのかを見てみることにしよう。

　まず第1の要件は，「犯罪の嫌疑に相当な理由があること」である（199条1項）。このようにいわれても，何が「相当」なのか分からないという方も少なくないと思われるが，これは，ある犯罪の嫌疑が，客観的資料を基礎とする合理的判断によって導かれていること（合理的な嫌疑が認められること）を意味するものと解されている。この要件によって，たとえば「勘」にもとづく逮捕や，裏付けのとれていない情報にもとづく逮捕が許されないことになる。

　このように，通常逮捕の要件としての犯罪の嫌疑は合理的なものでなくてはならないが，しかし，確実なものとして認識されている必要はない。このようにいうと，嫌疑の確信がないのに逮捕するなど言語道断だといって怒りだす人がいるかも知れないが，逮捕は，犯罪の全貌や捜査の進むべき方向がいまだ明らかになっていない捜査初期の段階で行われることもしばしばである。ここで嫌疑の確信を要求するのは，結婚するならこの人だと確信してから初デートに誘えというのにも似て，やや本末転倒した議論であろう。そして，しばしば報道されるように，逮捕された被疑者の供述によって，山中に埋められた被害者の死体や犯行に使われた凶器などの決定的証拠が発見されることも少なくない。逮捕で認められている比較的短い身柄拘束には比較的低い嫌疑で足りるとすることには，やはり合理的な理由と実際的な要請とがあるのである。もっとも，だからといって，被疑者を気軽に逮捕してよいわけではないし，現実の逮捕が気軽に行われているわけでもない。逮捕が，逮捕される人やその周辺の人にかなり深刻なダメージを与えるという事実がある以上，逮捕はやはり慎重に行わ

れるべきであり，実際にも，わが国の捜査機関は，周辺捜査によって相当程度に嫌疑を高めてから逮捕に踏み切ることが多いといってよい。いわゆる誤認逮捕がニュース・ヴァリューをもっているのは，このことのひとつの現れと見ることができるだろう。

(c) 通常逮捕の要件②　通常逮捕の要件の第2は，「逮捕の必要性」である。これは，逮捕の要件として正面から規定されているわけではないが，199条2項但書が，裁判官は，「明らかに逮捕の必要がないと認めるときは，この限りではない（注・逮捕状を発しない）。」と規定しているところから認められる要件である。この要件によって，上記の合理的な嫌疑が存在する場合であっても，たとえば，老齢・病弱な被疑者が犯行を認めており，犯行の証明に十分な証拠がすでに捜査機関の手の中にある場合のように，逃亡のおそれも罪証隠滅のおそれもないことが明らかな場合などには，逮捕が許されないことになる（規則143条の3も参照していただきたい）。

ところで，この必要性要件も，すでに見た通常逮捕状の請求権者に関する改正と同様，昭和28年の改正によって追加されたものである。この改正の背景には，逮捕状の請求・発付を適正なものとするには，逮捕の理由だけでなく逮捕の必要性にも一定のチェックを加える必要があると考えられたこと，令状主義の趣旨からすれば，これも裁判官の判断に委ねるのが妥当であると考えられたことがあった。しかし，そうだとすれば，但書に「明らかに」という語句を挿入したのはなぜだろうと疑問に思われた方もおられることだろう。この要件の下では，逮捕の必要がないことが直ちには明らかではなく，しばらく考えて，あるいは必死に考えてはじめて逮捕が不要だと分かるような場合には，逮捕状が発付されることになってしまうからである。確かにこれは不徹底といえば不徹底なのであるが，では，思い切って「明らかに」を削除して，裁判官に逮捕の必要性を精査させることができるかというと，裁判官にはそのような仕事を逮捕状発付に要求されるスピードでこなしていく余裕はなく，また，逮捕の必要性の有無は，事件の状況や捜査の状況と連動して変化する可能性があるため，ある時点での状況にもとづいて，逮捕は必要ないとして請求を退けることが適当でない場合も考えられる。このような事情から，裁判官の必要性要件に対する審査は，明らかに必要がないものをハネるという現在の中間的な形に落ち着

いたわけである。なお，刑事訴訟法は，一定の軽い罪については，その他の罪の場合よりも通常逮捕の要件を厳しくしている。つまり，上記の要件に加えて，被疑者が定まった住居を有しない場合，または正当な理由がなく出頭の求め（198条）に応じない場合に限って逮捕を許しているのである（199条1項但書）。これは，軽い罪での逮捕には逮捕の高度の必要性を要求することとして，逮捕の要請と被疑者が被る不利益とのバランスをとろうとしたものである。

　(d)　通常逮捕の手続　　通常逮捕を行うには，まず，逮捕状を請求しなければならない。逮捕状請求書は，すでに述べた「捜査書類基本書式例」（2（2）「捜査機関」参照）によって全国的に統一されているので，項目を追加したり削除したりするなど，請求者が創意工夫を発揮することは許されない。通常逮捕の逮捕状を請求する場合には，「逮捕状請求書（甲）」という様式を使用する。「逮捕状請求書（乙）」は，後に述べる緊急逮捕をしたときのための逮捕状請求書である。

　逮捕状請求書の各記入欄は，通常逮捕に関する刑事訴訟法ないし刑事訴訟規則の規定を反映しているので，これを眺めているだけでもなかなか勉強になる。たとえば，請求者である警察官の氏名は，「刑事訴訟法199条2項による指定を受けた司法警察員」と印刷された部分に続けて記入するようになっている。これは，199条2項が，通常逮捕状の請求権者を指定司法警察員に限っていることを受けたものである。また，「被疑者が罪を犯したことを疑うに足りる相当な理由」の欄，「被疑者の逮捕を必要とする理由」の欄は，それぞれ，通常逮捕の要件を定める199条1項・2項但書を受けたものであるし，同じ事件について以前に逮捕状が発付されている場合等について，その事実および再び逮捕状を請求する理由を記入するために設けられている欄は，特別な事由がある場合を除き再逮捕が許されないことを前提とした刑訴法199条3項を受けている。最近は，逮捕状請求書をはじめとする捜査関係書類の書式を資料として掲載している本がかなり増えているので，機会があればぜひ一度手にとって眺めていただきたい。

　逮捕状請求書を正しく記入し終えたら，次は，これを裁判官あてに提出することになる。しかし，裁判官であれば誰でもいいわけではない。請求は，原則として請求者が所属する官公署の所在地を管轄する地方裁判所または簡易裁判

所の裁判官に，やむを得ないときでも最寄りの下級裁判所（高等裁判所も含まれる）の裁判官にしなければならない（規則299条1項）。ただし，少年事件については，家庭裁判所の裁判官に請求することもできる（同条2項）。逮捕状請求書には，謄本1通を添付し（規則139条2項），逮捕の理由・必要が存在することを認めるに足りる資料（疎明資料）を添えなくてはならない（規則143条）。

　逮捕状の発付を受けたら，次は実際に被疑者を逮捕することになる。すでに述べたとおり，逮捕状の請求の場合とは異って，逮捕権者には階級の制限がない。そして，おそらく多くの方がご存じだと思われるが，逮捕に際しては，被疑者に逮捕状を示さなくてはならない（201条1項）。被疑者が，そんなものは見たくないといっても，では見せない，といってこれを省略することは許されず，ともかく，被疑者に逮捕状を見る機会を与えた上で逮捕しなくてはならない。もっとも，逮捕状は捜査員全員に行き渡るように請求・発付されるわけではないから，たとえば，逃亡した殺人事件の被疑者が予想外の場所に出没した場合などには，運悪く逮捕状を所持していない捜査員がこれと遭遇してしまうこともあり得る。この場合，令状を示すことはもちろん不可能であるが，だからといって，逮捕してはいけない，逮捕状が届くまで被疑者に頼んで待ってもらえ，というのは無理な相談であろう。そこで，刑事訴訟法は，逮捕状を所持していないが急速を要するときには，被疑事実の要旨と逮捕状が発付されている旨とを告げた上で被疑者を逮捕できるとしている（201条2項・73条3項）。これを「逮捕状の緊急執行」というが，この場合も，逮捕したあと放っておいてよいわけではなく，逮捕後には，できる限り速やかに令状を示さなくてはならない（73条3項但書）。

（2）　現行犯逮捕

　(a)　現行犯人　　まず，現行犯人とは，どのような犯人のことをいうのだろうか。多くの人は，たとえば人にナイフで切りつけている最中の犯人や，切りつけけがを負わせたばかりの犯人を思い浮かべるかもしれない。確かに，このような犯人は現行犯人である。しかし，これ以外に現行犯人がいないかというと，そうではない。現行犯人の要件について規定しているのは，212条であるが，同条は，いま例に出したような「現に罪を行い，又は現に罪を行い終わった者」（212条1項）に加えて，たとえば「ドロボウ！ドロボウ！」などと

呼ばれながら追いかけられているなど，一定の要件（212条2項1号～4号）を備えた者が，「罪を行い終わってから間がないと明らかに認められるとき」に，これを現行犯人とみなすとしている（212条2項）。このような犯人は，「準現行犯人」，あるいは「みなし現行犯人」と呼ばれて1項の現行犯人と名前の上で区別されることがあるが，刑事訴訟法上の取扱いに区別はなく，両者とも現行犯人である。ともかく，現行犯逮捕の対象となる現行犯人の範囲は，現に犯罪を行っている犯人，現に犯罪を行い終えた犯人だけでなく，もう少し広いということを覚えておいていただきたい。ところで，212条2項の各号には，読みが難しい言葉が2つほど出てくる。最近の六法はずいぶんと親切で，ふりがなを振ってくれているものも多いが，念のためにいっておくと，2号の「贓物」は「ぞうぶつ」，4号の「誰何」は「すいか」と読む。ときどき「贓物」を「臓物」と勘違いしている答案に遭遇して驚かされるが，2号はそのような猟奇的な条文ではないのでご注意いただきたい。ちなみに，「贓物」とは，財産罪を犯して得た財物のことである。

(b) 逮捕権者・令状の要否　次に，現行犯逮捕をする権限をもっているのは誰かという点について，刑事訴訟法は，「現行犯人は，何人でも，逮捕状なくしてこれを逮捕することができる。」と規定している（213条）。読者の中には，長良川の鵜匠のように何人もの現行犯人を縄にかけている自分の姿を想像された方がおられるかもしれない。しかし，この条文の「何人でも」は，「なんにんでも」ではなくて「なんぴとでも」と読む。もちろん，現行犯人が複数いればなん人でも捕まえてよいが，条文の趣旨としては，誰が逮捕してもよい，ということである。すでに見た通常逮捕の場合には，「検察官，検察事務官又は司法警察職員は……逮捕状により，これを逮捕することができる。……」であったから，これと比較してみると，現行犯逮捕は，第1に，逮捕権者に制限がなく，私人にも逮捕が許されている点で，第2に，令状がおよそ不要である点で，通常逮捕と大きく異なっていることが分かる。

では，なぜ，現行犯逮捕だけが令状主義の例外とされているのだろうか。これは，令状主義がどのような目的をもっていたのかを思い出していただければ，容易にお分かりいただけることと思う。令状主義の目的は，ひとことでいえば，強制処分に裁判官のチェックを加えることによって，不適切な強制処分が人権

を不当に侵害することを防止することであった。そこで，不適切な逮捕の可能性という観点から現行犯逮捕を見てみると，現行犯逮捕は第1に，現に犯罪を行っている者（213条1項），現に犯罪を行い終えたばかりの者（同条），あるいは，一定の要件を備え，犯罪を行い終えてから間がないと明らかに認められる者（同条2項）に対して行われる逮捕である。したがって，ここでは，捕まえてみたら実は犯人ではなかったという，「逮捕の理由」が欠けた逮捕が行われる可能性はかなり低いと見ることができる。そして第2に，これは犯人一般についていえることであるが，犯罪を終えた犯人は，自分の住所・氏名・連絡先を書いたメモを現場に残して家に帰る，あるいはその足で警察署に行くなどということは，ふつうはしない。多くは現場からの逃亡をはかり，あるいは証拠を隠滅しようとするものである。ここから，現行犯人については，「逮捕の必要性」も一般的に肯定できることになる（もちろん，必要性が明らかに否定される例外的な場合には，現行犯逮捕は許されない）。以上の理由から，現行犯逮捕は令状主義の例外とされているのである。

　(c)　現行犯逮捕の要件——犯罪・犯人の明白性，場所的・時間的接着性——

　現行犯逮捕をするための要件は，逮捕される者が現行犯人（準現行犯人を含む）であることである（213条）。そして，どのような犯人が現行犯人かといえば，すでに見たように，現に犯罪を行っている者（212条1項），現に犯罪を行い終えた者（同条），そして，一定の要件を備え，犯罪を行い終えてから間がないと明らかに認められる者（同条2項）であった。

　これらの「現行犯人像」は，現行犯逮捕の要件として，まず，「犯罪があったことの明白性」（以下，「犯罪の明白性」という）と「犯人が誰であるかの明白性」（以下，「犯人の明白性」という）とを要求しているものと考えられている。しかし，実際の事件においては，犯罪の明白性，犯人の明白性が認められるか否かは，時としてかなり微妙である。たとえば，満員電車の中でズボンの後ろポケットに入れた定期入れがずり上げられていくように感じられたとき，自分の背後に紙筒を持って立っている不審な男を現行犯逮捕することができるだろうか（東京地判平1・8・29判時1325号80頁，東京高判平3・5・9判時1394号70頁）。あるいは，強盗未遂事件の被害者から犯人の特徴を聞き取った警察官が，犯行から20分後，現場から20mほど離れたところでその特徴に合致する男を発見し，

任意同行して被害者と対面させ，間違いない旨の供述を得た場合，この男を現行犯逮捕することができるだろうか（京都地決昭44・11・5判時629号103頁）。

また，212条1項の現行犯人は「現に」犯罪を行っている者，または行い終えた者であるから，時間的・場所的な接着性も必要である（2項の準現行犯人は，1項よりは緩やかな近接性で足りるとされる）。たとえば，ライバルを蹴落とそうと出張中の同僚のアパートに侵入したサラリーマンが，同僚が作成したプレゼンテーション資料を燃やしてトイレに流し，そのあと冷蔵庫のビールで祝杯をあげてそのまま寝入ってしまい，翌日の夜，同僚に発見されたとき，これを器物損壊の現行犯人として逮捕することはできない（住居侵入［刑130条］の現行犯としてなら可能であるが）。あるいは，高速道路を時速120kmで走行中の自動車から被害者を放り出して傷害を負わせた場合，犯行から10分しかたっていなくても，現場から20km離れてしまったパーキング・エリアで現行犯逮捕するのは無理であろう（次に見る緊急逮捕の可能性はある）。そして，この時間的・場所的接着性要件も，実際の事件においては判断が微妙な場合がある。たとえば，A飲食店のガラスを割るなどした犯人が約20m離れたB飲食店にいるとの情報を得た警察官が，B飲食店で，手にけがをして異様な様子で足を洗っている男を発見した場合，犯行後3，40分経過していても，この男を現行犯逮捕することができるだろうか（最判昭31・10・25刑集10巻10号1439頁）。こちらも，ぜひ考えてみていただきたい（ちなみに，以上にあげた各判例が下した結論は，順に，できない，できる，できない，できる，である）。

なお，一定の軽微事件については，通常逮捕の場合と同様，現行犯逮捕の要件が厳格化されていて，犯人の住居もしくは氏名が明らかでない場合，または犯人が逃亡するおそれがある場合に限って，現行犯逮捕が許されている（217条）。

(3) 緊急逮捕

(a) 緊急逮捕とは　緊急逮捕については冒頭で少し触れたが，あいかわらずイメージがわかないという方も少なくないだろう。そこでまず，緊急逮捕がどのような逮捕なのかということから見ていくことにしよう。緊急逮捕をひとことでいえば，一定以上の重い罪を犯したと強く疑われる被疑者を，逮捕状によらずに逮捕することである（後述するように，逮捕状を求める時間的余裕がない

ときに限られる，事後的に令状を請求しなければならない，など，要件はいろいろある）。たとえば，先ほど，妻を殺したといって警察署に出頭してきた夫の例を挙げたが，事情聴取の結果これが事実らしいということになれば，夫が，やっぱり家に帰りたい，家で待っているといっても，警察官としては夫を帰すわけにはいかないだろう。夫は，気が変わって逃亡するかも知れないし，家に火を付けて証拠の隠滅をはかり，あるいは自殺してしまうかも知れない。とはいえ，通常逮捕状は出ていないから逮捕状の緊急執行を論じる余地はなく，現行犯逮捕の要件も満たされていないことが多いだろう。このような場合に，緊急逮捕が活躍するのである。

　(b)　逮捕権者と逮捕状請求権者　　まず緊急逮捕の逮捕権者について見ると，「検察官，検察事務官又は司法警察職員は，……」(210条1項) となっている。この点は，通常逮捕と同じである。

　これに反して，逮捕状の請求権者には，通常逮捕の場合とは異なって，制限がない。すでに紹介したように，緊急逮捕は，逮捕の時には逮捕状が不要であるものの，逮捕後直ちに逮捕状を請求する必要があるという点で特徴的であるが，これについて法は，「……この場合（注・緊急逮捕をした場合）には，直ちに裁判官の逮捕状を求める手続をしなければならない。……」と規定するのみである (210条1項)。もっとも，通常逮捕のところでも触れたように，警察の内部規則である犯罪捜査規範は，緊急逮捕した場合の逮捕状請求にも一定の制限を加えていて，原則として，指定司法警察員または逮捕を行った警察官が請求することとしている（規範120条1項）。

　(c)　緊急逮捕の要件　　緊急逮捕の要件は，「死刑又は無期若しくは長期3年以上の懲役若しくは禁錮にあたる罪を犯したことを疑うに足りる充分な理由がある場合で，急速を要し，裁判官の逮捕状を求めることができない」こと (210条1項) である。

　まず，「死刑又は無期若しくは長期3年以上の懲役若しくは禁錮にあたる罪」がどのような罪を指すのかであるが，ここでいわれている刑は法定刑のことであって，予想される宣告刑のことではない。したがって，たとえば傷害罪（刑204条。法定刑は，10年以下の懲役または30万円以下の罰金）を犯したと疑われる被疑者については，被害者が受けた傷害が軽いため懲役3年の判決はあり得ない

だろうと思われる場合であっても，緊急逮捕は可能である。また，「3年以下の懲役に処する」という法定刑は，「長期3年以上の懲役」に含まれる。したがって，住居侵入罪（刑130条。法定刑は，3年以下の懲役または10万円以下の罰金）のような犯罪も，緊急逮捕の対象となる。

次に，「罪を犯したことを疑うに足りる充分な理由」であるが，これは，通常逮捕の場合の「相当な理由」よりは高度な嫌疑でなくてはならず，他方，現行犯逮捕に要求されるような明白な嫌疑である必要はないと考えられている。この理由は，緊急逮捕が，通常逮捕とは異なって，逮捕状によらずに逮捕する逮捕であること，しかし，令状がおよそ不要である現行犯逮捕とは異なって，事後的には令状が請求され，身柄拘束の当否について裁判官の審査を受けることにある。そして，「急速を要し，裁判官の逮捕状を求めることができない」場合とは，逮捕しなければ被疑者が逃亡し，または罪証を隠滅するおそれがあると認められる場合を指す。

(d) 緊急逮捕の手続　緊急逮捕をする際には，「その理由を告げ」なければならない（210条1項）。「その理由」というのは，逮捕するに至った「充分な理由」と，緊急に逮捕する必要があるため，逮捕状の請求を先に行う余裕がないことである。

そして，すでに述べたように，緊急逮捕をしたあとには，直ちに令状を請求しなければならない。ところで，緊急逮捕したものの人違いであることが判明するなどして，被疑者をすでに釈放してしまっている場合にも，逮捕状の請求は必要だろうか。結論からいえば，この場合にも逮捕状の請求は必要だと考えられている。確かに，この場合，捜査機関としては被疑者を逮捕するつもりはもはやないから，ここでの逮捕状の請求は，仮にOKされても断るつもりでラブレターを書くのにも似た，まったく無駄なことのようにも見える。しかし，通常逮捕の場合とは異なり，緊急逮捕後に行われる令状請求には，将来に向かって行う身柄拘束の当否についてだけでなく，すでに無令状で行った身柄拘束の当否についても裁判官の審査を受けるという意味がある。現行犯逮捕とは異なり，緊急逮捕は，憲法（33条）によって令状主義の例外として明示的には認められておらず，このため，その合憲性を巡っては議論があった。無令状逮捕の部分について事後的にとはいえ司法審査が行われることは，緊急逮捕が合憲

性を主張するための生命線ともいえる重要な要素なのである。以上の理由から，逮捕状の請求は，被疑者がすでに釈放されている場合にもなお必要だと考えられており，実際にもそのように運用されている（捜査規範120条3項）。

3　逮捕後の手続

（1）　逮捕の後のはじめに

　日常的な事件の場合，報道機関の視線はせいぜい逮捕の瞬間に集中し，逮捕前はもとより，逮捕後の事件の動きを報道を通じて知ることはなかなか困難である。これに対して，世間を多少なりとも揺るがす事件になると，逮捕後の捜査の動きがかなり詳細に報じられる。これからお話しする逮捕後の手続の知識はごく初歩的なものであるが，それでも，これらの報道を通じて事件が逮捕後にもダイナミックに動いていることを実感する手助けにはなるだろう。被疑者が逮捕されてしまうと，なんとなく終わった感じがしてやる気が出ないという方も，これを励みにしていただきたい。なお，以下では話を簡単にするために，原則として警察官が逮捕した場合（実際これがほとんどであるが）についてだけ説明することにしよう。

（2）　通常逮捕後の手続

　被疑者を通常逮捕したあとの手続は，逮捕したのが誰であるかによって異なる。

　まず，司法巡査（警察官の場合は，おおむね巡査の階級の警察官がこれにあたる）が逮捕した場合であるが，司法巡査には，その後，被疑者の身柄をどう扱うかについて決定する権限がない。そこで，この権限をもつ者，つまり司法警察員（おおむね巡査部長以上の階級の警察官）のところに直ちに連れていくことになる（202条。これを「引致」という）。もちろん，司法巡査は，最初に目に入った司法警察員に，よろしくお願いしますと引き渡してよいわけではなく，内部的な職掌関係に従って，担当の司法警察員に引き渡す。この間のやりとりは，刑事ドラマの取調べ前の導入シーンとして，目にされたことがあるだろう。

　司法警察員が司法巡査から被疑者を受け取った場合，または司法警察員が自ら被疑者を逮捕した場合には，被疑者に対して，犯罪事実の要旨および弁護人

選任権があることを告知し、さらに弁解の機会を与える（203条1項前段）。ときどき勘違いしている人に遭遇するが、弁護人選任権があるということは、ただで弁護人を付けてもらえるということではない。憲法は、国が費用を負担して弁護人を付ける場合を規定してはいるが（憲37条）、これは被告人の権利であって、被疑者の権利ではない。このことは古くから制度的な不備として批判を加えられてきたが、一定の改善は見られるものの、いくら貧乏でもおよそ費用をかけずに弁護人を付けることはできないというのは現在でも同じである。また、弁解の機会の付与は、留置の要否を判断するためのものであって取調べではない。このため、ここでは供述拒否権の告知（198条2項）が要求されていないが、被疑者の中には、さっさと観念してしまって事件の核心に触れる供述を始めてしまう者もいる。このような場合には、その時点で供述拒否権を告知し、以後の供述は弁解録取書ではなく供述調書に記載することとされている（捜査規範134条）。

次に、司法警察員は、被疑者を留置する必要がないと考えれば直ちに釈放し、留置の必要があると考えれば、被疑者が身体を拘束されたときから48時間以内に、書類・証拠物とともに被疑者の身柄を検察官に送致する手続を行う（203条1項後段）。これがいわゆる「（身柄付き）送検」である。被疑者を釈放したときには、時間制限は一応なくなりはするが、事件を検察官に送致する手続は、やはりしなくてはならない（246条）。被疑者の身柄が拘束されておらず、事件だけが検察官に送致されるこの手続が、いわゆる「書類送検」である。このまま身柄が拘束されることなく起訴に至れば、いわゆる「在宅起訴」となる。

司法警察員から、被疑者の身柄とともに事件の送致を受けた検察官は、弁解の機会を与え、留置の必要がないと考えれば直ちに釈放し、留置の必要があると考えれば、被疑者を受け取ったときから24時間以内に、裁判官に対して被疑者の勾留（マスコミ用語では「拘置」といわれている）を請求する（205条1項）。205条を203条と比較してみると、検察官には、犯罪事実の要旨や弁護人選任権の告知が義務づけられていないことが分かるが、これは、これらの事項が、司法警察員からすでに告知されているはずだからである（203条1項。もっとも、実務上は、検察官からの告知もあるようである）。なお、司法警察員の手持ち時間である48時間は、この時間内に送致の手続をとればよいということであるから、

手続がぎりぎりに行われた場合には，検察官が被疑者を受け取った時点で，被疑者が身体を拘束されてから，たとえば50時間経過していることもあり得る。この場合，検察官の手持ち時間は，上記の24時間ではないということに注意していただきたい。被疑者が身体を拘束されてから検察官が勾留の手続をとるまでには，司法警察員における48時間，検察官における24時間とは別に，合計72時間という制限が設けられているのである（205条2項）。このため，上の例の検察官は，被疑者を受け取ってから22時間以内に勾留の手続をしなくてはならないことになる。もっとも，このような事態は実際にはほとんど生じない。手続がとられた時刻に注目して犯罪報道をご覧いただくと，送検や勾留請求の手続が，しばしばかなりの手持ち時間を残して進められていることに気づかれるだろう。

（3）現行犯逮捕後の手続

すでに見たように，現行犯人は私人でも逮捕することができる。この場合，逮捕した私人は，被疑者の身柄を直ちに検察官または司法警察員に引き渡さなければならない（214条）。滅多にない機会だから少し取調べを体験してから引き渡そう，などと考えていると，監禁罪（刑220条）に問われかねない。昔の刑事ドラマの刑事のような気分になって被疑者を殴りつけ，怪我でもさせようものなら，事態はさらに深刻である（刑221条〔監禁致傷〕）。

私人から現行犯人を受け取ったのが司法巡査である場合には，被疑者を速やかに司法警察員に引致する（215条1項）。このあとの手続は，通常逮捕の場合と同じである（216条）。私人から現行犯人を受け取ったのが司法警察員である場合にも，以後，通常逮捕と同じ手続がとられることになる（同条）。

現行犯人を逮捕したのが，司法巡査である場合，司法警察員である場合も，それぞれ，通常逮捕の場合と同じ手続がとられる（同条）。

（4）緊急逮捕後の手続

緊急逮捕をした場合にまずしなければならないのは，逮捕状の請求である（210条1項）。逮捕状請求の手続は，通常逮捕の場合と同じである（同条2項）。逮捕手続に違法があったなどの理由で逮捕状が発付されない場合には，直ちに被疑者を釈放しなければならないが（同条1項），首尾よく逮捕状の発付を受けられた場合には，以後，通常逮捕の場合と同じ手続をとることになる（211条）。

4 ■ 被疑者の勾留とは？

1 勾留とはなにか

(1) 勾留の意義
　勾留とは，被疑者・被告人を拘禁する裁判およびその執行をいう。刑罰の一種である拘留と区別しなければならない。被疑者勾留は，被告人勾留についての規定（60条以下）を準用する形で行われる（207条）。ただし，以下の点に相違がある。被疑者勾留は，①検察官の請求による（204条～206条），②被疑者勾留に関する処分は裁判官が行う(204条～207条)，③逮捕が先行する(207条1項，逮捕前置主義)，④被告人勾留に比べ，その期間が短い（208条・208条の2），⑤保釈がない(207条1項但書)といった点である。以下では被疑者勾留を中心に考察する。

(2) 勾留の目的
　逮捕に引き続いて行われる勾留の目的は2つある。1つは，被疑者の身柄を拘束することによって，公判廷へのその者の出頭を確保することにある。被告人が公判廷に出廷しなければ，そもそも公判は開くことができず（286条），また，被告人の所在が不明だとその前提たる起訴状送達も行えないから（271条），そうした事態を避けるため，あらかじめ被疑者の段階から身柄を拘束しておくのである。もう1つは，罪証隠滅の防止である。被疑者が黙秘，あるいは否認していることをもって，罪証隠滅の疑いがあると直ちに判断することは許されない。黙秘，否認したことをもって罪証隠滅のおそれが推認されるとする考え方は，被疑者勾留を捜査のための手段と位置づけるものであって，現行法の当事者主義の考え方と矛盾するし，何よりも無罪推定の法理にも抵触しよう（札幌地決昭34・5・29下刑集1巻5号1354頁は，被疑者が取調べに黙秘しても，一件記録から氏名，年齢等確定できる場合は，勾留理由とならない旨判示した）。

なお再犯防止を勾留の目的に加える見解があるが，勾留の基礎となるべき事件さえ確定していないのに，将来起こるかもしれない犯行を理由に，現在拘禁することは予防拘禁であるから，人権上許されない。

（3）被疑者勾留から被告人勾留への移行

なお，被疑者勾留は，公訴提起後，自動的に被告人勾留に移行するとの解説が一般的であるが，疑問がある。被告人勾留は，被疑者勾留に比べて身柄拘束が非常に長期にわたるから（60条2項），被告人勾留に移行する時点で，何らかの手立てをもって法的地位が変わったことを被疑者（被告人）に認識させるしくみがあってよい。逮捕後，検察官の請求によって行われる裁判官による勾留質問は，あくまで被疑者勾留に関するものであって，被告人勾留を前提とするものではなかろう。そこまで効力が及ぶか疑問である（ただし，一般的には，公訴提起によって当然に被告人勾留が開始されると説明される。すでに勾留中の被疑者は，勾留の段階で厳格な手続が履践されているからだという）。

また，被疑者勾留が捜査の便宜のために利用されている現状に鑑みると，ただ単に知らしめるだけでは不十分であるとさえいえる。在宅被疑者を公訴提起した際は，裁判官は速やかに被告事件を告げ，またその陳述を聴取する手続をとるのに（61条），なるほどすでに勾留質問が行われたとはいえ，その後最長20日間，身柄拘束された被疑者に対し，何らの手続もとられないまま，検察官の公訴提起によって自動的に被告人勾留へと移行し，さらに被疑者勾留に比べて格段に長期にわたる拘束が継続的になされるというのでは，被疑者も納得できないであろう。被疑者勾留の期間中，どのような取調べや処遇がなされたかを確認するという意味からも，被告人勾留に移行する前に，改めて陳述を聴取するなど何らかの制度があってよい。ただし，被疑者勾留が被告人勾留と同一の性格を有するもの（身柄保全と罪証隠滅の防止）という位置づけが実態レベルでも浸透すれば，このことの必要性は希薄化しうる。

2 勾留の要件

（1）勾留の要件

(a) **実体要件** 勾留の要件は，被疑者が罪を犯したことを疑うに足りる相

当な理由がある場合で，①被疑者が定まった住居を有しないこと，②被疑者が罪証を隠滅すると疑うに足りる相当な理由があること，③被疑者が逃亡し，または逃亡すると疑うに足りる相当な理由があることの①から③のうち，いずれか1つ以上にあたることが必要である(207条・60条1項)。ただし，犯罪の相当の嫌疑は不可欠の要件である。これがなければ，犯罪の嫌疑はないが，罪証隠滅のおそれがある場合，被疑者本人でなくとも，勾留することが可能になる。さらに，この場合の犯罪の嫌疑は，緊急逮捕ほどではないが，通常逮捕の際のそれよりもより高度の嫌疑を指す。身柄拘束期間が逮捕よりも長いことにもとづく。

　犯罪の嫌疑と①ないし③を合わせたものが「勾留の理由」である。しかし，法は勾留の理由の他に「勾留の必要」を要求している (87条1項)。この勾留の必要性は，別に「勾留の相当性」ともいわれ，勾留の理由があっても，その相当性を欠く場合，勾留は認められない。①ないし③についてより具体的にみると，

　①　住居不定(60条1項1号)とは，住所，居所が定まっていないことをいう。黙秘したため住居不詳(不明)であるが，確実な身元引受人があって，被疑者出頭確保のための手立てが講じられている場合に勾留の必要性を否定した判例がある (東京地決昭43・5・24下刑集10巻5号581頁，判タ222号242頁)。これは，上述した勾留の理由はあるが相当性を欠いている一例といえる(なお，住所不詳を3号の関連で捉える見解もある)。

　②　「罪証隠滅のおそれ」(2号)は具体的なものでなければならない。単なる可能性ではなく，具体的事実によって蓋然的に推測される場合でなければならない (大阪地決昭38・4・27下刑集5巻3＝4号444頁，判時335号50頁)。実務上，「罪証」とは，犯罪の成否および重要な態様に関する証拠の他，情状など量刑に関する資料も含むが，反対論もある。

　③　「逃亡のおそれ」(3号)とは，現に逃亡していたか，または将来逃亡することが予測される場合で，その程度が蓋然的に高いことをいう。

　なお，30万円以下の罰金 (60条3項参照)，拘留または科料にあたる事件については，勾留は被疑者が定まった住居を有しない場合に限られている。警察比例の原則に従ったものであり，軽微事件に対する勾留の要件をより厳しくした

(b) 手続要件　　上記の勾留の実体要件があっても，在宅の被疑者をいきなり勾留することはできない。被疑者勾留の前提として，必ず逮捕しなければならない。これを逮捕前置主義という。207条 1 項の「前 3 条の請求を受けた裁判官」は被疑者を勾留することができるが，前 3 条とはすべて逮捕後の留置中に検察官が勾留請求することになっているのである。逮捕を勾留に先行させる理由は，勾留10日間という長期の身柄拘束の前に，まず短期の拘束である逮捕を行い，その終了時にも，なお拘束の理由，必要性があるとき初めて勾留を許す趣旨だとされている。身柄拘束をより慎重に行うわけである。

（2）勾留の実態

このように，刑事訴訟法は，逮捕に比べ勾留に対しては，より厳格な要件を課しているのであるが，実態をみると必ずしも慎重な運用がなされているとは言い難い。たとえば，身柄事件のうち検察官によって勾留請求された被疑者の全身柄事件被疑者に占める割合（勾留請求率）は例年 9 割を越え，勾留請求された被疑者のうち，裁判官によって勾留が却下された者の割合は0.2％である。また，勾留延長の請求が認められた者の割合は99.9％となっている。さらに被告人勾留についても，勾留率は約 6 割，保釈率は 2 割を切っている状況にある。

起訴前であれ，起訴後であれ，被疑事実を認めでもしない限り身柄が釈放されない勾留の実態，身柄拘束のあり方は日本の刑事司法の 1 つの特徴ともなっている。そしてそれは，しばしば「人質司法」と呼ばれる。後述する裁判官の事実の取調べなどを積極的に運用するなどして，最初の勾留の要件や勾留延長の際の「やむを得ない事由」を厳格に審査し，身柄拘束はあくまでも例外的措置であることを今一度，再認識する必要があるのではなかろうか。

（3）無罪判決を受けた被告人の再勾留

ところで，勾留のうえ，起訴，審理されたが，第一審で無罪判決を受けた者（被告人）を検察官の控訴申立てにより，再び勾留することができるだろうか。被告人勾留の問題であるが，勾留の要件に関わる問題なので，簡単に言及しておこう。

最高裁は，この点につき，「第一審裁判所が犯罪の証明がないことを理由として無罪の判決を言い渡した場合であっても，控訴審裁判所は，記録等の調査

により，右無罪判決の理由の検討を経た上でもなお罪を犯したことを疑うに足りる相当な理由があると認めるときは，勾留の理由があり，かつ，控訴審における適正，迅速な審理のためにも勾留の必要性があると認める限り，その審理の段階を問わず，被告人を勾留することができ（る）」との判断を下した（最決平12・6・27判時1718号20頁。いわゆる東電ＯＬ殺人事件）。ただし，これには2名の裁判官の反対意見がある。

なるほど無罪判決を受けた者でも，事後の事情の変化いかんによっては再勾留できる。しかし，第一審判決が無罪判決を下したという事実は，犯罪の嫌疑がずっと希薄になったということに他ならないから，単に第一審時の一件記録を送付されただけで控訴審裁判所が被告人を再勾留することは，裁判制度の意義を自ら否定するに等しい。また，最高裁決定は，「記録等の調査により，右無罪判決の理由の検討を経た上でもなお罪を犯したことを疑うに足りる相当な理由があるとき」と慎重な態度を示しながら，しかし，「審理の段階を問わず」再勾留できるというわけであるから，「記録等の調査・検討」も単なる修辞句に終わる危険がある。無罪判決などの宣告が勾留状の効力を喪失させるとした刑訴法345条の趣旨に鑑みれば，反対意見がいうように，再勾留の可否については公判における審理を経るか，少なくとも控訴趣意書とそれに対する答弁書の提出を待って，それらを斟酌したうえで判断する必要があろう。

3　勾留の裁判

(1) 勾留質問

被疑者勾留であれ，被告人勾留であれ，裁判官は，勾留をするに際し，被告事件を告げ，これに関する陳述を聴く必要がある（61条・207条1項）。これを勾留質問という。逃亡している場合を除いて，勾留質問を経た後でなければ，勾留することができない。もっとも，既述したように，被疑者勾留の場合は，まず検察官が書面で勾留請求を行うことが勾留質問実施の前提となっている（204条以下，規則147条・148条）。

被疑者はここに至って初めて逮捕後，裁判官と面会することになるが，これには憲法34条がいう「正当な理由」にもとづかない勾留を防止する意味がある。

したがって，勾留質問は，憲法31条の適正手続の内容をなすものであって，明文はないが質問に際しては黙秘権を告知し，また質問の実施場所も警察署などではなく，裁判所の庁舎内で行うべきである（警察署で勾留質問した事例につき，最決昭44・7・25刑集23巻8号1068頁）。

弁護人が勾留質問に立ち会うことができるか争われている。捜査の秘密に配慮する必要から，実務上，ほとんどの場合，弁護人を立ち会わせないようである。しかし，当番弁護士制度に代表される起訴前弁護の充実の必要に鑑みると，被疑者あるいは弁護人から要求のあるときは，むしろ認めるべきである。これとは逆に，検察官，警察官の立会いは被疑者に対して無用の心理的圧迫を与えることがあるから，たとえ要求があったとしても，これを認めるべきではない（事の是非は別として，逮捕・勾留期間中の警察署内での取調べが常態化している状況下では，逮捕段階で捜査官の面前で行った自白を勾留質問時に否認しようとしても，護送した担当取調官が列席していたのでは否認しづらいであろう）。

勾留質問の際には，裁判所書記官を立ち会わせ，被疑者の弁解，陳述を聴取し勾留質問調書を作成する。この調書は被疑者を勾留した際に，速やかに検察官に送付される（規則150条）。調書は証拠として公判に提出される余地があるが，任意性が確保されたことの証明でもないかぎり，有罪方向でそれを証拠に用いることには強い反対論がある。

（2） 事実の取調べ

裁判官は勾留の裁判を行うに際し，必要があれば事実の取調べをすることができる（43条3項）。どの程度の取調べを行うことができるのか問題となる。一件記録を検討したり，身柄引受人の有無を調査したりすることなどがこれに入る。しかし，犯罪事実の存否を調べることはもちろん，検察官の勾留請求を補完する趣旨で事実の取調べを行うべきではない。

4　不服申立

（1）　勾留理由開示

(a)　制度の趣旨　　この制度は，被疑者が勾留されている理由を公開の法廷で明らかにすることによって，不当に，秘密裏にその者の身柄が国家機関に

よって拘束されることのないようにするものである（207条1項・82条・280条1項・3項）。

英米法の人身保護手続（habeas corpus）の制度に照らし，また憲法34条後段の，何ぴとも正当な理由がなければ拘禁されず，要求があれば，その理由は直ちに本人およびその弁護人の出席する公開の法廷で示されなければならない，との規定にもとづき創設されたものである。したがって，この制度も憲法の趣旨に即して解釈されなければならない。憲法はただ，勾留理由を公開の法廷で示し，釈放はその副次的作用に過ぎないといった形式的な制度ではないことに注意を要する。

(b) 開示手続および方式　勾留理由開示の請求は，被疑者の他，弁護人，法定代理人，配偶者などの利害関係人によって行われる（82条）。開示手続は，公開の法廷で行われ（83条1項），裁判官および書記官が列席する（83条2項）。被疑者および弁護人が出頭しなければ原則として開廷することができないが（83条3項），検察官の出頭は必要でない。

法廷では，裁判官は勾留の理由を告げなければならない（84条1項）。勾留の理由とは，60条にいう犯罪の嫌疑と本条1項各号の事由および上述した勾留の必要性（相当性）も含めた広い概念である。この勾留理由が，勾留状発付時点のものか，それとも勾留理由開示時点のものをいうかについては争いがあるが，後者を指すものと解すべきである。

検察官または被疑者および弁護人などは意見を述べることができるが（84条2項），その時間は各自10分以内に限られている（規則85条の3）。これは，この制度が法廷闘争の最初の段階に利用されることを避けるために設けられたことによる。しかし，少なくとも被疑者，弁護人に対しては勾留理由についての口頭の意見陳述を原則とし，これに代わる書面の提出は（84条2項），制限的に行われるべきである。

(c) 効果　この制度は，勾留理由の開示が要求されるだけであり，釈放の効果を持つわけではない。しかし，事後に続く準抗告の申立，勾留取消に結びつきうるので，それらと表裏一体，あるいは不可分の制度であるといわれる。

(2) 準抗告

勾留に関する裁判には準抗告ができる（429条1項2号）。ここでは，被疑者勾

留の裁判（207条1項・60条1項）および被疑者の勾留請求却下の裁判（207条2項）について述べる。

　勾留請求を認める裁判に対する準抗告では，429条2項が，420条3項を準用しているために，「犯罪の嫌疑がない」ことを理由として準抗告できないのではないか問題となる。準抗告を否定する判例がある一方で（前橋地決昭35・7・10下刑集2巻7＝8号1173頁，札幌地決昭36・3・3下刑集3巻3＝4号385頁），学説はこれを認めるものが多く，またこれに即した判例もある（大阪地決昭46・6・1判時637号106頁）。

　勾留請求却下の裁判に対して検察官が行う準抗告では，釈放命令の停止ができるか問題となる。しかし，停止までの身柄拘束の根拠がないこと，もしこれが許されると準抗告の間，検察官が新たな資料を整えて拘束を求めることになり，準抗告審の迅速性・簡易性を損なうことからこれを否定すべきである。

5　勾留の場所と期間

(1)　勾留場所

　勾留の場所は，監獄である（64条1項）。これは法務省が管轄する拘置所（監獄法1条1項4号の拘置監）をいう。しかし，現状は，拘置監に被疑者が収容されるよりも，そのほとんどが警察の留置場（警察庁管轄）で身柄を拘束され，被告人勾留に至ってはじめて拘置監（法務省管轄）に移監されるという運用がなされている。この拘置所に代えて利用される警察署内の留置場は，俗に代用監獄と呼ばれている。そして，監獄法1条3項は，「警察官署に附属する留置場を監獄（拘置監）に代用することを得」となっており，これが代用監獄の運用を許す根拠条文とされている。しかし，逮捕・勾留され，いわば不安にかられている被疑者を警察署内部に置いておくことの是非がこれまでつとに指摘されてきた。

　代用監獄を存置すべきだとする見解は，①短い起訴前の勾留期間内に警察が迅速かつ適正な捜査を行うために，取調室などを十分に備えた勾留場所が警察署近くにあることが必要である，②多数の拘置所を警察署近くに建設することは用地取得，費用の面で極めて困難である，③代用監獄があることで，警察の

取調べが容易となり，自白強要の温床となっているという批判は当たらない。1980年以降，留置，捜査それぞれの担当部門を組織上別系統とし，犯罪捜査部門とは別の行政部門である総（警）務部門が留置業務を所管している。留置業務担当官は，取調べが食事，就寝などの時間に及ぶ場合は，打切りを申し入れるなどして適切な処遇を行うように努めている。取調べのあり方の問題と留置場の問題それ自体を混同すべきではない，というものである。

これに対して代用監獄を廃止すべきだとする見解は，①勾留は被疑者の証拠の隠滅や逃亡を防ぐのだけが目的で，捜査の便宜を考慮する必要はまったくない，また自白強要誘引のおそれも払拭されていない，②拘置所の増設施設整備を含めて拘置監を勾留場所とする物的・人的措置の充実は可能である（なお，拘置所は必ずしも不足しておらず，むしろ異常なほど収容率が低いという指摘もある），③留置と捜査の両部門の分離も，警察内部の業務分担の区別に過ぎず，中立的な勾留機関としての拘置監とは性格を異にする点では変わりない，というものである。

被疑者はいったん逮捕されると，勾留期間を含めて最長23日間，公訴が提起されるまでの間，捜査機関の手の内に置かれる。とくに，被疑者は勾留中でも代用監獄に留め置かれ，その間をフルに利用して捜査官は自白を得ようとする。つまり，逮捕・勾留は，捜査（取調べ）の「始まり」である。この点で，警察が被疑者の身柄を拘束できる時間がごく短時間であるアメリカなど諸外国とは著しい相違をなしている。刑訴法上，最も基本的かつ重要な黙秘権を有する被疑者が，弁護人の立会いもなしに，四六時中，捜査機関の手の内たる代用監獄に拘束され，時には深夜に及ぶまで吐くこと（自白すること）を迫られるというのは，被疑者の防御権が完全に骨抜きにされているということではなかろうか。現にこれまでいくつかあった冤罪事件の多くは，捜査機関による強引な取調べの結果にあったことがたびたび指摘されてきた。そうだからこそ，この代用監獄は国際社会からもはっきりと「ノー」の烙印を押されたのである。

代用監獄が国内はもとより国際的にも批判の矢面に立たされてすでに久しい。ところが，日本政府は，この代用監獄をあろうことか監獄法を改正することによって，さらに強化し維持しようとしている。1982年に初めて国会に上程された刑事施設法案，留置施設法案のいわゆる拘禁二法案がそれである。これまで

のところ，これら法案は，三度，国会に上程されたが，いずれも成立までにはいたっていない。しかし，これで日本政府が二法案の国会上程，成立をあきらめたとは考えられない。この未決収容のあり方はそもそもどのように理解されるべきなのか。

やはり，国連自由権規約（B規約）9条3項がいうように逮捕，拘禁された者を速やかに裁判官の面前へ連れていき，捜査機関の手から解放することが先決であろう。そして，捜査は，取調べを目的とするものではないということを基本認識に据えて，身柄拘束期間の短縮化，取調べへの弁護人立会の制度化等に努めるべきであろう。捜査の便宜のために被疑者勾留を活用することを許す代用監獄制度は，廃止されるべきものである。

この点についての当面の方策として，移監の制度を利用するという考え方も提示されている。移監とは，検察官が裁判官の同意を得て，勾留されている被疑者を他の監獄に移すことをいうが（規則80条1項，刑訴302条），仮に被疑者の勾留場所として，警察署の留置場が不適当であると裁判官が判断したときは，職権で移監を命じるというものである。明文規定がないので従来，問題とされていたが，判例はこれを認めた（最決平7・4・12刑集49巻4号609頁）。

さらに，当事者，なかでも被疑者，弁護人に移監請求権を認めて対処する考え方もある。最高裁はこれを否定したが（上述最決），当事者に勾留「取消」請求権が与えられていることから（87条），それよりも同種でより小さい権利である移監請求を権利として構成することも可能だという見解には説得力がある。

（2）勾留期間

被疑者勾留の期間は，勾留請求日から起算して10日間である（208条1項）。ただし，事件の複雑，証拠収集の遅延など，「やむを得ない事由」があるときは，検察官の請求により，さらに延長できる。この場合は，必要な日数に分けて複数回延長できるが，通じて10日を超えることができない（208条2項）。延長請求に際しては，「やむを得ない事由」と延長を求める期間を記載した書面とこの事由についての疎明資料が必要である（規則151条・152条）。結局，逮捕された被疑者は，最長で23日間拘束されうる。もっとも，内乱罪，騒擾罪など特別の事件の場合は，さらに5日間を限度にして延長できる（208条の2）。

最初の勾留の期間を10日より短くして勾留状を発付することができるか問題

となる。期間は勾留状の記載要件となっておらず，法は当初から10日を当然の前提としているし（規則70条・149条），実務も消極で運用されている。しかし，①不必要な場合にまで画一的に10日間の勾留を認めなければならないのは不合理であること，②裁判官には勾留取消権があること（87条）から，これを積極に解する学説も有力である。なお，勾留期間中，勾留の理由，必要がなくなったときは，実務上，裁判官が職権で勾留を取り消すか，検察官がその時点で被疑者を釈放しているようである。勾留は裁判官の命令であるから，後者の方法は問題がないわけではないが，勾留請求権者が勾留不必要と判断した場合にまで勾留を継続するのは妥当でなく，また被疑者の利益にも適うことから，期間満了後の釈放を規定した208条1項を準用してこれを認めるとする見解がある。

6　勾留の取消，執行停止

(1)　勾留の取消

　勾留の理由または必要がなくなったとき，被疑者・弁護人等は勾留の取消請求ができ（87条1項），また裁判官も職権で取消をすることができる（同条2項）。また勾留が不当に長くなったときは勾留の理由，必要があるときでも取り消すことができる（91条）。勾留取消または取消請求却下の裁判に対しては，準抗告することができる（429条1項2号）。

(2)　執　行　停　止

　被疑者勾留には被告人勾留とは異なり保釈金の納付を前提とする保釈の制度がない（207条1項但書）。しかし裁判官は，適当と認めるときは，決定で，勾留されている被疑者を親族，保護団体その他の者に委託して，あるいは被疑者の住所を制限して，勾留の執行を停止することができる（95条）。職権によってのみ行われ，当事者に請求権はなく，職権の発動を促すだけである。執行停止が認められる場合として，被告人（被疑者）の病気，近親者の冠婚葬祭，入学試験などがある。

　これら勾留の取消，執行停止は，先に述べた勾留理由開示，準抗告といった不服申立と不可分の関係にある。

7 逮捕・勾留をめぐる諸問題

(1) 事件単位の原則

　逮捕・勾留は，令状記載の被疑事実ごとに行われる。これを事件単位の原則という。ここにいう「事件」とは公訴事実の同一性に準じた概念であるとされる。勾留についていうと，「罪を犯したと疑うに足りる相当な理由」(207条1項・60条1項)とそれに対する裁判官の認定が必要であり，そのためには被疑事件を告げてその陳述を聞かなければならないこと(207条・61条)，および勾留状には犯罪事実の要旨，罪名を記載することが必要なこと(207条・64条1項)からこのことが帰結される。

　事件が異なれば，同一被疑者であっても，事件の数だけ勾留できるから二重勾留も可能である。たとえば，A被疑事実で勾留し，さらにB被疑事実を加えて勾留することも可能である。しかし，A被疑事実で勾留しているのだから，すでに逃亡のおそれも，罪証隠滅のおそれもないのに，さらにB被疑事実を付け加えて勾留することは不自然であり，すでに目的を達している状況下でのこうした勾留を認めないという学説もある(人単位説)。ただ，人単位説によれば，逮捕・勾留関係は，A被疑事実のみを基礎にして行われるとするのが論理的帰結であるのに，余罪(A事件以外の被疑事実)を考慮して勾留延長，勾留の更新，保釈することも可能だとされる。両者の差違は，余罪の斟酌を現実的に行うか(事件単位説)，それとも潜在的に行うか(人単位説)の点にあるが，裁判官の審査を経ない勾留根拠の斟酌を認める人単位説には問題があるとされ，現在ではこの説は事件単位説の理解を手助けする講学上の歴史的学説に過ぎないとさえいわれている。

　なお，事件単位説が認めるA被疑事実にB被疑事実を付け加える形での勾留審査の判断は，「A被疑事実について勾留がないならば」との仮定的判断にもとづいて行われることになる。

(2) 再逮捕・再勾留の禁止

　逮捕・勾留は同一事件については1回しか許されない(逮捕・勾留一回性の原則)。もしこれが許されるとすると，法が厳格にその期間を限定した意味がな

くなるからである。ただ，逮捕については，これを認めるような規定が存する（199条3項，規則142条1項8号）。捜査の流動性を念頭においたのであろう。しかし，この場合でも，①新証拠や逃亡・罪証隠滅のおそれなど新事情の出現により，②犯罪の重大性その他諸般の事情から被疑者の利益に対して，やむをえない場合があり，③不当な逮捕のむしかえしとはいえないような状況にあるときに，再逮捕が認められるにすぎない。

他方，再勾留については明文でこれを許す規定がない。したがって，いったん釈放した以上は，後に勾留の理由，必要性が新たに生じた場合であっても，再逮捕以上に厳格に運用すべきである（明文にない以上，そもそも再勾留は許されないとする見解もある）。仮に再勾留を認める場合でも，再勾留の期間を10日より短くして行うということが考慮される。

（3） 別件逮捕・別件勾留

別件逮捕・別件勾留（以下では単に別件逮捕・勾留）は法令上の用語ではないが，実務上，行われている身柄拘束方法である。これは，未だ逮捕・勾留の要件が整わない本件について取り調べるために，逮捕・勾留要件の整った別件（本件よりも軽い犯罪）で逮捕・勾留することをいう。本罪の取調べ中，たまたま発覚した余罪についても取調べを行う場合（余罪取調べ）とは明らかに異なり，別件での逮捕・勾留の期間を利用して，もっぱら本件について取り調べ，その間に得られた証拠にもとづいて，引き続いて今度は本件で逮捕・勾留しようというのであるから，まさに憲法33条の令状主義を潜脱する捜査手法というべきである。事件単位説が持つある種の「落とし穴」ともいえる。

しばしば新聞，テレビなどマスコミの見出しで「再逮捕」という用語が使用されることがあるが，内実は別件逮捕といえる場合も少なくない。たとえば，2000年5月に起きた，17歳の少年によるいわゆる西鉄バス乗取り事件では，警察は当初，強盗，銃刀法違反で少年を逮捕し，その後殺人，殺人未遂の被疑事実で「再逮捕」したが，両者を切り離して逮捕しなければならない理由はどこにあるのだろうか。前者の逮捕を利用して，後者の被疑事実についての取調べを行っていたのではないかと推測されるところである（どちらの被疑事実にも逮捕要件が整っていたのだから，厳密な意味での別件逮捕ではないが，より軽い被疑事実での身柄拘束を利用した形態という意味ではこれに似通っている）。

ところで，学説は，別件につき逮捕・勾留の要件が整っている以上，これを許すほかないとし，本件取調べも余罪取調べの限界という観点から論じるべきだとする考え方（別件基準説）と，別件につき逮捕・勾留要件が整っていても，実質的にみれば，別件に「名を借りた」本件での逮捕・勾留に他ならないとして，こうした別件逮捕・勾留はそもそも許されないとする考え方（本件基準説，本件着目説）の2つに分けられる。取調べ目的での逮捕・勾留は認められないこと，別件の要件が整っているという理由でこれを許容するのは，結局，別件逮捕・勾留論の持つ問題性を隠蔽してしまうことなどから別件基準説は妥当ではない。

　なお，当該逮捕・勾留が別件逮捕・勾留であることが判明した場合，本件についての逮捕・勾留は令状請求時に却下されるべきこと（199条2項・207条2項），また，別件逮捕を基礎におく事後の勾留は取り消されるべきこと（87条），別件逮捕・勾留時，それに続く本件逮捕・勾留時にとられた自白調書は，違法収集証拠として排除されるべきこと（319条1項，憲38条2項）がその効果として考慮される。

5　■ 捜索・押収とは？

　捜査においてはさまざまな証拠の収集が行われる。そこでは任意捜査が原則であり，やむをえない強制捜査は法律に特に定めのある場合にのみ許される（197条1項）。任意捜査の各種の類型や，被疑者・第三者の供述の取得（取調べ）等については別章（第2章，第6章）で述べられているので，本章では強制処分につき，物の収集を中心にみてゆこう。

　ここで扱う対物的強制処分としては，捜索，押収，検証，鑑定処分があり，対人的強制処分としては，身体検査，鑑定留置がある。

1　捜索・押収とはなにか

(1)　令状主義

　憲法35条は，第1項で「何人も，その住居，書類及び所持品について，侵入，捜索及び押収を受けることのない権利は，第33条の場合を除いては，正当な理由に基いて発せられ，且つ捜索する場所及び押収する物を明示する令状がなければ，侵されない。」と定め，同2項で「捜索又は押収は，権限を有する司法官憲が発する各別の令状により，これを行ふ。」と定める。このように憲法は，捜索・押収につき，逮捕（憲33条）の場合以外は，正当な理由にもとづき，対象たる場所と物を明示した，各別の令状がなければ許されないとする「令状主義」の原則を定めている。それは，無限定な一般探索的令状（「一般令状」）を禁止し，中立公平な第三者である裁判所の事前審査によって，個人のプライバシーや財産権に対する捜査機関による不当・過度な干渉を抑制するため，換言すれば，捜査の必要と人権の保護との調整を図るためである（なお，こうした趣旨からすれば，憲法35条にいう「押収」とは差押えの意味であり，任意の遺留物・提出物の取得である領置は含まれない。他方，捜索・差押え以外にも，検証・身体検査・鑑定処分等，相手方に強制的に不利益を及ぼす処分には，やはり令状主義が妥当すべきこ

とになる)。

　こうした憲法上の要請に従い，刑訴法は，捜査機関による捜索・差押えにつき，218条以下に，令状による場合，令状によらない場合をそれぞれ定めている。なおその際には，裁判所による押収・捜索に関する規定（99条以下）が多数準用されることに注意しなければならない（222条）。

（2）　押収・捜索の意義

　「押収」とは，物の占有を強制的に取得する処分をいう。押収には，差押え・領置・提出命令の3種があるが，提出命令（99条2項）は裁判所のみが行いうる処分であり，捜査において認められる押収は，差押え・領置の2種である。

　「差押え」（218条・220条）とは，他人の占有を排除して物の占有を取得する処分である。また「領置」（221条）とは，被疑者その他の者が遺留した物，または所有者・所持者もしくは保管者が任意に提出した物につき，占有を取得する処分である。なお領置は，占有取得自体には強制力を用いないが（だから令状は不要である），一度領置されると差押えと同様の効果を生じ，所有者等から返還の要求があってもこれに応じる義務はないので，やはり強制処分の一種である。

　差し押さえるべき物が外部から見えている場合はただちに差押えが可能であるが，そうでない場合は，まずその物を発見しなければならない。これが「捜索」（218条・220条）であり，一定の場所・物・人に対して，物の発見を目的として行われる処分をいう。

（3）　差押え・捜索の対象

　差押えの対象となる物は，証拠物または没収すべき物であり（222条1項・99条1項），有体物である。債権等の権利や，人の会話，コンピュータのデータ等は，有体物ではないから対象たりえない。ただし，データ等が記録されている媒体（フロッピーディスク等）は有体物であるから差押えが可能である。

　なお，通信官署の保管，所持する郵便物や電信書類の差押えは，通信の秘密の保障（憲21条2項）との関係から，被疑者発・宛のもの以外の場合は，被疑「事件に関係があると認めるに足りる状況のあるものに限り」許されるものとされている（222条1項・100条1項・2項）。もっとも，被疑者発・宛の郵便物についても，法文上は無条件に差押えが可能に見えるものの，通信の秘密を考慮す

るなら，事件との関連性がないことが明白なものについては差押えは許されないと解すべきであろう。

捜索は，人の身体，物または住居その他の場所に対してなされるが，被疑者の身体，物または住居その他の場所については「必要があるとき」，それ以外の者の身体，物または住居その他の場所については「押収すべき物の存在を認めるに足りる状況がある場合に限り」許される（222条1項・102条2項）。

なお，身体の捜索は，着衣のまま外部から行う外部的検査までが限度と解されている。

（4） 押収の制限

押収は，公務上の秘密または業務上の秘密を理由に制限されることがある。公務員または公務員であった者が保管・所持する物については，公務上の秘密に関するものである旨の申し立てがなされた場合は，監督官庁等の承諾がなければ押収はできない（222条1項・103条・104条。ただし監督官庁等は，国の重大な利益を害する場合を除き，承諾を拒むことができない）。また，医師，歯科医師，弁護士等の一定の職にある者またはこれらの職にあった者は，業務上委託を受けて保管・所持する物で，他人の秘密に関するものについては，押収を拒むことができる（222条1項・105条。ただし本人が承諾した場合，押収拒絶が被疑者のみのためにする権利濫用と認められる場合等は，このかぎりでない）。ただしこれらは，押収拒絶権を認めるものであって，押収拒絶義務を課するものではない。

問題となるのは，報道機関の押収拒絶権である。上記の業務上の秘密にもとづく押収拒絶権の規定では，そこに掲げられている医師等の職は制限列挙と解されている。報道機関はこれに含まれていないから，取材フィルム，ビデオテープ等についての報道機関の押収拒絶権は，現行法上明文規定はない。しかし，報道機関の報道・取材の自由の保障の重要性は疑いないことであり，みだりに取材フィルム等の押収がなされることは，報道・取材の自由の抑制につながるおそれがある。判例は，適正迅速な捜査のために取材の自由がある程度の制約を受けることもやむをえないとし，押収の可否は，犯罪の性質，内容，軽重，取材結果の証拠としての価値，ひいては適正迅速な捜査を遂げるための必要性と，取材結果を押収されることにより報道の自由が妨げられる程度および将来の取材の自由が受ける影響等諸般の事情を比較衡量により決すべきものと

している（最大決昭44・11・26刑集23巻11号1490頁［裁判所による提出命令に関する］，最決平元・1・30刑集43巻1号19頁，最決平2・7・9刑集44巻5号421頁参照）。

2　令状による捜索・差押え

　上述のように，捜索・差押えは令状によるのが原則である。法は，検察官，検察事務官または司法警察職員は，犯罪の捜査をするについて必要があるときは，裁判官の発する令状により，捜索・差押えをすることができると定めている（218条1項）。

（1）　令状の請求，発布の要件

　①　令状は，検察官，検察事務官または司法警察員が裁判官に請求し，裁判官により発布される（218条3項）。請求には，差し押さえるべき物，捜索すべき場所等を記載した書面を提出し（規則155条1項），またその際には，「被疑者が罪を犯したと思料されるべき資料」を提供しなければならない（規156条1項）。

　なお，上述のように，通信官署の保管，所持する郵便物や電信書類の差押えは，被疑者発・宛のもの以外の物については，被疑「事件に関係があると認めるに足りる状況」のあることが必要であり（222条1項・100条1項・2項），令状請求に際しては，そのような状況の存在を示す資料を提供しなければならない（規156条2項）。

　また，被疑者以外の者の住居等の捜索は，「押収すべき物の存在を認めるに足りる状況」があることが必要であり（222条1項・102条2項），令状請求に際しては，そのような状況の存在を示す資料を提供しなければならない（規156条3項）。

　②　請求を受けた裁判官は，「被疑者が罪を犯したと思料されること（犯罪の嫌疑）」，さらには，「差し押さえるべき物の存在の蓋然性」につき判断する。「正当な理由」にもとづく令状といえるためには，少なくともこれらが満たされなければならない。

　裁判官が捜索・差押えの「必要性」も判断することについては，明文規定はないが，捜査機関が令状により捜索・差押えを行えるのは犯罪捜査の「必要があるとき」なのであるから（218条1項），裁判官は，犯罪の嫌疑の存在や，差し押さえるべき物の存在の蓋然性ばかりでなく，任意捜査では目的が達せられず

強制処分である捜索・差押えが必要であるという，捜索・差押えの必要性も判断すべきである（最決昭44・3・18刑集23巻3号153頁は，差押え処分に対する不服申立を受けた裁判所は，差押えの必要性につき判断しうるものとし，その判断要素として「犯罪の態様，軽重，差押物の証拠としての価値，重要性，差押物が隠滅毀損されるおそれの有無，差押えによって受ける被差押者の不利益の程度その他諸般の事情」を挙げている）。捜索・差押えに理由がない場合はもちろん，任意捜査で足り捜索・差押えの必要性がない場合も，令状請求は却下すべきである。

③　憲法35条2項は，捜索・押収につき「各別の令状」を要求する。すなわち，捜索と差押えは本来それぞれ別個の令状が必要である。もっとも実務上は，同一事件につき同一の機会・場所で捜索・差押えが行われる場合には，一括して一通の「捜索差押許可状」として発布されることが多い。ただし，同一事件であっても，機会を異にする捜索と差押えは別個の令状を要する。また，同一事件につき同一機会になされるものであっても，場所が異なるときは，別個の令状を要する（1個の建物であっても，所有者・占有者等管理者が異なる場合には，個別の令状を要する）。また，身体の捜索は，対象者が複数であるときは，同一場所に居住する者であっても，各人ごとの令状が必要である。

④　憲法35条1項は，捜索・差押令状につき「捜索すべき場所及び押収する物を明示する」べきことを定め，これを受けて法は，令状につき，被疑者の氏名，罪名，差し押さえるべき物，捜索すべき場所・身体・物，有効期間等の記載事項を定めている（219条1項）。

捜索すべき「場所」，差し押さえるべき「物」の明示・特定は，一般令状を抑止する憲法の令状主義の基本的要請である。差し押さえるべき物は，証拠となるべき物あるいは没収すべき物として，事件との関連性を有する物でなければならないのは当然であるが，憲法はさらに具体的な特定・明示を要求する。これにより，捜査機関に付与された捜索・差押えの権限の内容・範囲（言い換えれば，処分を受ける者が受忍すべき権利侵害の内容・範囲）を客観的に明確にし，濫用を防止する趣旨である。

しかし，とくに捜査の初期段階では，どこにどのような証拠があるのか必ずしも十分に判明していないことも多いので，場所・物につき完全な特定明記を要求することは実際上無理がある。場所・物の記載は，その具体的な範囲・性

質が客観的に（すなわち，請求し発布を受けた捜査機関や発布した裁判官にとってのみならず，処分を受ける者を含む通常人にとっても）識別特定可能な程度に示されていなければならないが，それで足りるとすべきであろう。

物の記載については，単に「本件に関係ありと思料される一切の物件」とのみ記す全くの概括的記載は許されないが，事件との関連性が認められるいくつかの具体的物件を掲げたうえで「その他本件に関係ありと思料される一切の物件」と記すある程度の概括的記載は，具体的な例示物件により「その他の物」もこれに準じる性質の物に限定されると解せられるから，許されよう。最大決昭33・7・29刑集12巻12号2776頁は，地方公務員法違反被疑事件において，差し押さえるべき物につき「会議議事録，闘争日誌，指令，通達類，連絡文書，報告書，メモその他本件に関係ありと思料せられる一切の文書及び物件」とした記載は，その他の文書・物件が例示物件に準じるような闘争関係の文書・物件を指すことが明らかであるから，物の明示として欠けるところはないとしている。

場所の記載については，単一の管理権に属する場所であっても，各部屋等空間的・物理的に区分しうるかぎりは，個々に特定明記すべきである。佐賀地決昭41・11・19下刑集8巻11号1489頁は，地方公務員法違反被疑事件において，捜索すべき場所につき「S県教育会館内S教組S支部事務局が使用している場所及び差押物件が隠匿保管されていると思料される場所」とした記載は，その「隠匿保管場所」がS県教育会館内の場所であることは明らかであるとしても，同会館内のどの場所を指しているのか全く明らかでなく，管理権を異にする場所も捜索対象となるおそれがあり，場所の特定を欠く違法なものとしている。

「罪名」については，実務上，刑法犯については恐喝被疑事件等として個々の犯罪名が用いられるが，特別法犯の場合は，上記判例にも見られるように，地方公務員法違反被疑事件等として法令名のみの記載にとどめられている。判例は，罪名の記載に適用法条まで示すことは憲法の要請ではないとするが（前掲最大決昭33・7・29），1個の特別法の中に多くの罰則が規定されている場合も多いので，具体的な事件が特定明示されていなければ，とくに上記のようにある程度の概括的記載を許す場合，その「本件」と関連性のある物の性質・範囲が特定明示されているとはいいがたい場合もあろうし，ひいては，当該令状が他

の事件に流用されるおそれも生じる。これを防ぐため，少なくとも罰条の記載は要するものというべきである（さらに進んで，被疑事実の要旨を記載ないし添付すべきとする見解もある）。

被疑者の「氏名」が不詳の場合は，人相，体格その他被疑者を特定するに足りる事項で被疑者を指示することができる（219条2項・64条2項）。

（2）　令状の執行

①　検察官，検察事務官，司法警察員は，令状により捜索・差押えを行う際は，処分を受ける者に令状を呈示しなければならない（222条1項・110条）。これは，令状主義を手続的に担保し，処分を受ける者にまず権利侵害の受忍範囲を確認させ，かつ事後の不服申立の機会を保障するためである。したがって，令状の呈示は捜索・差押えの執行に先立って行う必要があり，また，処分を受ける者に内容が理解可能な方法（必要なときは通訳を介する等）で行わなければならない。また，処分を受ける者には，令状の内容を一覧するだけでなく，その謄本の交付請求や，内容の筆写等も認められるべきであろう。

②　捜索差押令状の執行にあたっては，錠をはずす，封を開くその他の「必要な処分」をすることができる（222条1項・111条1項）。必要かつ相当な限り，錠の破壊，扉の破壊等も，必要な処分に含まれうる。押収物についても同様である（222条1項・111条2項）。押収物についての必要な処分とは，たとえば差し押さえたフィルムの現像等である。

処分を受ける者の住居が施錠されている場合，本来は，捜査官が身分，捜索・差押えの来訪の趣旨，令状発布の事実を告げたうえ，まず開扉を求め，相手方がこれに応じない場合には解錠や錠・扉の破壊を行うべきである。ただし判例は，相手方が捜査官が捜索・差押えに来たと知るや証拠隠滅行為に出る危険性がある場合には，捜査官が宅配便の配達を装って開扉させるという偽計的方法を用いることも，「必要な処分」に含まれるとする（大阪高判平6・4・20高刑集47巻1号1頁。またこのような方法は，有形力の行使でもなく，錠や扉の破壊のように財産的損害を与えるものでもなく，手段として相当性も認められるとする）。

③　捜索・差押令状の執行は，公務所内で行うときは，その長またはこれに代わるべき者を立ち会わせなければならない（222条1項・114条1項）。また，

人の住居等で行うときは，住居者等またはこれに代わるべき者を立ち会わせなければならず，これらの者を立ち会わせることができないときは，隣人または地方公共団体職員を立ち会わせなければならない（222条1項・114条2項）。処分を受ける者の利益保護と手続の公正の担保のためである。

被疑者やその弁護人には立会権は認められておらず（113条の準用はない），捜査機関が「必要があるとき」に被疑者を立ち会わせることができるにすぎない（222条6項）。しかし，被疑者の防御権の保護の見地から，被疑者の立合いは原則として「必要がある」と解すべきであろう。

なお，女子の身体捜索には原則として成年の女子の立合いを要するが，ただし急を要する場合はこの限りでない（222条1項・115条）。

④　捜索・差押令状の執行中は，その場所を出入禁止処分とすることができ（222条1項・112条），また，執行を中止する場合において必要があるときは，その場所を閉鎖し，または看守者を置くことができる（222条1項・118条）。

⑤　日出前，日没後には，令状に夜間でも執行できる旨の記載がなければ，人の住居等に立ち入って捜索・差押えをすることはできない（222条3項・116条1項）。ただし日没前に執行に着手していた場合には日没後も継続することができる（222条3項・116条2項）。なお，賭博等風俗を害する行為に常用されているものと認められる場所や，旅館，飲食店等夜間でも公衆が出入りできる場所であってその公開された時間内については，このような制限はない（222条3項・117条）。

⑥　「場所」に対する捜索令状による捜索範囲はどこまで及ぶかという問題がある。具体的には，「場所」に対する捜索令状により，その場所に居合わせた者の身体や所持品を捜索しうるかという問題である。

法は捜索の対象として「身体，物，場所」を区別し（222条1項・102条），それぞれ令状への記載を要求する（219条1項）。したがって，対象として「場所」が記載された令状によって，その場に偶然居合わせた第三者（来客等）の「物」や「身体」に対する捜索を行うことはできない。ただし一般に，場所に対する捜索令状の効力は，場所自体のみならず，その場所に本来存在すべきであって現に存在している物（住居における家具，事務所における備品等，その場に常置される物だけでなく，鞄その他の手荷物等，外部への携行の可能性がある物も含む）に

も及び，これにより捜索できるものとされている。しかし，その場に偶然居合わせた第三者の所持品は，その場所に置かれている場合でも，それはその場所に本来存在すべき物ではないから，場所に含まれる物として捜索することは許されない。また，その場所に居合わせた人の身体を，場所に含まれる物とみなすことは許されない。

判例は，被疑者の居室を捜索場所とする令状により，同室にいた被疑者の同居人が携帯するボストンバッグを捜索することを認める（最決平6・9・8刑集48巻6号263頁）。同居人は第三者とはいえないし，当該ボストンバッグが捜索の際に居室内に置かれていたかたまたま手にされていたかは重要な相違ではないから，この事案のような場合は，場所（に存在する物）の捜索として許されると解すべきであろう。

また，捜索場所である居室に居合わせた同居人の身体を捜索した場合につき，場所に対する捜索令状の効力は，当該場所に現在する者が，差し押さえるべき物をその着衣・身体に隠匿所持していると疑うに足りる相当な理由があり，必要性が認められる場合には，その着衣・身体にも及ぶとする判例もある（東京高判平6・5・11高刑集47巻2号237頁）。場所に対する捜索令状の効力が当然に人の身体にも及ぶとすることはできないし，また，その場に居合わせた同居人が単に（捜索の開始以前からこれと無関係に）目的物を着衣・身体に所持している疑いがあるというだけで身体の（無令状）捜索を認めることもできない。しかし，その同居人が，捜索に際して，その場所にあった目的物を着衣・身体に隠匿する行為をした場合，ないしその十分な疑いがある場合には，隠匿行為は捜索活動を妨害するものであり，これを排除するべく身体の捜索をすることは，場所に対する捜索の執行に「必要な処分」として許される余地があろう。

同居人ではない第三者が，捜索に際して目的物を着衣・身体あるいは携行してきた所持品に隠匿した場合も，同様に，場所に対する捜索に必要な処分として，その身体・所持品の捜索が許されよう。

⑦　捜索・差押えに際して，捜査機関が現場で写真撮影をする場合が多く見られる。それは，発見された証拠物の証拠価値を保存するため，あるいは，捜索・差押えの執行の適正の証明のためとされている。

では，捜査機関が，こうした必要・目的を越えて，その場所に存在する，令

状記載の差押え目的物以外の物を写真撮影することは許されるであろうか。とくに，令状に記載されていない文書等が，内容を判読可能な形で写真撮影される場合，それは実質的には，その文書等が無令状で差し押さえられることと大差ない。令状記載の目的物以外の物の写真撮影が許されるのは，捜索・差押えの執行の適正確保に役立つ範囲で，単なる外形の撮影程度が限度であり，プライバシー侵害に通じるような詳細な撮影は許されないと解すべきであろう。

なお，許される限度を超えた写真撮影がなされた場合，どのような救済方法があるかも問題となる。

判例は，捜索・差押えの執行に際しての写真撮影は，それ自体としては検証の性質を有するから，430条による準抗告の対象となる「押収に関する処分」には該当せず，したがって，ネガの引渡しや写真の廃棄・引渡しを求める準抗告の申立はできないとする（最決平2・6・27刑集44巻4号385頁）。

物の写真撮影は検証の一種であるから，このような場合は，令状によらない検証ということになる。しかし現行法は，検証については準抗告を認めていない。それはおそらく，押収が物の強制的占有移転であり重大な財産権の侵害であることに比して，検証の利益侵害性は軽微であると考えられたためであろう。しかし写真撮影によるプライバシー侵害の不利益も現代では看過しえない。検証についても準抗告を認める立法手当が必要であろう。

なお，現行法の解釈論としても，上記の文書等の写真撮影の場合については，押収に関する準抗告の430条を準用して準抗告を認めるとともに，（432条の準用する）426条2項によりネガ廃棄等の原状回復措置が命じられるべきとする見解もある。

⑧ 令状は，特定の事件につき，その事件と関連性のある物を，明示された範囲に限定して捜索・差押えを行う権利を捜査機関に付与するものである。令状に記載された範囲を超えて捜索・押収を行うことだけでなく，令状の記載を流用して当該事件以外の事件の捜索・差押えを行うことも許されない。いわゆる「別件捜索・差押え」，すなわち，もっぱら本命の甲事件の証拠を発見・収集する目的で，ことさら捜索・差押えの必要性の乏しい乙事件を利用してその令状を得，乙事件の捜索・差押え名下に甲事件の証拠の捜索・差押えを行うことは，令状主義を潜脱するものであり許されない（最判昭51・11・18判時837号104

頁，広島高判昭56・11・26判時1047号162頁等参照）。

　もっとも，判例によれば，もっぱら別罪の証拠に利用する目的で令状に記載された物の捜索・差押えを行うことは禁止されるが，令状記載の被疑事件の捜索中に，別罪の証拠となるべき物が発見された場合，それが同時に令状記載の被疑事件の証拠ともなる場合には，差押えは許されるとする（前掲最判昭51・11・18。暴力団員らによる恐喝被疑事件の捜査において，差し押さえるべき物として「本件に関係ある，暴力団を標章する状，バッチ，メモ等」と記載した令状により組事務所を捜索した際，組名入り腕章，ハッピ，組員名簿等とともに，賭博開帳に関する記録メモを差し押さえ，恐喝事件の被疑者とは別の暴力団員を賭博開帳図利，賭博容疑で起訴した事案。賭博開帳に関する記録メモは，別罪である賭博被疑事件の直接証拠となるものではあるが，恐喝被疑事件は被疑者が暴力団員であることを背景として行われたものであって，同メモは，被疑者と組の関係を知りうるばかりでなく，組の組織内容と暴力団的性格を知りうるもので，恐喝被疑事件の証拠となるものとして令状記載の差押え目的物に当たるとする）。たしかに一般論としては，情状等に関する証拠物も事件との関連性は認められ，差押え目的物に含めることは許されよう。だが，それが別事件の直接証拠ともなる場合にも差押えを認めてよいかは疑問が残る。捜査官に主観的に令状主義潜脱の意図がない場合でも，当該発見物が，令状記載の被疑事件との関係では関連性が弱く，令状不記載の別罪との関係では直接証拠として関連性が強いときは，令状主義の見地から比較衡量すれば，差押えは許されないと解すべきであろう。

　⑨　なお，令状記載の被疑事件の捜索中に，（当該被疑事件とは全く関連性のない）別罪の証拠物が発見された場合において，アメリカ法の「プレイン・ビュー（明認）法理」により，(i)適法な職務執行中に，(ii)偶然の事情で，(iii)明白な犯罪関連物を発見し，(iv)それ以上の捜索を要せず直ちに差押えが可能である場合は，「相当な理由」があるものとして令状なしの差押えを認める見解がある。

　また，令状以外の捜索・押収要件が備わっており，令状入手の時間的余裕がない場合には，逮捕に伴う無令状の捜索・差押えに関する220条1項2号を準用して，「緊急捜索・差押え」を認める見解もある。

　だが，こうした見解は，逮捕に伴う捜索・押収の場合以外には無令状の捜索・押収を認めない令状主義の憲法35条に反し，また，強制処分法定主義（197条1

項但書)にも反する。被疑事件の捜索中にそれと無関係な別罪証拠を発見した場合には，任意提出を求めて領置するか，現場を閉鎖し看守者を置いて改めてその別罪に関する令状を得たうえ差し押さえるべきである。

ただし，その発見物が覚醒剤等の法禁物である場合は，その場に占有者がいるときは不法所持により現行犯逮捕し，逮捕に伴う捜索・差押えとして差し押さえることは可能である。

⑩ コンピュータ・データの捜索・差押え

コンピュータやインターネットの普及により，コンピュータが犯罪に関わる場合が増えている。近年新設されたコンピュータ犯罪(刑法157条1項等)のみならず，既存の犯罪(刑法175条等)においても，コンピュータ・データが立証上重要となることが多い。

前述のように，差押えの対象は有体物であるから，データそれ自体は差押えの対象とはならないが，データが記録された媒体(フロッピーディスクやMOディスク，CD等)や外付け記憶装置，記憶装置を内蔵するコンピュータは，有体物であるから差押えが可能である。

しかし，記録媒体や記憶装置に記録されているデータ(電磁的記録)に関しては，(i)そのままでは内容が不可視であり，ディスプレイやプリンタに出力しなければ確認できない，(ii)記録媒体や記憶装置は一般に大容量で，被疑事件と関連性のあるデータ以外に，無関係なデータが多数混在している場合も多い，(iii)当該データが特定のソフトウェア(OS，プログラム)で作成記録されており，他のコンピュータでは出力ができなかったり，当該コンピュータや当該データファイルにパスワード等のセキュリティが施されておりユーザー以外の他者には使用・出力が不可能なことも多い，(iv)当該コンピュータや当該ファイルのユーザーにはデータ内容の改変や消去が(その痕跡も残さず)容易に可能である，等の特殊性がある。

捜査機関が，現場にある記録媒体やコンピュータのデータ内容が被疑事件に関連性あるものかどうかを確認するため，その被処分者のコンピュータ・システムを用いて出力することは，捜索に「必要な処分」として(ないし捜索の一部として)許されよう(記録媒体の内容を確認するため持参のコンピュータで出力することも，それが可能ならば，同様に許される)。もっとも，当該コンピュータや

当該ファイルにパスワード等のセキュリティが施されている場合には，被処分者その他の者の協力が必要となるが，これを強制することは無理であり，任意の協力を求めるほかあるまい。

　被疑事件と関連性のないデータが多数含まれている記録媒体の差押えは許されない（東京地判平10・2・27判時1673号152頁。インターネットプロバイダから差し押さえられた428名分の会員データのうち，被疑者以外の会員データには関連性がないため差押えは違法とする）。このような場合，記憶媒体・記憶装置から被疑事件と関連性のあるデータ部分のみを被処分者のプリンタでプリントアウトし（ないし，上記の内容確認のため被処分者のプリンタでプリントアウトしたもののうち，被疑事件と関連性のあるもののみを選別し），これを差し押さえることが考えられるが，このように本来の差押え目的物である記録媒体やコンピュータに代えてそのプリントアウトを差し押さえるためには，令状に差押え目的物として「被疑事件に関係するデータのプリントアウト」が記載されている必要がある（なお，当該データ部分を捜査機関が持参の記録媒体にコピーしたり持参の用紙にプリントアウトすることも考えられるが，これは被処分者の物を取得せずデータ自体の取得であって，もはや差押えではなく，むしろ検証に近い。だが，検証も，物の形状・性質を五感の作用により感知・記録する処分であって，物に記録されたデータ内容を記録することまで含めるのは疑問である。また，検証には検証すべき対象の捜索は予定されておらず，先にデータ内容につき被疑事件との関連性の有無を判断することを，検証に「必要な処分」とすることにも無理がある）。

　なお，判例は，現場に多数の記録媒体やコンピュータが存在する場合に，その一部に被疑事実と関連するデータが含まれている蓋然性があり，かつ個々に内容を確認し選別していてはその間に被処分者側から証拠隠滅がなされるおそれがあるときは，すべてを包括的に差し押さえることが許されるとしている（大阪高判平3・11・6判タ796号264頁，最決平10・5・1刑集52巻4号275頁）。

　⑪　捜索をしたが差押え目的物がなかった場合は，被捜索者の請求により，その旨の証明書を交付しなければならない（222条1項・119条）。押収をした場合は，目録を作成して所有者等に交付しなければならない（222条1項・120条）。

　押収物は，警察署等に運搬し保管するのが原則であるが，運搬・保管に不便な物は，看守者を置く，または所有者等にその承諾を得て保管させることがで

き，危険な物は廃棄することができる（222条1項・121条1項・2項）。

没収可能な物で，滅失・破損のおそれがあるもの，または保管に不便なものについては，売却して代価を保管することができる（222条1項・122条）。

押収物で，留置の必要がないもの（証拠物でないことが判明した場合等）は還付しなければならない（222条1項・123条1項）。また，押収物は，所有者等の請求により仮還付をすることもできる（222条1項・123条2項）。なお，盗品等（贓物）で，留置の必要がないものは，被害者に還付すべき理由が明らかな場合，被害者に還付される（222条1項・124条）。

不服申立としては，押収令状を発布する裁判，捜査機関の行った押収または押収物の還付に関する処分に対して，準抗告が可能である（429条1項2号，430条）。

3　令状によらない捜索・差押え（逮捕に伴う捜索・差押え）

憲法35条は，憲法33条の場合すなわち逮捕の場合を令状主義の例外としており，これを受けて法220条1項も，捜査機関は，通常逮捕，現行犯逮捕，緊急逮捕の場合において，必要があるときは，逮捕の現場で捜索・差押えをすることができると定める。

①　このように例外的に無令状の捜索・差押えが認められるのはなぜなのかにつき，2つの見解がある。

第1は，「限定説（緊急処分説）」で，逮捕を完遂させるために必要な緊急措置として，被逮捕者の抵抗を抑圧し，逃亡を防止するとともに，証拠隠滅を防止するために認められるとする。この説によれば，捜索・差押えは，逮捕と密接に結びつき，これらの目的に必要な範囲に限定して許されることになる。具体的には，逮捕着手後に，被疑者の身辺に存在する，反抗や逃走に用いられるおそれのある物，隠滅のおそれのある証拠物等を対象として，許されることになる。

第2は，「合理説（相当説）」で，逮捕の現場には証拠の存在する蓋然性が高いので，捜索・差押えは，令状による場合と同様に合理的であり，許されるとする。この説では，逮捕の際の無令状の捜索・差押えは，限定説のように緊急

的例外措置ではなく，本来合理的な措置とされるので，逮捕との結びつきはさほど重視されず，時間的・場所的限界は比較的広く解され，またその対象も，令状による捜索・差押えによる場合と同様に被疑事件と関連性のある範囲で広く認められることになる。

判例は，憲法35条が「捜索，押収につき令状主義の例外を認めているのは，この場合には，令状によることなくその逮捕に関連して必要な捜索，押収等の強制処分を行うことを認めても，人権の保障上格別の弊害もなく，かつ，捜査上の便益にも適うこと」によるとしており（最大判昭36・6・7刑集15巻6号915頁），合理説をとっているといえる。

たしかに，逮捕が被逮捕者の住居等でなされる場合には，すでに身柄拘束という重大な不利益が許容される以上，捜索・差押えによるプライバシーや財産権の侵害は抑止を要するほどの不利益ではないということもできよう。だが，逮捕の際の無令状の捜索・差押えは，被疑者の逮捕の場所が第三者の住居等である場合も行いうるのであり，この場合には，第三者のプライバシー侵害等は「人権保障上格別の弊害もない」とは到底いえない。

逮捕の際の無令状の捜索・差押えの根拠は，限定説により理解するのが妥当である。

② 「逮捕する場合」(220条1項) とは，結果的に逮捕に成功したか否かは問わない。

しかし，捜索・差押えがいつから許されるかという時間的範囲については，限定説と合理説で争いがある。限定説では，捜索・差押えは逮捕を遂行するために必要な措置として許されるのであるから，少なくとも逮捕に着手したことが必要とされる。これに対して，合理説からは，逮捕の着手は不要で，捜索・差押えが逮捕に先行して行われてもよいとする。

判例は，捜査官が被疑者を緊急逮捕すべくその住居に赴いたところ，被疑者が外出中であったため，捜索・差押えを開始し，その約20分後に被疑者が帰宅したのでこれを逮捕したという場合につき，逮捕する場合とは「逮捕との時間的接着を必要とするけれども，逮捕着手時の前後関係はこれを問わないと解すべき」であり，「被疑者がたまたま不在であっても，帰宅次第緊急逮捕する態勢のもとに捜索，差押えがなされ，これと時間的に接着して逮捕がなされ」た以

上，許されるとする（前掲最大判昭36・6・7）。

だが，このように被疑者が不在でありながら，いずれ帰宅することを見込んでの捜索・差押えの先行実施を認めるならば，被疑者の帰宅の時期・有無という偶然の事情によって事後的に捜索・差押えの適否が左右されることになりかねない。たとえ逮捕着手前の捜索・差押えを許すとしても，まもなく確実に逮捕しうる客観的状況が存在する場合に限るべきであろう。

③ 「逮捕の現場」(220条1項2号) の意義についても，限定説と合理説ではその範囲が異なってくる。捜索・差押えの場所的範囲の問題である。

限定説では，被逮捕者の身辺，つまりその身体または直接の支配下にある場所に限られ，たとえば住居の一室で被疑者を逮捕する場合は，捜索・差押えはその部屋に限られ，他室までは及ばないことになる。他方，合理説では，令状による捜索・差押えと同様に，同一管理権の及ぶ範囲で許されることになり，たとえば被疑者を住居の一室で逮捕する場合は，同一管理権の下にある限り住居全体に及ぶことになる（222条1項により，被疑者の住居等につき「必要性」，それ以外の者の住居等につき「物の存在の蓋然性」を要求する102条の準用もあることになる）。

判例には，捜査官が被疑者を大麻取締法違反によりその宿泊するホテルの5階待合室で現行犯逮捕し，同人から自己の所持品を携行したいとの申し出があったため，約35分後に同人とともに宿泊する7階客室に赴いて捜索を行い，同宿者の荷物から証拠物（大麻たばこ）を発見し差し押さえたという事案につき，当該証拠物が同宿者の単独所持ではなく被逮捕者との共同所持の疑いもあること，逮捕後に被逮捕者が自ら捜査官を7階客室に案内したこと等の事情を挙げて，なお「逮捕の現場」の範囲を越えてはいないとしたものがある（東京高判昭44・6・20高刑集22巻3号352頁）。限定説からするなら，7階客室は5階待合室で逮捕された被逮捕者の直接の支配下にあったわけではなく，「逮捕の現場」とは言い難いことになり，また合理説からも，逮捕場所である5階待合室の管理権はホテルにあり，他方7階客室の管理権は当時の宿泊者である被逮捕者にあって，管理権が異なるから，7階客室を「逮捕の現場」に含めることは困難となるが，その場所が被逮捕者の宿泊室であって，当該差押え物件が被逮捕者の被疑事件につき関連性がありえ，被逮捕者が自ら部屋へ行きたい旨申し出てお

り証拠隠滅の可能性があったこと等を考慮すれば，特殊な事案として捜索・差押えが是認される余地はあるといえよう。

なお，判例は，被逮捕者の身体・所持品の捜索・差押えは，「逮捕現場付近の状況に照らし，被疑者の名誉等を害し，被疑者らの抵抗による混乱を生じ，または現場付近の交通を妨げるおそれがあるといった事情のため，その場でただちに捜索，差押えを実施することが適当でないとき」には，速やかに被疑者を最寄りの場所まで連行して行うことも，「逮捕の現場」における捜索・差押えと同視することができ，適法であるとする（最決平8・1・29刑集50巻1号1頁。道幅の狭い道路上で被疑者を逮捕した際，その場で所持品を差し押さえようとしたところ執拗に抵抗されたため，逮捕から約1時間後に約3km離れた警察署に連行して差押えを行った事案）。

④　なお，緊急逮捕に伴う捜索・差押えの場合，事後に逮捕状が得られなかったときは，差押え物は直ちに還付しなければならない（220条2項）。

4　検証・鑑定

(1) 検　証

①　「検証」とは，場所・物・人につき，五感の作用によりその形状や性質を認識する強制処分をいう。証拠物等が差押え不可能であるとき，あるいは差押えに適さないときに，形状等を認識し記録しておく処分である。

強制処分であるから，憲法35条の令状主義の要請が及び，検証には原則として令状が必要である（218条1項）。

ただし，検証には，押収と異なり，不服申立方法がない（429条・430条参照）。これは捜査機関による物の取得がなされない検証においては利益侵害性が軽微とされたためであろうが，法の不備というべきであり，準抗告を認める立法手当が必要であろう。

なお，関係者の承諾・任意の協力により，あるいは処分により何人の利益も害されない公の場所において，検証と同じことを任意処分として行う場合を，「実況見分」という（捜査規範104条。たとえば，窃盗の被害者宅をその承諾を得て検証する場合や，公道上の交通事故において現場を検証する場合等である）。

② 検察官，検察事務官または司法警察職員は，犯罪の捜査をするについて必要があるときは，裁判官の発する令状により，検証をすることができる（218条1項）。検証については，身体の検査，死体の解剖，墳墓の発掘，物の破壊その他必要な処分をすることができる（222条1項・129条）。

令状は，検察官等が，犯罪の嫌疑を裏付ける資料を添えて書面により請求し（218条3項，規則155条1項・156条1項），裁判官により，被疑者の氏名，検証すべき場所・物・検査すべき身体等を記載して発布される（219条）。その他，令状呈示の必要，関係者の立会い，時間制限等は，捜索・差押えとほぼ同様である（222条1項・4項－6項）。

③ 人の身体を対象とする検証を「身体の検査」といい，それは人権保障の見地から，とくに「身体検査令状」によらなければならず（218条1項），検察官等は身体検査令状を請求するには，身体検査が必要な理由，これを受ける者の性別，健康状態等を示す必要がある（同4項）。また，裁判官は，身体検査に関し適当と認める条件を附すことができ（同5項），この条件は令状に記載される（219条1項）。

身体検査に際しては，これを受ける者の性別，健康状態等を考慮した上，特にその方法に注意し，その者の名誉を害しないように注意しなければならず，また，女子の身体検査の場合は，医師または成年の女子を立ち会わせなければならない（222条1項・131条）。

身体検査を拒否した場合，まず過料・費用賠償・刑罰による間接強制が可能であり（222条1項・137・138条），なお効果がなければ，直接強制（そのまま身体検査を行うこと）も可能である（222条1項・139条）。

④ なお，検証としての身体検査は，身体の捜索（着衣のままの外部的検査が限度と介されている）よりも広く，対象者を裸にして体表，体腔を検査することまで許されるものとされている。

⑤ 「令状によらない検証」を行うことができる場合が2つある。

第1は，「逮捕に伴う検証」で，通常逮捕・現行犯逮捕・緊急逮捕の際に，逮捕の現場で行われる場合である（220条1項2号）。その趣旨は，逮捕に伴う捜索・差押えと基本的に同様であるが（限定説），ここではとくに証拠の隠滅や散逸を防ぐためといえよう。

なお，法文上は，令状による場合と同様に，身体検査も行えることになっているが，逮捕に伴う必要限度で許されると解するなら，身体捜索の場合と同じく着衣のままの外部的検査までとすべきであろう。

第2は，身体検査のうち，身体の拘束を受けている被疑者につき，指紋もしくは足型の採取，身長もしくは体重の測定，または写真撮影を，被疑者を裸にしない限りで行う場合である（218条2項）。これは，すでに身柄拘束という重大な不利益を受けている以上，これらの検査はこれに付随するものとして，新たな法益侵害とするまでもないためである。

（2） 鑑　　定

「鑑定」とは，特別の知識・経験に属する法則，またはその法則を一定の事実に適用して得た判断の報告をいう。

捜査機関は，犯罪の捜査をするについて必要があるときは，被疑者以外の者に鑑定を嘱託することができる（223条1項）。捜査機関による鑑定嘱託そのものは，嘱託であるからあくまで任意処分であり，受託者に強制することはできない。

ただし，捜査機関は，被疑者の心神または身体に関する鑑定を嘱託するに際して必要があるときは，一定の期間病院等の場所に被疑者を留置する処分（「鑑定留置」）を裁判官に請求しなければならず，請求を受けた裁判官は，それを相当と認めるときは，鑑定留置処分をしなければならない（224条・167条1項）。鑑定留置は，裁判官による身柄拘束の強制処分である。

また，鑑定受託者は，捜査機関から請求し裁判官の発布する鑑定許可状により，人の住居等への立ち入り，身体の検査，死体の解剖，墳墓の発掘，物の破壊を行うことができる（「鑑定処分」。225条1項－3項・168条1項）。

医師等の専門家が行う鑑定処分としての身体検査は，身体の内部的検査も許されるとされている（たとえば，被検査者が嚥下した物につき，体内をレントゲン照射等により捜索する等）。ただし身体検査は，過料等による間接強制は可能であるが，直接強制はできない（225条4項・168条6項・137条・138条）。

5 体液等の強制採取，通信傍受

（1） 強制採尿

　覚醒剤は一定期間尿に残留するので，その使用事犯につき極めて有力な証拠となる。被疑者が捜査機関の求めに応じて任意に尿を提出すれば問題はないが，被疑者がこれを拒否する場合に，捜査機関は，強制的に尿道から導尿管を挿入し，体内の尿を採取することが許されるであろうか。

　強制採尿を肯定する見解には，いくつかのものがある。

　まず，「身体検査令状説」は，採尿は検証としての身体検査に当たり，検証は直接強制が可能なので，強制採尿は許されるとする。だが，上述のように，検証としての身体検査は裸にして体表や体腔を調べるまでが限度と一般に解されており，体内からの採尿を含めることは無理がある。

　他方，「鑑定処分許可状説」は，専門的知識・技術を必要とする体内への侵襲を行う以上，鑑定処分としての身体検査に当たるとし，これにより許されるとする（この立場の判例として，大阪地判昭54・11・22判時965号135頁）。だが，上述のように，鑑定処分としての身体検査は直接強制が不可能であるため，強制採尿の基礎づけとしては十分ではない。

　そこで，「身体検査令状と鑑定処分許可状の併用説」は，導尿管を挿入する採尿は鑑定処分としての身体検査であるが，直接強制を行うためには検証としての身体検査令状が必要であり，両令状により強制採尿は許されるとする（この立場の判例として，東京高判昭54・2・21判時939号128頁）。だが，身体検査令状による直接強制は体表や体腔までしか及ばないはずであり，たとえ鑑定処分許可状と併用しても，やはり強制採尿の基礎づけにはなりえない。

　最高裁判所は，これらのいずれとも異なり，「捜索差押許可状説」を採った。最高裁によると，「体内に存在する尿を犯罪の証拠物として強制的に採取する行為は捜索・差押えの性質を有するものとみるべきであるから，……捜索差押令状を必要とする」が，「ただし，右行為は人権の侵害にわたるおそれがある点では，一般の捜索・差押えと異なり，検証の方法としての身体検査と共通の性質を有しているので，身体検査令状に関する刑訴法218条5項が右捜索差押令状

に準用されるべきであって、令状の記載要件として、強制採尿は医師をして医学的に相当と認められる方法により行わせなければならない旨の条件の記載が不可欠である」とする（最決昭55・10・23刑集34巻5号300頁）。

だが、身体の捜索は着衣のままの外部的捜索を限度とするものと一般に解されており、このような考え方は、実際には、判例が従来存在しなかった「強制採尿令状」を創設したことに等しく、強制処分法定主義に反するといわざるをえない。

また、令状の「形式」の問題以前に、そもそも、陰部を露出させ尿道から体内に導尿管を挿入することが、およそ捜査方法として許されるかが問題である。上記判例は、「強制採尿が被疑者に与える屈辱感等の精神的打撃は、検証の方法としての身体検査においても同程度の場合がありうるのであるから、……強制採尿が捜査手続上の強制処分として絶対に許されないとすべき理由はな」いとするが、このような侵襲をされることは、単に全裸にされ外部から視認可能な範囲で体腔も調べられるにすぎない検証としての身体検査の場合とは比較にならない精神的苦痛があるというべきであり、個人の尊厳を著しく害する。

強制採尿は、現行法の強制処分としても、また立法によっても、許されない捜査方法というべきであろう（同様のことは、精液の採取等にも妥当する）。

なお、判例は、被疑者を適切な採尿場所まで連行することも、強制採尿令状の効力として認められるとする（最決平6・9・16刑集48巻6号420頁）。

（2）強制採血

飲酒運転の立証等では、被疑者の血液が重要な証拠となるが、任意の採血に応じない被疑者に対して、注射器等により強制採血を行うことは許されるであろうか。

腕など羞恥心を害さない部位から行われ、身体への侵襲も皮膚および血管への軽微なものにすぎないことを考慮すれば、強制採尿とは異なり、強制採血は許されてよいであろう。

その場合、血液は生体の一部であって、通常の「物」とは異なるから、物の発見・収集のための捜索差押令状ではなく、鑑定処分許可状と身体検査令状の併用によるべきであろう。

なお、被疑者が失神状態である場合、承諾がないため任意処分として行えな

い以上は、令状がなければ採血はゆるされない（仙台高判昭47・1・25刑月4巻1号14頁）。

（3）通信傍受（電話盗聴等）

①　捜査機関がいわゆる「電話盗聴」(wiretapping)を行うことについては、相手方に秘密裏に知られずに行われる有形力や意思強制を及ぼさないから強制処分ではないとする考え方もありうるが、利益侵害を与えるものを強制処分とする現在の考え方からすれば、盗聴は、プライバシー権（憲13条）や通信の秘密（同21条2項）を侵害するもので強制処分に当たり、これを行うには令状が必要となる。

現在は「犯罪捜査のための通信傍受に関する法律」（平11年法137号）が存在するが、それ以前の判例は、電話盗聴は検証の一種として「検証許可状」により許されるとしていた（最決平11・12・16刑集53巻9号1327頁等）。

だが、「場所、物、身体」（219条1項）を対象としてその形状や性質を五感により感知する検証によっては、電話通信設備という「物」ないし「場所」における会話の存在を感知することまではよいとしても、会話そのものの内容まで感知・記録することには問題がある。また、通話の性質上、被疑事件と関連性のある通話を事前に特定することはきわめて困難なため、まずこの関連性の有無を判断するための盗聴を行わざるをえず、犯罪と無関係な会話まで盗聴されてしまうおそれがあり、このような捜索的な盗聴を検証に「必要な処分」とすることは無理である。加えて、相手方に知られてはならない盗聴の性質上、令状呈示がなされないことや、検証では不服申立の手段がない等の問題もある。判例が検証許可状により電話盗聴を可能としたことは、（強制採尿の場合と同様）実質は新たな令状の創設であり、強制処分法定主義に反する疑念のあるものであった。

②　新設された「通信傍受法」によれば、「傍受令状」発布の要件は、おおむね次のようである（傍受法3条1項）。

(a)　まず、以下のような犯罪の嫌疑が必要である。すなわち、㈲別表に掲げる犯罪（薬物犯罪、銃器犯罪、集団密航、組織的殺人）が犯されたと疑うに足りる十分な理由がある場合、㈶別表に掲げる犯罪が犯され、かつ引き続き、同一または同種の別表に掲げる罪、あるいは一連の犯行計画にもとづき別表に掲げる

罪が犯されると疑うに足りる十分な理由がある場合，㈫死刑または無期もしくは長期2年以上の懲役もしくは禁錮に当たる罪が，別表に掲げる罪と一体のものとしてその実行の準備のために犯され，かつ，引き続き当該別表に掲げる罪が犯されると疑うに足りる十分な理由がある場合，である（さらに，いずれの場合も，当該犯罪が数人の共謀によるものと疑う状況があることも必要である）。

(b)　次に，これらの犯罪に関連する通信のなされる蓋然性が必要である。すなわち，これらの犯罪の実行，準備または証拠隠滅等の事後措置に関する謀議，指示その他の相互連絡その他当該犯罪の実行に関連する事項を内容とする通信（犯罪関連通信）が行われると疑うに足りる状況があることである。

(c)　さらに，補充性も必要である。すなわち，他の方法によっては，犯人を特定し，または犯行の状況もしくは内容を明らかにすることが著しく困難であることである。

　これらを満たせば，被疑者の氏名，被疑事実の要旨，罪名，罰条，傍受すべき通信，傍受の実施（通信を傍受すること，および直ちに傍受可能な状態で通信手段を監視すること）の対象とすべき通信手段，傍受ができる期間等を記載事項とする傍受令状が発布される（6条）。

③　傍受の実施に際しては，捜査機関は通信事業者等に機器接続等の必要な協力を求めることができ（11条。この場合，通信事業者等は正当な理由なしには協力を拒否できない），また，傍受の実施をするときは，通信手段の管理者等を立ち会わせなければならない（12条）。

なお，捜査機関は，「傍受すべき通信」であるか否かを判断するため，必要最小限度の通信傍受をすることができる（13条。「該当性判断のための傍受」，いわゆる「スポット傍受」）。

また，捜査機関は，傍受の実施をしている間に，傍受令状に被疑事実として記載されている犯罪以外の犯罪であって，別表に掲げるものまたは死刑もしくは無期もしくは短期1年以上の懲役もしくは禁錮に当たるものを実行したこと，実行していることまたは実行することを内容とするものと明らかに認められる通信が行われたときは，その傍受をすることができる（14条）。

傍受した通信は記録され（19条），立会人により封印されて，遅滞なく裁判官

に提出される（20条）。

　なお，捜査機関には，傍受した通信の当事者への事後通知の義務があり（23条），通知を受けた当事者は，傍受記録の聴取・閲覧・複製をすることができる（24条・25条）。また，不服申立の定めもある（26条）。なお，捜査・調査権を有する公務員が通信の秘密を犯した場合，およびその未遂につき，罰則も定められている（30条）。

　④　このような通信傍受法により，通信傍受については，検証として行っていた従来の運用にみられた，強制処分法定主義違反の疑念や不服申立方法の不存在等の問題は解消された。しかしなお，以下のような問題がある。

　まず，将来なされる犯罪を対象に含めている点である。「引き続き犯される」としてかなり近い将来に行われるものに限っているとはいえ，これは，なされた過去の犯罪を対象とする従来の捜査概念を拡大ないし変更するものであり，問題があろう。

　また，犯罪に関連する通信がなされる蓋然性についても，将来なされる通信である以上，従来の令状発布における物の存在する蓋然性判断等と比べ，その判断は必然的に不確実なものにならざるをえない。

　さらに，傍受実施中に，令状記載の被疑事件以外の犯罪に関する通信が明らかに認められた場合にその傍受を許すことも，令状主義違反の疑いが強い。

　通信傍受法の当否はなお慎重な検討を要しよう。

　⑤　なお，通信傍受法の対象となる「通信」には，有線電話，携帯電話，ファクスのほか，電子メールも含まれる。もっとも電子メールについては，送受信済みでコンピュータや記録媒体に存在するデータは，前述の捜索・差押えの対象となり，通信傍受法の対象となるのは，「現に行われている」（2条2項）もの，つまり発受信中のメールデータである。

　⑥　なお，両当事者のうち一方の同意があるときに捜査機関は令状なしに会話や通話の盗聴ができるか（同意盗聴），あるいは，通話の一方当事者は相手方の同意なしに会話・通話を録音できるか（秘密録音），という問題がある。

　およそ会話において，一方から相手方へ意思等が伝達されれば，その内容は本人の秘密ではなく，伝達された相手方により自由に処分可能であるとして，これらを肯定する考え方もある。だがそうすると，人の会話の自由やプライバ

シーに対する期待は大きく損なわれる。意思内容等を相手方へ伝達する側にも，それを記録まではされない期待や，第三者にまでは知られない自由があろう。同意盗聴や秘密録音の適否は一律に定まることではなく，その会話がプライバシー保持を要する性質のものであるか，他の正当化事情があるか等により決せられるべきである。誘拐事件において犯人からの脅迫電話を捜査機関が被拐取者の親族の同意を得て録音し逆探知する場合等は，この観点から正当とされよう。

6 被疑者・被告人・参考人の取調べとは？

1 被疑者の取調べ

　検察官によって公訴の提起をされた者，あるいは裁判所によって付審判の決定を受けた者（266条2項）を被告人といい，それ以前の段階で，単に犯罪の嫌疑を受けているに過ぎない者は被疑者とよばれ，被告人とは区別される。

（1）被疑者に受認義務はあるか

　捜査機関（検察官，検察事務官，司法警察職員）は，犯罪捜査の必要があるときには，被疑者の出頭を求めて取り調べることができる（198条1項本文）。ただし，被疑者は，逮捕・勾留されている場合を除いては，その出頭を拒み，または出頭後にいつでも退去することができる（198条但書）。身柄を拘束されていない被疑者の捜査官による取調べは，任意捜査であることが原則であるが，逮捕・勾留中の被疑者の取調べについては，任意捜査か強制捜査かということについて争いがある。通説・判例は，逮捕・勾留中の被疑者は，取調べのための出頭義務・滞在義務があるとしている。しかし，この考え方に反対する学説もある。それは，被疑者にも黙秘権が保障されており，参考人の取調べ（223条）も受認義務は伴わないわけであるため，被疑者もたとえ逮捕・勾留されていても，取調室への出頭や滞在義務はないからである。なお，被疑者の取調べは，逮捕・勾留の原因とされた事件に関してのみ認められるのが原則である。それは，拘禁中の取調べには，たとえ出頭・滞在義務はないとしても，それ自体が強制的雰囲気があり，また，自白を強要されないためにも，このような取調べを認めるべきではないからである。

（2）被疑者の黙秘権

　被疑者の取調べに際しては，あらかじめ自己の意思に反して供述する必要が

ないという告知，すなわち，被疑者に黙秘権があることを告知しなければならない（198条2項，憲法38条）。この黙秘権があることの告知を欠いた取調べによって作成された調書は，裁判上証拠能力を否定される。しかし，供述において，判例は「氏名，住居などの人別事項については，原則として供述拒否権はない」（最判昭32・2・20刑集11巻2号802頁）としている。この供述拒否権の告知というのは，「本来は取調べごとに行われるべきものであるが，同一の捜査機関が客観的には別個の取調べとみられない程度の一連のもとに取調べるときは，最初に告知してあれば，その後に改めてその都度告知する必要はない」（最判昭28・4・14刑集7巻4号81頁）とされている。告知を怠ったとしても，そのことだけで直ちにその供述が任意性を失うものではない（最判昭25・11・21刑集4巻11号2359頁）。なお，取調べの段階で，被疑者に対して，ポリグラフ検査の使用，麻酔分析，強制採血，採尿，写真撮影，盗聴などが問題となっているが，被疑者の同意を得てなされれば是認されるという考え方もある。しかし，学説の多くは，その利用について相当性を欠く場合が多いため，否定的な立場にある。

(3) 被疑者の調書への録取

　被疑者の取調べの結果，それが任意に供述がなされたときは，これを調書に録取することができる（198条3項）。調書に録取するかどうか，または，全部録取するか一部録取するのかどうかは，取調官の自由に任されており，その録取の方法にも制限はない。また，取調べをする者が録取するのが通常の形態であるが，実務上は，取調べを行う検察官が録取事項を逐次口授して，それを検察事務官が録取する場合がほとんどである。

　供述調書は，これを被疑者に閲覧させ，または読み聞かせて，それに誤りがないかどうかを問い，被疑者がそれに対して増減変更の申立をしたときは，その供述をそのまま調書に記載しなければならない（198条4項）。取捨選択の自由はないが，供述者が誤りの訂正の申立をした場合，それを認めて取調官がその調書に誤りのないことを申し立てたときは，これに署名押印することを求めることができる。しかし，被疑者はその署名押印することを拒否することができ，取調官はこれを強制できない（198条5項）。この供述書の署名は，自署が原則であるが，自署でないときは取調官が代筆し，代筆者が代筆した理由を記

載して署名押印すればよく，また，被疑者が押印できないときは，指印でもよいとされている（規則61条）。調書の作成者は，作成年月日を記載し，その所属官公署を表示して署名押印し，その毎葉に契印する（規則58条）。なお，被疑者の供述調書に署名押印のあるものは，一定の要件の下で伝聞法則の例外として，証拠能力を有することになる（322条1項）。逆に，署名押印を欠く調書は，原則として証拠能力はない（322条）。

（4） 被疑者の別件逮捕・勾留

被疑者が当該事件以外の理由によって，別件逮捕・勾留されたとき，それは許されるのであろうか。学説は，この場合，①本件基準説と②別件基準説に分かれて争っている。本件基準説は，別件逮捕・勾留の適否について本件を基準として考え，主として本件取調べのために，別件に名を借りただけの逮捕・勾留は，たとえ別件自体について逮捕・勾留の要件を備えていても，逮捕・勾留を自白獲得の手段とする点で，逮捕・勾留を逃亡または罪証隠滅の防止のための制度としている現行法の趣旨に反し，また，別件の拘束後，本件の拘束が見込まれる点で，刑訴法に定められた身柄拘束期間（203条〜205条・208条・208条の2）を逸脱し，令状主義（憲法33条・34条）に反するとしている。

一方，別件基準説は，別件逮捕・勾留の適否は，本件の事情とは無関係であり，別件自体について逮捕・勾留の要件が備わっているか否かで決すべきであるとする考えである。しかし，別件について逮捕・勾留の要件が備わっていなければ，別件自体の逮捕・勾留が許されないことは明白であるうえ，別件基準説は，別件逮捕・勾留という問題そのものの否定にもなりかねない。このため，本件基準説が妥当といえる。この考え方に立てば，別件逮捕・勾留によって被疑者を取り調べることは，違法ということになる。

（5） 被疑者の余罪の取調べは許されるか

逮捕・勾留された被疑者の余罪の取調べができるか否かで，学説は，それを強制処分ととるか，任意処分ととるかによって分かれる。強制処分ととる立場では，①限定説—逮捕・勾留中の取調べは強制処分であるため，当該事件のみに限定されるとする説，②非限定説—強制処分ではあるが，法律がとくに制限を要求していない以上，限定されないとする。任意処分ととる立場では，①非限定説——任意処分であるため，逮捕・勾留処分とは切り離して考えるべきで

あり，かつ制限の必要もないため限定されないとする説，②限定説——任意処分ではあるが，拘束中であることが事実上強制的に作用する以上，限定されるべきであるとする考え方をとる。実務は，いずれの場合でも，非限定説を採っているが，もともと，被疑者を逮捕・勾留するということは，取調べのために行うのではなくて，逃亡や罪証隠滅を防止するための制度であるため，令状主義を逸脱するような別件逮捕・勾留は違法として禁止されるべきであり，禁止されるべき余罪の取調べの限度は，違法な別件逮捕・勾留による取調べであるということになる。

(6) 被疑者の防御権

　被疑者の取調べにおいては，被疑者は自己の立場を守らなければならない。強大な国家権力（捜査機関）によって，嫌疑を受けているわけであるため，被疑者は自己の立場を守れるように，法律はさまざまな権利を保障している。それは，①被疑者にも黙秘権があり，②弁護人の援助を受けることができ，③被疑者に接見交通権があるということである。黙秘権については先に述べたので，ここでは弁護人の援助を受ける権利と接見交通権および証拠保全の請求権について述べる。

　(a)　弁護人の援助を受ける権利　　憲法34条は，「何人も……直ちに弁護人に依頼する権利を与えられなければ，抑留又は拘禁されない」と規定し，刑訴法30条1項も「被疑者は，何時でも弁護人を選任することができる」と規定している。この弁護人の援助を受ける権利を保障するために，被疑者に対して弁護人を選任できる旨を告知しなければならない（203条1項・204条1項など）。

　(b)　接見交通権　　被疑者に弁護人選任権が与えられたとしても，その弁護人と十分に相談できなければ意味がない。このため，39条1項は，弁護人と自由な秘密の接見交通権を保障している。極端な見解としては，被疑者を外界から身柄拘束することそのものについて，疑問が出されている。これは，憲法34条によって保障されているというのがその理由である。

　(c)　接見交通の指定　　被疑者は弁護人と交通する権利があるが，39条3項は，「……捜査のため必要があるときは，公訴の提起前に限り，……接見は授受に関して，その日時，場所及び時間を指定することができる。……」と規定し，この規定によって，被疑者と弁護人との接見交通権を制限しているのが実

情である。しかし，これでは，被疑者の権利を十分に保障することができないため，学説は批判的である。

(d) 証拠保全の請求権　被疑者は，自己に有利な証拠の収集やその保全活動を行うために，証拠保全の請求権がある。これは，裁判になった場合，自己を守るために当然のことである(179条，規則137条・138条)。この規定によって，証拠保全された書類や証拠物については，弁護人はあとで閲覧・謄写することができるが，弁護人が証拠物を謄写するには裁判官の許可が必要である(180条1項)。また，これらの証拠物については，そのほとんどを捜査機関が保全している場合が多いため，その証拠物や書類を開示してもらう権利がある。これを証拠開示という。なお捜査が終了したら，司法警察職員は，すみやかに書類，証拠物とともに，事件を検察官に移送しなければならない (246条本文)。そして，当該事件の被疑者に対して，刑罰を受けるに値すると判断されたときには，検察官は公訴の提起を行い，この段階で被疑者は被告人となる。

2　被告人の取調べ

検察官によって公訴を提起された者，あるいは，裁判所によって付審判の決定を受けた者 (266条2項) を被告人という。それ以前の段階で，単に犯罪の嫌疑を受けているにすぎない者は被疑者とよばれ，被告人とは区別されることは，すでに述べた。要するに，検察官(国家)は，犯罪を犯したとされる者を，刑罰を受けるに値すると判断したときに，裁判所に公訴を提起して，その判断を裁判所に仰ぐことになるわけである。公訴を提起されたあと，被疑者は「被告人」の地位へと移ることになる。

ところで，被告人としての地位に立たされた者は，憲法や刑事訴訟法の下では，検察官と対等の地位にあるとされる。これを当事者主義といい，およそ刑罰を受ける可能性のある者には当事者能力が認められる。ただし，たとえ被告人といえども，有罪の判決を受けるまでは「無罪の推定」が妥当する。このことは，単に，証拠法的に「疑わしきは被告人の利益に」という原則に従って，事実認定がなされなければならないということのほかに，訴訟手続において，被告人はできるかぎり自由な市民と同様に取り扱われねばならないということ

を意味している。ただ，そうはいっても，被告人は刑罰を科せられるだけの嫌疑を受けているため，それを前提として逮捕・勾留その他種々の不利益を甘受しなければならないことは当然である。しかし，その場合でも，できるかぎり被告人の自由を尊重し，その制約は必要最小限度にとどめられねばならないとされている。

このように，被告人は検察官と対等の地位を確保しているといっても，それを形式上保障するだけではなんの意味もない。真にその立場を確立するためには，実質的な保障がなければならない。それが，被告人の取調べの段階で現れてくることになる。ここでは，①身柄拘束中の被告人の取調べ，②別件起訴・勾留，③余罪の取調べの3つを取り上げてみよう。

（1） 身柄拘束中の被告人の取調べ

身柄を拘束されていない被告人は，任意処分ということで，その取調べに応じるか否かは自由である。しかし，身柄を拘束されている被告人の場合に，法廷外で弁護人の立会もなしに捜査官が密室で取り調べることは，当事者主義，公判中心主義，被告人の弁護人の援助を受ける権利などの点からみて，許されるはずはない。もっとも，判例は，「被告人取調べは，任意捜査であれば，たとえ勾留中でも，刑訴法197条1項本文によって許される」（最決昭36・11・21刑集15巻10号1764頁）としているが，学説の多くは，198条1項も捜査機関による被疑者・被告人の取調べは任意処分であることを前提に，被告人の取調べは，たとえ任意処分であっても（身柄拘束の有無を問わず），これは許されるべきではないとしている。

（2） 被告人の別件起訴・勾留は許されるか

被疑者の場合は，まだ起訴以前であるので，裁判所は関与できない。しかし，いったん起訴されると公判中心主義，被告人の弁護士の援助を受ける権利などもからんで，舞台は裁判所へ移ることになる。このため，身柄を拘束されている理由となっている起訴事実について，捜査官が取り調べることは許されない。198条1項は，「被疑者」と書いてあり，「被告人」とは書いていないのである。このため，本件を取り調べる目的で，別の事件で起訴したり勾留することは当然，許されないことになる。たとえば，本件（殺人）について取り調べるために，軽い事件（別件の窃盗など）で起訴して，その勾留中に余罪である殺人（本件）

の被疑事実の取調べに利用する「別件起訴」は許されない。要するに，重い犯罪（殺人・本件）については，逮捕や抑留するための要件が備わっていないため，その要件が備わっている軽い犯罪（窃盗・別件）で起訴し，その拘留中（被疑者の勾留は10日間［208条 1 項］で，被告人の勾留は 2 カ月間［60条 2 項］ときわめて長い）に余罪の被疑事実に取調べを利用することである。もちろん，こうしたことは許されないわけであるが，被告人の方から積極的に検察官などに面会を求めて弁解したりすることまで禁止しているわけではなく，また，被告人を余罪について，参考人や被疑者として取り調べることは差し支えない。あくまでも，当該事件についてのみの取調べが許されないということである。

（3） 被告人の余罪の取調べ

　被告人の別件起訴・勾留は許されないことをみてきたが，たとえば，別件起訴・勾留に該当しない場合はどうなるであろうか。その場合でも，勾留中の被告人の余罪取調べが無条件で許されるわけではない。判例も「勾留中の被告人の余罪取調べは任意捜査としてのみ許される」（最決昭53・7・3判時897号114頁）としたり，また，「取調べの期間，方法，程度に照らし起訴後の勾留がほとんど余罪事実についての被告人取調べのための身柄拘束に転化しており，起訴後勾留の利用の限度を超えている場合は，令状主義の趣旨に悖る取調べとして違法の疑いあり」（広島高判昭47・12・14高刑集25巻 7 号993頁）と述べており，被告人の余罪の取調べに関しては，慎重でなければならないといっている。別の判例によると，「起訴後においては被告人の当事者たる地位にかんがみ，捜査官が当該公訴事実について被告人を取調べることは，なるべく避けなければならない」（最決昭36・11・21刑集15巻10号1764頁）とし，また，「被告人の取調べは，被告人自身の任意の出頭，供述申出のある場合にかぎられ，出頭義務，滞留義務のないことを被告人が十分に知っていることを前提とする」（大阪高判昭43・12・9判時574号83頁）としている。こうしたことから，被告人の余罪の取調べは許されないのである。

　このように，被告人の取調べは，原則として許されないが，このことは，取調べの段階だけでなく，公判の段階でも変わりはない。その中で，実質的に被告人の防御という意味で保障している権利は，①被告人の黙秘権，②被告人の弁護人依頼権がある。そこで，この 2 つの権利について，簡単に触れておくこ

とにする。

　(a)　**被告人の黙秘権**　被告人による任意の供述は証拠となり（31条2項・322条），また，被告人の身体は，検証の一種としての身体検査の対象となり（129条），証拠方法としての性質をもっている。さらに，被告人は，勾引，勾留などの対象になることは仕方がないが，しかし，このことはあくまでも二次的なことで，被告人にとって決定的なことは，被告人は訴訟の主体としての地位を与えられているため，「黙秘権」という強力な武器をもっているのである。被告人に黙秘権が保障されず，供述の義務があるとすると，結局，被告人は取調べの客体にしかすぎず，その地位は危うくなり，被告人に与えられた権利も意味がなくなってくる。このため，被告人に黙秘権が保障されているということは，大変重要なことである。これは，取調べの段階であろうと，公判中であろうと同じことである。

　では，被告人の黙秘権というのはどういうことをいうのであろうか。黙秘権とは，被告人に偽証罪や証言拒否罪の制裁によって法律上供述義務を課して，被告人に供述を強要してはならない，ということである。また，事実上，供述義務を課すことを禁止している。これは，真に犯罪を犯した者であっても，自己が有罪となる供述をなすべき義務を国家が強要することは，人格の尊厳を侵害することになるからである。憲法38条1項は「何人も，自己に不利益な供述を強要されない」と規定し，刑訴法311条1項も「被告人は，終始沈黙し又は個々の質問に対し供述を拒むことができる」としており，被告人に対しては黙秘権があることを告知する手続を設けている（291条1項，規則197条1項）。このことは，たとえ取調べの段階であろうと同じことである。このように，被告人に対しては，自己に不利益な供述の強要を禁止し，それは，被告人にとって利益・不利益を問わず，一切の供述を拒否する権利を認めている。とすれば，黙秘権を侵害して得られた供述は証拠能力がないということになる。また，たとえ被告人が黙秘したからといって，不利益な事実を「推認」することは許されない。そうでないと，結局，被告人は供述せざるをえなくなるからである。

　(b)　**被告人の弁護人依頼・選任権**　被告人は，誤って処罰されたり，誤って訴追されないため，また，被告人（被疑者も同じ）は，法律の知識に乏しいことが多く，さらに証拠収集，弁明などの点でも，ひとりで自らの権利を守るこ

とは困難であり，また不可能でもある。とくに，拘禁されている被告人（被疑者）はなおさらである。このため，憲法37条3項は「刑事被告人は，いかなる場合にも，資格を有する弁護人に依頼することができる」と規定し，刑訴法30条1項は「何人も，理由を直ちに告げられ，且つ直ちに弁護人に依頼する権利を与えられなければ，抑留又は拘禁されない」と規定し，被告人の弁護人依頼権を保障している。

　ところで，弁護人とは，弁護士法によって資格要件を備えた弁護士を指すが，例外として，簡易裁判所，家庭裁判所または地方裁判所では，裁判所の許可を得て，弁護士でない者を弁護人として選任することができる。これを特別弁護人という。また，弁護人を選任する場合，被告人（被疑者）またはその親族などが依頼して選任した弁護人を私選弁護人といい，貧困などその他の理由で私選弁護人を依頼できないときは，国家が弁護人を選任しなければならない。これを国選弁護人という。憲法37条3項は「被告人が自らこれを依頼することができないときは，国でこれを附する」と規定している。この国選弁護人を付することは，任意的な場合と必要的な場合がある。

　被告人が未成年者，老齢者，耳の聞こえない者，口のきけない者，心神喪失または耗弱の疑いのある者，その他必要と認める場合で，被告人に弁護人がいないときは，裁判所は職権で弁護人を付すことができる（37条・290条）。また，死刑または無期もしくは長期3年を超える懲役・禁錮にあたる事件を審理する場合には，弁護人が出頭しないかまたは弁護人がいないときは，裁判官は職権で弁護人を付さなければならない（289条）。これを必要的弁護という。

3　参考人の取調べ

（1）　捜査機関（検察官，検察事務官，司法警察職員）

　捜査のため必要があるときは，任意処分として，被疑者以外の者（いわゆる「参考人」）の出頭を求め，これを取り調べ，またはこれに鑑定，通訳もしくは翻訳を嘱託することができる（223条1項。なお，鑑定の嘱託については，224条・225条）。このことを参考人の取調べあるいは第三者の取調べという。この223条による出頭要求，取調べなどは，強制力を伴わない任意処分であるため，出

頭を要求された者はこれを拒むことができる。また，出頭後，いつでも退去することができる（223条2項による198条1項但書の準用）。鑑定，通訳，翻訳の場合も同様である。要するに，参考人（第三者）は，出頭の義務も供述の義務も負うことはなく，参考人に対しては黙秘権の告知は必要ではない（223条2項）。したがって，宣誓をさせることができないから，偽りの供述をしたとしても，偽証罪は成立しないことになる。ただ，参考人の供述書も，一定の要件の下に，公判で証拠として扱われることもある（321条1項・2項）。

（2） 参考人の取調べ方法

参考人の取調べの方法は，被疑者の取調べの場合とは異なり（198条2項），供述拒否権の告知を必要としないが，取調べを開始したところ，犯罪の嫌疑が生じた場合には，供述拒否権があることを告知したあとに取り調べなければならない（198条，憲法38条1項）。

これは，取調べの過程で，「参考人」が「重要参考人」となり，やがては「被疑者」となることもあり，その時点に至って告知（供述拒否権）が必要になるということである。

（3） 参考人の強制処分の場合

検察官は，ある一定の場合には，強制力を行使して裁判所に証人尋問を請求することができる。それは①検察官は，犯罪の捜査に欠くことのできない知識を有すると明らかに認められる者が，223条1項（参考人の取調べ）による取調べに対して，出頭や供述を拒んだ場合，第1回の公判期日前に限り，裁判官にその者（参考人）の証人尋問を請求できる（226条）。②さらに，検察官は，223条1項による検察官，検察事務官または司法警察職員の取調べに際して，任意の供述をした者が，公判期日においては圧迫を受け，前に行った供述と異なる供述をするおそれがあり，かつ，その者の供述が犯罪の証明に欠くことができないと認められる場合には，第1回の公判期日前に限って，裁判官にその者（参考人）の証人尋問を請求することができる（227条）。これは，検察官などに行った面前調書と裁判官に行った面前調書との間に証拠能力上，大きな差がある（321条1項1号・2号・3号）ことから，それを防ぐために設けられた規定である。

（4） 調書の録取

取調べに応じた者（参考人）の供述は録取することができる（223条2項による198条3項～5項の準用）。この調書は、一定の要件の下に証拠能力を有し（321条1項2号・3号）、鑑定の経過および結果を記載した書面で鑑定受託者の作成したものも同様である（321条4項）。

（5） 尋問の際の立会権

参考人を証人として尋問する際は、検察官には、立会権・尋問権があるが（157条）、被告人・被疑者・弁護人は、裁判官が捜査に支障を生ずるおそれがないと認めるときは、立会い・尋問が許されることもある（228条2項、規則162条）。そして、この尋問調書は、のちに検察官に送付されるが（規則163条）、これは、他の捜査記録と合わせて事件の処理や立証に私用するためである。この尋問調書は、その性質上中立的な文書であるため、もしも証人側から証拠開示の請求があれば、とくにその便宜が図られねばならないとするのが学説の大勢である。

（6） 取調べの時期

刑訴法223条による被疑者以外の者に対する取調べは、ただ単に検察官が公訴を提起するためだけではなくて、公訴を維持する準備のためにもなされるものであり、その時期については、被疑者の取調べの場合とは異なり、起訴の前後を問わない。また、第1回公判期日の前後を問わないものとされている。ただし、第1回公判期日後は、298条1項（証拠調べの請求）の規定により、裁判所に対して証拠調べの請求をすることが望ましいものとされている。刑事訴訟法においては、当事者主義の原則になっているからである、というのがその理由である。

ここで、刑事訴訟法において、当事者主義というのは、原告・被告人双方の攻防によって訴訟が進行する方式を意味し、この方式をとれば、裁判所を公平な判断者たらしめるために、職権主義におけるように、捜査機関と裁判所との間の嫌疑の引継ぎ関係が否定され、その結果、名実ともに被告人は無罪の推定を受けることが可能になり、必然的に被告人にも訴訟の主体としての地位が与えられ、被告人に無罪の立証活動を十分に保障することが許されることになる。

4 証人尋問

(1) 証人の意義

証人とは，裁判所または裁判官に対し，自己の直接経験した事実およびその事実から推測した事実を供述する第三者をいい，その供述を「証言」という。裁判所・裁判官に対して供述する者であることを要し，捜査機関に対して供述する者は「参考人」にすぎず，証人とはいわない（222条）。証人が供述できるのは，自ら経験した事実およびその事実から推測した事実に限られ（156条参照），単なる意見の陳述に対しては，証拠能力は認められない（最判昭24・6・13刑集3巻7号1039頁など）。なお，証人と鑑定人は区別される。「鑑定人」とは，特別の知識経験に属する法則またはこれに具体的事実に適用して得た判断を報告する者をいい，「証人」は，自己の直接経験した事実を報告する者である。証人は非代替的であるのに対し，鑑定人は代替的なのである。そして，証人に対しては勾引が許されるが(152条)，鑑定人に対しては勾引は許されない(171条)。このことも，証人は非代替的であるといわれるゆえんである。

(2) 証人適格

証人となりうる資格または能力を証人適格または証人能力といい，いわゆる訴訟当事者以外の第三者を指す。当該事件を審理する裁判官も，その地位のままでは証人になれないが，当該訴訟から退けば証人適格は与えられる。ただ，いったん証人となった裁判官は，職務の執行から除斥されるのは当然である（20条4号）。検察官・弁護人も当該訴訟から退けば証人となることができるが，証人尋問後は再び当事者にはなりえないと解されている。では，訴訟当事者である被告人そのものに証人適格が認められるのだろうか。英米法系では被告人にも証人適格を与えているが，大陸法系は否定している。わが国も被告人の証人適格を否定するのが通説・判例である。それは，反対尋問において，被告人は有利になる場合もあるが，不利な立場に陥ることもあるので，否定的に捉えているのである。では，共同被告人の場合は，証人適格があるのだろうか。通説・判例は，この場合，手続を分離しないかぎり，たとえ他の被告人のみに関する事項であっても証人として尋問できないと解している。

(3) 証人義務

わが国の裁判権に服する者は、すべて裁判所の決定に従い、証人として出頭・宣誓・供述する義務を負う（150条参照）。もっとも、裁判権に服しない者でも、任意に出頭し、尋問に応じれば証人とすることができる。そして、証人が証人義務を履行したときは、旅費・日当および宿泊料を受けることができる（164条）。なお、証人の義務として、①出頭義務、②宣誓義務、③証言義務の3つが課されている。

(a) 出頭義務　証人が正当な理由がなく、呼出しや召喚に応じないことがあると、費用の負担や過科（150条）、罰金・拘留（151条）などの制裁を受けることになる。また、場合によっては、勾引されることもある（152条）。

(b) 宣誓義務　証人は原則として宣誓しなければならない（154条）が、宣誓の趣旨を理解できない者については、宣誓はさせずに尋問しなければならない（155条）。そして、宣誓の上で虚偽の陳述をすれば、偽証罪に問われることになる（刑169条、規則120条）。宣誓は、尋問前に、各別に、宣誓書の朗読により起立して厳粛になされる（規則117条・119条・118条）。

(c) 証言義務　証人は自己の体験事実を述べるものであり、同時に、このような事実により推測した事項も供述させることができる（156条）。そして、証人は、このような事項について証言義務を負い、正当な理由なく証言を拒否すると制裁を科されることになる（160条・161条）。これは、宣誓拒否の場合と同じである。ただし、証人といえども、自己が刑事訴追を受けたり、または有罪判決を受けるおそれがあるときは、だれでも証言を拒否することができるとする（146条）。自己免罪拒否特権を保障されているうえ、また、一定の親族などが刑事訴追または有罪判決を受けるおそれがある場合は、証言は拒否できる（147条・148条）。また、149条は、一定の業務に従事したか、現に従事している者（たとえば医師や弁護士など）は、証言を拒むことができる旨を規定しているが、証言を拒むときは、その事由を示さねばならない（規則122条）。この関係で、新聞記者などに取材源を秘匿するため証言を拒否することができるかどうかで争いがある。判例は、消極的である（最決昭27・8・6刑集6巻8号974頁）が、学説も、どちらかといえば消極的に捉えている。

(4) 当事者の立会・尋問
　検察官・被告人・弁護人は，証人尋問に立ち会うことができ，その場合には，裁判長に告げてその証人を尋問することができる（157条2項・3項）。刑事訴訟法は，口頭主義，直接主義，当事者主義を原則とするため，これは当然のことといえる。とくに，被告人にとっては，憲法37条2項に規定する証人尋問権を保障するために必要とされているのである。

(5) 証人尋問の順序・方法
　裁判（公判）の場においては，証人は各個別に尋問するため，後で尋問すべき証人に対しては退廷を命じなければならない（規則123条）。もっとも，必要があれば，証人と他の証人（または被告人）を対質させうることはできる（規則124条）。尋問をするためには，まず第一番目に人定尋問をし（規則115条），次いで宣誓をさせ（154条），そしていよいよその実施に移る。以下，交互尋問制を説明し，その内容に従って，①主尋問，②誘導尋問，③反対尋問，④再主尋問，⑤裁判官の補充尋問，⑥訴訟関係人の補充尋問について述べてみることにしよう。
　交互尋問制には，当事者（検察官側と被告人側）が行う交互尋問制（英米方式）と，主として裁判官が尋問し，当事者は補充的な役割を果たすにすぎない職権尋問制（大陸方式）があり，わが国では，大陸方式をとり，裁判長または陪席の裁判官がまず尋問し，その後に当事者が尋問する方式をとっている（304条1項・2項）。しかし，実際は英米方式を採用し，まず当事者が尋問し，その後に裁判官が補充的に尋問するのが通常のやり方である。起訴状一本主義の下では，最初に裁判官に尋問させることはおかしなことであり，当事者主義による限りは，やはり，まず最初に，当事者に尋問を行わせるのが自然な状態である。交互尋問というのは，証人尋問を請求した者がまず尋問し（主尋問），次に相手方が尋問し（反対尋問），さらに請求者が尋問し（再主尋問），また，さらに相手方が反対尋問する（再反対尋問）というように，当事者が順次先行の証言を踏まえて，交互に証人を尋問することによって，事実の真相を明らかにしようとするものである（規則199条の2）。
　(a) 主尋問　証人の取調べをした当事者が最初に行う尋問で，直接尋問ともいう。主尋問では，立証すべき事項およびこれに関連する事項，さらに証人

の供述の証明力を争うために必要な事項についても尋問することができる（規則199条の３第１項・２項）。主尋問では，原則として誘導尋問は禁止されるが，刑訴規則199条の３第３項・４項に規定された場合に限り許される。もっとも，裁判長が，誘導尋問を相当でないと認めるときは，これを制限することができる（295条，規則199条の３第５項）。

　(b)　誘導尋問　　これは，尋問者が特定の内容の答えを望んでいることを示唆する尋問をいう。主尋問および再主尋問では原則として禁止される。この理由としては，尋問者（証人を呼び出した者）と証人との友好関係から，証人は，ともすれば，尋問者の意に添うような答えをしがちだからである。たとえば，証人の経験した事実の発生した時間を尋ねる場合，「それは10時でしたか？」と問うようなことをさし，この場合，「それは何時でしたか？」と問わねばならないのである。

　(c)　反対尋問　　主尋問のあと，主尋問者の相手方が行う尋問を反対尋問という。反対尋問は，主尋問に現れた事項およびこれに関連する事項ならびに証人の供述の証明力を争うために必要な事項について行うものである（規則199条の４第１項）から，主尋問における証言の事実性を吟味することを主な目的とするものである。証人の供述の証明力を争うために必要な事項の尋問は，証人の観察・記憶または表現の正確性など，証言の信用に関する事項および証人の利害関係・偏見・予断など，証人の信用性に関する事項について行うが，みだりに証人の名誉を害する事項に及んではならない（規則199条の６）。

　(d)　再主尋問　　反対尋問のあと，主尋問者が必要に応じてする尋問を再主尋問という。反対尋問によって動揺せられた証言の証明力を回復することを主たる目的とするものである。再主尋問は，反対尋問に現れた事項およびこれに関連する事項について行われるもので，主尋問の例に従う（規則199条の７第１項・２項）。主尋問で聞きもらした事項など，自己の主張を支持する新たな事項についての尋問を再主尋問の機会に行うためには，裁判長の許可が必要である（規則199条の７第３項）。

　(e)　裁判長の補充尋問　　裁判長は，訴訟関係人の尋問が終了してから補充尋問をするのが通常の形態であるが，必要と認めるときは，いつでも訴訟関係人の尋問を中止させ，自らその事項について尋問することができる（規則201条

1項)。陪席の裁判官も，あらかじめその旨を裁判長に告げて，自らその事項について尋問することができる（規則200条）。ただ，当事者主義の精神からみると，それらの権限も慎重になされるべきであるとする考えがある。

 (f) 訴訟関係人の補充尋問　　当事者の申請した証人について，裁判長または陪席の裁判官がまず尋問したあとに訴訟関係人が尋問する場合には，証人尋問請求者については，主尋問の例により，相手方については反対尋問の例によってなされる（規則199条の8）。なお，裁判官が職権で証人を取り調べる場合には，まず裁判長または陪席の裁判官が尋問し，その後に訴訟関係人が尋問するが，いずれの当事者にまず尋問させるかは，裁判長の判断にかかっている。この場合の尋問方式は，当事者の双方とも反対尋問の例に従うことになる（規則199条の9）。

 なお，作成された証人尋問調書は，尋問後に検察官に送付され（規則163条），検察官の手持ち証拠となるが，この場合，証拠開示の問題が生じてくることになる。裁判官が関与して得られたものであるため，当然に被疑者（被告人）・弁護人に開示すべきものと考えられる。

参考文献
　団藤重光『刑事訴訟法綱要』(1972年)
　平野龍一『刑事訴訟法』(1958年)
　鈴木茂嗣『刑事訴訟法』(1990年)
　福井　厚『刑事訴訟法（第3版）』(1997年)
　田宮　裕『刑事訴訟法』(1996年)
　田宮　裕編『ホーンブック刑事訴訟法（改訂新版）』(1991年)
　髙田卓爾『刑事訴訟法（二訂版）』(1984年)
　土本武司編著『現代刑事法の論点・刑事訴訟法論』(1999年)

7 ■ 被疑者の防護とは？

1 弁護権と弁護人

(1) 意義・歴史的展開

「刑事手続の歴史は弁護権拡大の歴史である」ともいわれるように，近代刑事手続は被疑者・被告人の防御権の保障に大きな関心を寄せてきた。

刑罰や刑事手続は，国家の権力作用でももっとも強力なものの1つである。近代以降の社会では，いかなる者であれ，国家権力との関係では自由・独立な人格として尊重され，権利が保障されねばならない。それ故，刑事手続においても，近世までの糾問手続のように，被疑者・被告人を手続の客体，糾問の対象として扱うことは許されない。ところが，刑罰や刑事手続は市民の権利・自由の剥奪・制限を本質とする。これらがひとたび濫用されると市民の権利・自由に重大な侵害をもたらし，場合によっては民主主義の否定にもつながりかねない（たとえばナチスや戦前の治安維持法）。したがって，たとえ正当な権力行使であっても刑罰や刑事手続の発動は必要最小限度にとどめるべきこと，ましてその濫用を防ぐためこれらを監視する機能があることが不可欠である。それ故，刑事手続では「基本的人権の保障」が要請され，違法・不当な捜査・訴追からの権利保障が不可欠である。もう1つの目的である「事案の真相の解明」との関係では，犯罪者の発見・処罰も重要だが，「無罪推定の原則」との関係で誤った有罪判決の回避・防止（無辜の不処罰），刑法の責任主義との関係で不当に重い責任を負わせないことが，なにより不可欠である。

こうして，被疑者・被告人は手続の主体として，刑罰権や刑事手続の発動から自らを防御する権利をもつ。ところが，被疑者・被告人の多くは法的知識を欠いたり，身体の拘束を受けていたりする。これでは防御権があるといっても無意味である。そこで，法的助言・援助を行う役割として，弁護人による弁護

権の保障がクローズ・アップされてくる。刑事弁護は無辜の不処罰の方向から真実発見に寄与するとともに，人権保障のための諸活動を行い，刑事手続を監視することを職責とするのである。

　日本では，江戸時代までは刑事弁護の制度は存在せず，1880年の治罪法で公判段階での弁護（266条1項）と重罪公判での必要的弁護（378条以下参照）が初めて認められた（1890年の旧々刑訴法でもほぼ同じ）。旧刑訴法は，起訴後の予審段階から弁護を認める（39条1項・302条・303条参照）とともに，公判段階での接見交通権の保障を明示し（45条），必要的弁護の範囲を拡大した（334条・335条）。だがその後，1940年に改正された治安維持法（29条以下）や1942年の戦時刑事特別法（20条・21条）などは，検事の捜査・訴追権限を強化する一方，弁護人の数や選任，記録謄写について制限を加えた。

　戦後，日本国憲法の制定とそれに伴う刑訴法全面改正により弁護権は飛躍的に充実を遂げ，弁護人依頼権は憲法上の権利とされた（憲34条・37条3項）。捜査段階でも弁護人の援助を受ける権利が保障される（憲34条。なお37条3項。刑訴30条1項・39条1項など）とともに，必要的弁護の範囲はさらに広げられた（36条・289条）。しかし，被疑者国選弁護制度の不採用，接見指定制度（39条3項）などの重大な問題が残されており，また，1978年の「弁護人抜き裁判法案」など弁護権・防御権を制限する動きは常にある。これらの点は国際人権基準（たとえば，市民的及び政治的権利に関する国際規約14条3項）に比べると著しいたちおくれがあり，国際的な批判も強く受けている。一方，弁護の担い手である弁護士についても，所在地域の偏りから中小市町村での弁護に困難があること，刑事事件に不熱心な者がいるなどの問題もあり，重要な改革課題となっている。

（2）弁　護　人

　被疑者・被告人およびそれと一定の関係にある親族は，何時でも弁護人を選任することができる（30条）。被疑者・被告人が逮捕・勾留されたときまたは被告人が勾引されたときは，ただちに弁護人選任権を告知しなければならず（憲34条，刑訴203条1項・204条1項・76条1項・77条1項），この場合，裁判所または監獄の長もしくはその代理者に弁護士または弁護士会を指定して弁護人の選任を申し出ることもできる（78条1項・209条）。弁護人選任権を侵害した状況の下でなされた自白には，証拠能力がないと考えられる（違法排除説。大阪高判

1960（昭35）・5・26下刑集2巻5＝6号676頁参照。なお，最決1989（平1）・1・23判時1301号155頁＝百選（7版）170頁）。判例は，弁護人選任権は「被告人が自ら行使すべきもの」なので告知を欠いても憲法34条に反しないという（最大判1949（昭24）・11・30刑集3巻11号1857頁）が，弁護人選任権の告知も憲法の要請であるという意見が強い。

　弁護人は，「資格を有する弁護人」（憲37条3項）による弁護を保障するため，弁護士（弁4条～6条・8条）から選ばれるのが原則である（31条1項）。簡易裁判所・家庭裁判所の事件，他に弁護士たる弁護人がいる地方裁判所の事件では，裁判所の許可を得て弁護士でない者を特別弁護人に選任できる（31条2項）。被疑者に特別弁護人を付することは許されないとするのが判例（最判1993（平5）・10・19刑集47巻8号67頁）だが，被疑者にも特別弁護人を認めるべきだという見解は根強い。

　選任は，被疑者などと弁護人が連署した書面を提出して行う（規則17条・18条）。起訴前になされた弁護人選任は第一審でも有効だが，その後の選任は審級ごとに行う（32条）。複数の弁護人を選任することもできるが，被疑者の場合は3名まで，被告人についても特別の事情があれば裁判所は3名までに制限できる（35条，規則26条・27条）。被告人に複数の弁護人がいる場合，主任弁護人が定められる（33条・34条，規則21条～25条参照）。なお，被疑者が氏名を秘して「菊屋橋101号」（最決1969（昭44）・6・11刑集23巻7号941頁）などと記載した弁護人選任届は無効とされている。しかし，氏名にも黙秘権を保障する見解からは，批判がある。

　被告人については，貧困などで弁護人が選任できない場合（憲37条3項，刑訴36条）や年齢・心身状態などの理由で特別な保護が必要な場合（37条，規則279条）および必要的弁護事件で弁護人がいない場合（289条）は，裁判所により国選弁護人が付せられるが，被疑者に対する公的弁護制度は存在しない。ところが，捜査段階での弁護権保障が資力や知り合いの弁護士の有無で左右されるのでは，市民を社会的身分で差別するに等しい（憲14条参照）うえ，死刑再審四事件など多くの冤罪事件が発覚する中，捜査段階こそ弁護権を保障・強化する必要性が痛感されてきた。最近では，憲法37条3項の「被告人」（the accused）は，「起訴された者」のみでなく「刑事手続の対象とされた者」の意味であって「被

疑者」も含む概念だとして，捜査段階での国選弁護権は同条で保障されるという見解も現われている（もっとも，最大判1999（平11）・3・24民集53巻3号514頁は形式論でかかる考えを否定した）。現在では，財団法人の法律扶助協会が刑事被疑者弁護人法律扶助制度を創設し，被疑者国選弁護制度のかたがわりをしているが，国費の支援はなく寄付などが中心であるため，財政面などでの困難さが指摘されている。そこで，被疑者国選弁護制度や公設弁護人制度設置論が弁護士層や研究者の間で活発になり，司法制度改革審議会の中間報告でもこの問題が取り上げられた（2000年11月）。

　〔**当番弁護士制度**〕　被疑者国選弁護制度が存在しないため，弁護の空白を少しでも埋めるために考えられたもので，弁護士会によるボランティア弁護制度である。1990年に大分県ではじまり，1992年にはすべての弁護士会で創設された。原則として被疑者から依頼のあったその日のうちに当番弁護士が接見に赴き，刑事手続の概要や被疑者の権利についての説明などを中心に行う。初回の接見については無料で，当番弁護士への日当などは弁護士会が負担する。活動は当番登録をした弁護士が行い，登録名簿順に都合のつく弁護士が出動する「名簿制」と指定された当番日に出動する「待機制」がある。被疑者の依頼によるのが普通だが，重大事件・少年事件など弁護の必要が特に高い事件では，報道などにもとづき弁護士会が独自に弁護士を派遣する「委員会派遣制度」もつくられた。接見した当番弁護士が私選弁護人を受任する義務はないが，「弁護の空白」を避けるためには，可能な限り受任するのが望ましい。

　当番弁護士制度は刑事手続改革の重要なかなめとされ，出動件数も増え，社会的にも大きな注目を集めている。しかし，ボランティア弁護にともなう限界も現われており，弁護士会財政への影響，弁護士人口の少ない地方での負担増，離島や遠隔地など弁護士不在地域での早期の接見の保障などが問題として表面化してきた。また，初回接見後の受任率の向上や，当番弁護士に関する告知，弁護の質の確保・向上なども重要な課題である。

（3）　役割・義務

　捜査・公判段階をとわず，刑事手続の流れや権利の説明，捜査・訴追・公判の適法性・適正性の担保，被害者との示談，有利な証拠の提出，拘束されている場合には家族らとの連絡をはじめ，弁護人には事実上・法律上のさまざまな役割がある。これらは，①被疑者・被告人の主張を代弁し法律的に構成する役割，②被疑者・被告人を保護する役割，③刑事手続の円滑な運営や真実発見に

寄与する役割に大別できる。当事者主義のもとでは，被疑者・被告人は訴追側に対峙する当事者であるから，当事者対等のため①②の機能がとりわけ重要となる。これに対し，職権主義では，手続の主宰者である裁判所が被告人の利益にも配慮しつつ（実質的弁護），検察官・被告人と協働して真実を発見する必要が強調されるため，弁護人も真実発見の協力者（司法機関としての弁護人）と位置付けられ，③の役割が強調される（弁護人の真実義務）。もとより，職権主義でも弁護人が①②の役割を果たすこと（形式的弁護）は不可欠で，当事者主義でも③の機能は考慮されねばならない。ただ，弁護人の役割に対する考え方の基本には，大きな違いがあるのである。

このように，当事者主義のもとでは被疑者・被告人の代理人・保護者として，被疑者・被告人の意思にもとづきつつ，その最善の利益のためにつくすことが弁護人の責務である（誠実義務）。したがって，無罪を主張する者に対し有罪を前提とした弁護を行うことや情状酌量の余地なしとの控訴趣意書を提出する（東京地判1963（昭38）・11・28下民集14巻11号2336頁参照）など，被疑者らの不利益になるような活動は許されない。ただ，だからといって弁護人が被疑者・被告人の意思を鵜呑みにすることは許されず，法律上許される範囲に限られることは当然である。したがって，たとえば偽証や証拠隠滅に手を貸すことや，被疑者が身代わり犯人であることを知りつつ犯人であることを前提として弁護活動を行うことは許されない。しかし，真実に反する結果となっても，法律上許される弁護活動もある。たとえば，真犯人であることを知っていても証拠不十分や違法収集証拠を理由に無罪判決を求めることは許される。被疑者らに不利な証拠を提出する義務もない。それ故，弁護人の真実義務は，仮にあるとしても積極的な証拠提出義務ではなく消極的な妨害回避義務にとどまるとされるのである。

ところで捜査段階では，黙秘権保障の実質化が特に重要な弁護人の役割である。この役割に関連して，弁護人による黙秘権の教示が許されることに異論はない。これを越えて，取調べや調書への署名拒否ないし取調べへの弁護人立会いを被疑者に勧めたり，黙秘権の行使を勧めることが許されるか。先進的な弁護活動（ミランダの会）との関係で，このような問題が最近浮上してきた。取調べを不可能にする，被疑者には取調べ受任義務があるといった理由から，この

ような弁護方法を捜査妨害だとする意見が捜査実務家の間には強い（なお，東京高判1997（平9）・9・17判時1623号155頁，浦和地判1997（平9）・8・19判時1624号152頁，東京高判1998（平10）・4・8判時1640号166頁参照）。しかし，これらの批判が前提とする取調べの防御権に対する優位や取調べ受任義務の存在自体が問題であるとし，取調べへの弁護人立会権を認める立場からは，少なくとも被疑者がその意味を十分理解した上でこのような弁護方式がとられているのであれば，違法・不当と理解する理由はないと考えられている（なお，2（3）参照）。

2 弁護人の接見交通権

(1) 意　義

　弁護人が適切に弁護活動を行いうるためには，弁護人と被疑者（被告人との接見も重要だが，以下では特に問題の多い被疑者との接見にかぎる）は意思疎通のため面会を重ね，信頼関係を築いたり，事件や弁護の内容について情報を得たり意見交換する必要がある。身体の拘束がなければ，このような面会は自由にできる（任意取調べ中の者に弁護人が面会を求めた場合，警察官は取調べを中断してもその旨を被疑者に伝え，被疑者の面会の意思の有無を確認しなければならない。福岡地判1991（平3）・12・13判時1417号45頁参照）。だが，被疑者が身体を拘束されているという理由で弁護人との面会ができないとなると，弁護人選任権は意味を失う。その上，身体の拘束は一般社会との関係が断絶されるという一種異様な状態に被疑者をおくことで，被疑者の心身に大きな影響を与えるおそれがあるのみならず，そのような特異な状況を利用した違法な取調べなども行われやすい。このような場合，被疑者に精神的・法的援助を与えることで虚偽自白の誘発を阻止し，違法捜査を抑制する必要がある。

　そこで，逮捕・勾留されている被疑者と弁護人の接見交通権を保障する必要が生じ，39条1項は「身体の拘束を受けている被告人又は被疑者は，弁護人又は弁護人を選任することができる者の依頼により弁護人となろうとする者と立会人なくして接見し，又は書類若しくは物の授受をすることができる」ことを規定した。弁護人以外の者との接見は法令（80条。具体的には監獄法45条1項・50条，監獄法施行規則121条以下）や裁判所の決定（81条）による制限・禁止が予

定されているのに対し，弁護人との接見は原則自由とされている。接見交通権は「弁護人又は弁護人を選任できる者の依頼によって弁護人となろうとする者」の固有権であるが，後者には委員会派遣当番弁護士のように「弁護人を選任できる者の依頼があれば弁護人となろうとする者」も含まれる。

接見交通権は，憲法34条の要請またはそれに由来する権利であるというのが，現在の多数説である。判例も，接見交通権が憲法34条の趣旨にのっとったものないし「憲法上の保障に由来する」ことは承認している（最判1978（昭53）・7・10民集32巻5号820頁，最判1991（平3）・5・10民集45巻5号919頁，百選7版76頁，最大判1999（平11）・3・24民集53巻3号514頁）。なお，市民的及び政治的権利に関する国際規約14条3項bは「防御のために……自ら選任する弁護人と連絡すること」，国連で採択された被拘禁者保護原則第18は接見交通権そのものの十分な保障を求めている。

接見交通権は「秘密交通権」といわれるように，立会人なしの接見および書類・物の授受の自由が保障される。双方の自由な会話を保障するとともに，接見内容が捜査当局に知れることによる被疑者との信頼関係の破壊やアリバイつぶしなどの不当な捜査，被疑者に対することさらな不利益取扱いなどを防ぐためである。ただし，逃亡・罪証隠滅の防止，戒護に支障のある物の授受を防ぐための措置をとることはできる（39条2項。たとえば，金属探知機による異物検査など。なお，規則30条）。

なお，遠隔地や弁護人が多忙な場合など，電話による接見を認めるべきだとの主張も現われている。

（2） 接見指定

(a) 要件　39条3項は，起訴前に限ってだが，「捜査のため必要があるとき」に検察官・検察事務官または捜査主任官（犯罪捜査規範20条）をつとめる司法警察職員が接見交通の日時・場所・時間を指定することを認めている。ところが，接見交通権は自由にできるのが原則である。その上，身体を拘束されている被疑者からすれば，いわば一般社会との唯一の接点となる場であり，弁護人の助言・援助あるいは激励なしには自己の権利を現実に行使しえない。弁護人からみても，弁護活動を行うためには自由かつ十分な接見が不可欠である。さらに，被疑者は捜査機関と対等な対立当事者であるから，防御の自由は最大

限に保障されるべきであり，弁護人の援助が制限されることはよほどの根拠がない限り基本的に許されない。だが，糺問的捜査観に立ち，取調べの必要を優先させがちな捜査当局からすれば，接見交通権はとかく捜査の障害と映じる。取調べが最大23日間，1日当たり8〜10時間以上も可能なのに対し，弁護人の接見は数日おきに15〜20分程度，時には5分程度に留められたケースさえあるといわれるように，現実にも接見指定はフル活用されてきた。

　このような背景は，「捜査のため必要があるとき」（39条3項）の理解に現れる。捜査実務では，接見交通権は憲法に由来するとしても39条1項が創設した権利であること，39条3項が捜査機関に接見指定権を認め，特別な制限を設けていないことを根拠に，「捜査全般の必要があるとき」と理解してきた（捜査全般説・無制限説）。捜査の必要を接見交通に優先させる点で，捜査権優位説ということもできる。もっとも，前記最判1978（昭53）・7・10などを考慮すれば，捜査「全般」といっても，捜査の抽象的必要があれば接見指定できるというわけでなく，事件内容や捜査状況，弁護活動の態様などの事情を総合的に勘案し，捜査機関が現に実施または実施すべき捜査手段との関連で捜査の遂行に支障が生ずる顕著なおそれが接見交通によって生ずる場合に接見指定ができるというのである。

　しかし，これは接見交通権のもつ意義をあまりに軽視するものである上，解釈論としても形式論の域をでない。そこで，弁護実務および学説は，接見交通権を憲法上の権利として位置付け，接見交通権の捜査に対する優位を主張することを前提に，しかし捜査の必要性をもおもんぱかって「若干の制約」を受けると理解してきた。このような見地からは，取調べ中や検証・実況見分への同行など被疑者が捜査活動の対象とされ，いわば物理的に接見が不可能か接見により捜査に顕著な支障が生じる場合に指定が許されるというのが一般的な見解である（限定説）。先の一連の最高裁判例も，基本的には限定説に立つものと考えられている。

　この場合でも指定できる範囲については見解が分かれる。①取調べ中のみならず「間近いときに取調べなどをする確実な予定があり，接見を認めると予定通りに取調べができなくなる場合」（前記最判1992（平4）・5・10）など，接見交通権と捜査の利益がぶつかる場合の調整を図るのが接見指定だと考えるもの

（折衷説）から，②防御上の必要（39条3項但書）があるときは取調べを中断しても接見させるべきだというもの，③少なくとも初回接見については取調べを中断すべきだというものなど，取調べに優位する接見を認めるもの（接見交通優位説）までバラエティがある。なお，逮捕後初回の接見については，留置施設の管理運営などの特段の事情がない限り，たとえ比較的短時間であっても時間を指定した上で即時または近接した時点での接見を認める必要性が高い（最判2000（平12）・6・13民集54巻5号1635頁）。

　　[余罪を理由とする接見指定]　　X事件の起訴後勾留中にY事件で逮捕・勾留された場合，刑訴39条3項は「公訴の提起前」に限り接見指定を認める関係上，Y事件の捜査の必要を理由とする接見指定はできるか。最決1966（昭41）・7・26刑集20巻6号728頁は「およそ，公訴の提起後は，余罪について捜査の必要がある場合であっても，検察官等は……〔接見〕指定権を行使しえない」とした。ところがこれは余罪である被疑事件で拘束されていなかった事例であり，最決1980（昭50）・4・28刑集34巻3号178頁＝百選（7版）80頁は「同一人につき被告事件の勾留とその余罪である被疑事件の逮捕，勾留とが競合している場合，検察官等は，被告事件について防禦権の不当な制限にわたらない限り」接見指定ができるとする。

　　身体拘束には事件単位の原則があるから，起訴されている事件と競合する未起訴の余罪に接見指定の必要があれば，それを理由に接見指定はできそうである。しかし，身体拘束の理由は競合しうるとしても，被拘束者の身体は1つしかない上，余罪捜査を口実に起訴後の事件に対する接見指定を認めることにもなりかねない。双方の事件が密接に関連する場合などでは，Y事件の接見指定はX事件の公判での防御に影響することも多い。それゆえ，仮に接見指定が許されるとしても，たとえば起訴後に余罪が偶然発覚したようなごく例外的な場合や接見交通権の濫用のような場合に限るべきだというのが多数説である。

(b)　方式　　これまで接見指定は，捜査全般説の立場から運用されてきたため，相当広い範囲で指定が行われてきた。捜査実務では，「弁護人との接見に関する日時，場所，時間の指定を別に発すべき指定書により指定する」旨の通知を接見指定権者から被疑者を拘束している監獄の長（警察署長または留置管理権者，拘置所長）および被疑者に対して行い，指定書（具体的指定書）を持参した弁護人に接見を認めるという方式（一般的指定）を行ってきた。この方式によると，具体的捜査の必要があるか否かをとわず，弁護人はいったん検察庁など

に赴いた上で指定書を受け取り，それを持参しない場合は一律に接見が許されないことになる。しかも，一般的指定は捜査機関相互の内部連絡であって，被疑者や弁護人を相手方とする「処分」(430条2項)ではないという建前(最決1991(平3)・5・31判時1390号33頁＝百選(7版)74頁)が取られることになると，一般的指定を争うこと自体が不可能となる。しかし，これでは自由な接見・例外的指定という原則が事実上逆転させられることになるゆえ，一般的指定を違法と理解する学説・下級審判例(鳥取地決1967(昭42)・3・7下刑集9巻3号375頁など)が有力となり，前記最判1978(昭53)・7・10なども限定説に近い判断を示したため，このような運用はしだいに減ってきた。

　1988年には検察庁の内規である事件事務規程が改められ，「弁護人との接見は，捜査のため必要があるときは，その日時，場所，時間を指定することがある」旨の通知書を接見指定権者から監獄の長または警察署の留置管理責任者に発している。そして，弁護人から接見の申出があると，指定権者は①指定の必要がなければそのまま接見させ，②指定の必要があるときは弁護人と協議の上，指定書の交付またはファックス送信もしくは電話連絡を含め口頭で日時などを通知するものとしている。従来の方式に比べ，指定書受領のため検察庁などに出向く手間が省かれ，指定書なしでも接見可能な場合が広がったなどの改善がみられることは確かである。しかし，捜査機関相互の内部連絡にもとづく接見制限と指定書による一部解除という図式がなお残されている事実は否定しえず，本質的改善といえるかには問題もある。

　(c)　不服申立　接見指定の処分に対しては，準抗告が許される(430条1項・2項)。ただし，事件事務規程にもとづく接見指定の「通知書」は捜査機関内部の事務連絡文書に過ぎず，刑訴法430条の「処分」ではない(前記最決1991(平3)・5・31)ので，具体的指定の当否を争うことはできても「通知書」の存在そのものを争うことはできないとされている。だが，このような考えには批判が強い。

(3)　接見交通と取調べへの弁護人立会権

　取調べは自白強制などのなされる危険がもっとも大きな時間であるとともに，そのようなことがなくとも，取調官が被疑者の陳述を物語風に記述するという現在の捜査実務のもとでは，重い責任を問われる根拠となりうる記述(過失犯

の注意義務，未必の故意，わいろ性の認識など，主として犯罪の主観的要素がこれにあたる）が被疑者の気付かないうちに供述調書にまぎれ込むおそれも大きい。このような危険を回避するため，学説の多数は被疑者の取調べ受任義務を否定してきたが，被疑者が取調べに応じる場合でも弁護人の援助を得ることができる，すなわち取調べへの弁護人立会が認められるべきだとの議論が現われるようになった。主に黙秘権（憲38条1項）の実質的保障という観点から導かれるが，取調べ中にも弁護人の援助を受ける権利（憲34条）はあるはずだし，双方の権利が有機的に関連しあって立会権が保障されるというのである。

立会権肯定説に対しては，立会権規定がないことや捜査の密行性などを理由とする批判も多いが，接見交通は取調べに優先するという考えに立てば，取調べと接見が同時併行で行われているともいうべき立会を否定する理由はない。現行法も運用による弁護人の取調べ立会を否定する趣旨ではないと考えられ，犯罪捜査規範180条2項や少年警察活動要綱9条5号は捜査機関の裁量による取調べへの弁護人立会がありうることを予定している。取調べへの弁護人立会は少なくとも先進国においては一般に認められており，市民的および政治的自由に関する国際規約14条3項dもこれを認める趣旨だとされている。

取調べに対する接見交通権の優位を認め，かつ弁護人立会をも認めることになると，接見指定は実質的な機能を失う。のみならず，接見交通権の優位が憲法34条の要請だとすれば，そもそも接見指定制度自体が憲法上許されるかが問題となる。前記最大判1999（平11）・3・24は，接見交通権も捜査権・取調べ権に絶対的に優位するものでなく，両者の合理的調整を図る必要があること，準抗告（430条）による不服申立ができることなどを理由に接見指定制度を合憲とした。しかし，接見指定違憲説も有力に主張されている。

3　身体拘束に対する救済・不服申立

身体の拘束は，被疑者・被告人の人身の自由に対する重大な制限であるから，それが正当なものであっても必要最小限に留めるとともに，権利侵害のより少ない別の手段で代替することができればそれですますべきである。

（1） 逮捕に対する不服申立

　逮捕についての不服申立は，刑事訴訟法に規定がない。ただちに釈放・起訴・勾留請求のいずれかに移行することを予定したごく短時間の拘束である（204条1項参照）から，特別な不服申立制度の必要はないと考えられたのであろう。しかし，逮捕時間は，捜査機関の持ち時間としてフル運用されている実態があり，「ごく短時間」とはいえなくなっている。

　そこで，立法論としてのみならず，解釈論として逮捕にも準抗告（429条・430条参照）を認めるべきだという考え方が現われてきた。捜査段階では逮捕を経なければ勾留請求できない（逮捕前置主義）ため，逮捕は「プレ勾留」という性格をもつので「勾留に関する裁判」（429条1項2号）による準抗告が可能だと主張するのである。判例は否定した（最決1982・8・27刑集36巻6号726頁）が，肯定説が有力になりつつある。

（2） 勾留に対する不服申立

　勾留は比較的長期にわたる身体の拘束であり，いくつかの救済・不服申立が制度化されている。ただし，被告人にはある保釈制度（88条以下）が被疑者にはなく（207条1項但書参照），憲法論・立法論として問題だとの意見が強い。

　(a)　**勾留理由開示**　　憲法34条は「要求があれば，その〔抑留・拘禁の〕理由は，直ちに本人及びその弁護人の出席する公開の法廷で示されなければならない」と規定し，これを受けて刑訴法は勾留開示の制度を設けた（82条以下）。

　勾留理由開示は，制度としては勾留理由の告知機能をもつのみである。しかし，憲法34条のもととなった英米のヘービアス・コーパス（habeas corpus）の制度は，不当拘禁から被拘禁者を救済する機能をあわせもつ。そのため，勾留理由開示についても，単に拘禁理由を開示すればよいというにとどまらず，被拘禁者の救済に資するものであるべきだと考えられている。かかる制度目的の理解は，とくに勾留の理由と必要をどの程度明らかにすべきかと関連する。実務では，被疑事実と60条1項の事由を告げればよいとされており，それほど詳しい理由が告げられるわけではない。しかし，不当勾留からの救済を重視する観点からは，勾留当時のみでなく理由開示の時点で勾留の理由と必要性があることを具体的な証拠にもとづいて示すべきだとされている。

　勾留中の被疑者・被告人やその弁護人，一定の親族その他利害関係人の申立

てにもとづき（82条），原則として5日以内に（規則84条），裁判官・裁判所書記官出席の下に公開の法廷で被疑者・被告人と弁護人が出頭して行われる（83条1項）。例外的に被疑者・被告人または弁護人の出頭が免除されることがある（83条3項）。検察官の出席は必要ではない。裁判長・受命裁判官（86条）または裁判官が法廷で勾留の理由を告げ，検察官または被疑者・被告人やその弁護人，請求者は原則として口頭で意見陳述ができる（84条）が，陳述時間は10分以内とされている（規則85条の3。これには批判が強い）。

　(b)　準抗告　　被疑者段階での勾留に対しては準抗告（429条1項2号），被告人段階での勾留に対しては通常抗告（420条2項）が許される。いずれの場合でも「勾留に関する裁判」であれば，比較的広い範囲で申立権が認められる。

　被告人勾留の場合，「犯罪の嫌疑がないこと」を理由とする抗告は許されない（420条3項）。嫌疑の有無は本案の公判で争うべきで，嫌疑不存在を理由とする勾留に対する抗告を認めるとかえって手続が煩雑になるからである。しかし，被疑者の場合はそのような事情がなく，むしろ嫌疑の有無が重要な判断材料なのであるから，最近の多数説は，嫌疑不存在を理由とする被疑者勾留に対する準抗告を認める。

　(c)　勾留取消　　勾留の理由や必要がなくなるか（87条1項），勾留が不当に長くなった場合（91条1項）に，裁判所・裁判官の職権または一定の者の請求にもとづき，勾留の継続をとりやめることである。

　(d)　勾留執行の停止　　親族や保護団体などへの委託または住居制限を条件に，被疑者・被告人の勾留の執行を一時停止することである（95条）。実務上は，本人の病気治療や親族の冠婚葬祭出席のために行われることが多い。とくに被疑者段階では保釈制度がないので，保釈に代わる柔軟な運用が必要であると指摘されている。執行停止の条件に違反した場合などには，取り消される（96条1項）。

　(e)　移監請求　　被疑者のほとんどは警察署の留置場（代用監獄）に勾留されるが，代用監獄制度自体に批判が強い上，現実に代用監獄を用いた違法捜査が行われる場合，拘置監への移監が必要となる。そこで，勾留そのものを対象とするわけではないが，弁護人から裁判官に移監請求がなされることがある。被疑者・被告人の移監は検察官の同意を得るのが建前だが（規則80条・302条），勾

留も裁判の一種であるから，勾留場所の決定も最終的には裁判官の判断に委ねられるはずだとして，その裁判内容の一部の変更を求める職権発動を要請するものである。判例は，裁判官が職権による移監命令を出すことは許されるとした（最決1995（平7）・4・12刑集49巻9号609頁）。だが，職権発動がなかったときの救済は不可能である（前記最決1995（平7）・4・12参照）。そのため，被疑者らに勾留取消請求権があるなら，より小さな部分の変更である移監請求権を認めてよいといわれている。

4 証拠保全

証拠保全とは，被疑者・被告人・弁護人があらかじめ証拠を保全しておかなければ，たとえば証拠物の滅失・変質，証人の死亡・海外渡航などによりその証拠の使用が困難になる事情があるとき，第1回の公判期日前に裁判官に押収，捜索，検証，証人尋問または鑑定処分を請求する制度（179条1項）である。捜査機関は強制処分をはじめ証拠を収集する手段と能力を充分にもっているが，被疑者・被告人にはそのような権限も能力もない。だが，それでは被疑者・被告人の地位を一層劣悪なものにする上，捜査の糺問的性格を強めるおそれもある。そこで，被疑者・被告人に一定の条件で強制処分請求権を認め，当事者対等主義と防御権の充実を図ろうとしたもので，弾劾的捜査観の現れともいえる。

アリバイなど有罪・無罪を明らかにする証拠だけでなく，自白の任意性（憲38条2項，刑訴319条1項）など訴訟法上の事実を争うための証拠（千葉地命1982（昭57）・8・4判時1064号144頁）も，保全できる。

この制度は，①捜査当局が被疑者に有利な証拠も含め，ほとんどすべての証拠を確保していること，②捜査段階での弁護活動があまりなされていない上，世間の無理解などで弁護活動が困難なこと，③保全された証拠を検察官が閲覧できることなどの理由から，あまり利用されてこなかった。もっとも，捜査弁護の活性化とともに，証拠保全の申立も増加の気配があるといわれる。

証拠保全で得られた証拠は，裁判所において，検察官は無条件で閲覧・謄写できるが，弁護人が証拠物を謄写するには裁判官の許可を必要とする。被疑者・被告人は，弁護人がない場合に裁判官の許可を得て証拠の閲覧のみが許さ

れる（180条）。これに対しては，当事者対等主義からして被疑者や弁護人と検察官で差を設けるのは不合理であるという批判が強い。また，証拠保全の申立が棄却された場合，押収の請求には準抗告ができるが（429条1項2号参照。最決1980（昭55）・11・18刑集34巻6号421頁），それ以外では不服申立ができないことも問題である。

8 ■ 公訴の提起とは？

1 起訴便宜主義

　任意捜査であれ，強制捜査であれ，捜査の結果，犯罪の嫌疑の有無および情状が明らかになったとき，捜査機関は，この法律に特別の定めのある場合を除いては，速やかに書類および証拠物とともに事件を検察官に送致しなければならない（246条本文）。送致を受けた検察官は，公訴を提起するか否かの最終処分をしなければならない。それは，247条に，公訴は，検察官がこれを行う，と規定されているからである。このように公訴の提起が国家機関である検察官に集中されている制度を国家訴追主義と呼び，検察官のみによって起訴が行われる制度が起訴独占主義である。このような主義の背景には，国家刑罰権の実現を図る端緒となる公訴の提起は，私情や利害によって左右されるべきではなく，公益の代表者である検察官によって，専ら正義の実現を目的になされるべきであるとの思想が横たわっている。

　では，このような立場からは，犯罪の嫌疑があり，訴訟条件が満たされる限り，常に公訴が提起されるのであろうか。正義概念は，一般に，内容的に，平均的正義と配分的正義に区別される。前者は，一定の条件を満たすものを常に等しく取り扱うことを要求する形式的平等原則を意味し，後者は，各人に各人のものを分配すべきであるとする実質的平等原則にもとづいている。前者の平均的正義の要請からは，犯罪の嫌疑があり，訴訟条件が満たされている限り，常に公訴を提起しなければならないという，いわゆる起訴法定主義の考えが基礎づけられる。他方，後者の配分的正義からは，起訴相当か否かによって，必ずしも，常に公訴を提起しなければならないわけではないという起訴便宜主義が導かれる。その意味では，いずれの主義も正義の実現を目指すものであるということができよう。

わが国の現行法は，248条で，犯人の性格，年齢および境遇，犯罪の軽重および情状ならびに犯罪後の情況により訴追を必要としないときは，公訴を提起しないことができると規定し，起訴便宜主義を採用している。起訴法定主義が訴追者の恣意や政治的圧力等もろもろの影響を排除し，公訴権の厳正公平な行使を保障するという長所を持つ制度であることは認めつつも，公訴提起が本来的に持つ被告人への負担，公益の代表者としての検察官の公正中立性を考慮し，不相当な公訴の提起をしないという実質的正義の実現を目指したものと考えられる。

2 不起訴処分

では，検察官によって不起訴という最終処分に付される場合とはどのような場合であろうか。これには，狭義の不起訴処分と広義のそれとがあるが，上述の起訴便宜主義の効果としての不起訴処分は，広義の不起訴処分，すなわち，起訴猶予処分に付される場合である。

（1） 種 類

狭義の不起訴処分には，訴訟条件を欠く場合，被疑事件が罪とならない場合，犯罪の嫌疑のない場合と刑を免除すべき場合とがある。

訴訟条件を欠く場合とは，たとえば，被告人の死亡，被告人たる法人の消滅の場合（339条1項4号），裁判権の不存在の場合（338条1項・329条本文），親告罪の告訴・告発・請求の欠如，無効および取消し，通告欠如，反則金の納付済みの場合（338条4号），確定判決の存在，保護処分の存在，起訴済み，刑の廃止，大赦，時効の完成の場合（337条1号）である。このような場合には，訴訟条件が訴訟を追行するための条件であることから，それを欠き，訴訟の追行ができない，すなわち，訴訟の開始を意味する公訴提起自体が許されないことになる。

また，被疑事件が罪とならない場合には，たとえば，刑事未成年（刑41条），心神喪失（刑39条1項）および罪にならない場合（339条1項2号）があるが，これらの場合には，犯罪を構成する用件が存在せず，そもそも犯罪が成立しないのであるから，訴訟追行の実体を欠くことになる。

嫌疑のない場合とは，嫌疑が全くない場合と嫌疑が不十分である場合とを含むが，後者のような場合にも公訴の提起を許すことになれば，被告人にのみ著しい不利益を強いることになり，罪にならない場合（339条1項2号）に準じて，不起訴処分に付することが適当である。
　刑を免除する場合，たとえば，親族相盗例（刑244条1項）のような場合には，犯罪は成立するが，刑罰権の行使は不可能であるから，訴訟追行の終局的目的を欠き，公訴提起の意味がない。
　次に，起訴猶予処分（広義の不起訴処分）であるが，訴訟条件を具備し，犯罪が成立し，処罰できる場合であるが，起訴便宜主義の要請によって，犯人の性格，年齢および境遇，犯罪の軽重および情状ならびに犯罪後の情況等を総合的に評価して，処罰の必要がないと判断された場合の処分である。
　このような不起訴処分は，一種の行政処分であるから，判決の既判力のような効力もなければ，公訴権が消滅するわけでもない。したがって，嫌疑不十分を理由に不起訴処分に付されたような場合に，新たな証拠が発見され，それによって嫌疑が基礎付けられたような場合には，再起，すなわち，不起訴処分にした事件を再び立件することもできる。
　なお，実務上は，不起訴裁定書を作成し，その根拠を明らかにしておくこととされているが，起訴・不起訴という処分の重要性の故に，請求により，被疑者，告訴人・告発人または請求人に不起訴処分に付したことを通知し，場合によっては，告訴人等にその理由を告げなければならないからである（259条ないし261条）。
　そのほか特殊なものとして，少年事件の家庭裁判所送致の処分がある。検察官は，捜査の結果，少年事件に家庭裁判所の審判に付すべき事由があると考えるときには，家庭裁判所に送致しなければならない（少年42条）。
　以上が，検察官の起訴・不起訴の最終処分であるが，この他に中間処分といわれる処分がある。中止処分と他管送致である。中止処分とは，被疑者不明，被疑者・参考人の所在不明等の理由で，捜査の継続が不可能である場合になされる，捜査を一時中止する事実上の処分である。他管送致とは，事件を他の検察庁に送致する処分で，必要的な場合（258条）と任意的な場合とがある。

（2） 不起訴処分に対する救済制度

しかし，起訴法定主義に比較して，起訴便宜主義には，検察官の裁量に疑問の生ずる余地がある。検察官の裁量自体の不相当性から生ずることもあれば，当事者の事件に対する感情からの場合もあろう。そこで現行法は，次のような不服救済制度を認めている。

まず，検察審査会制度であるが，告訴人・告発人・請求人または被害者は，検察官の不起訴処分に不服があるときは，その検察官の属する検察庁の所在地を管轄する検察審査会にその処分の当否の審査を申し立てることができる（検察審査会法30条本文）。また，検察審査会自身が独自に，職権で審査を開始することもできる（同法3条）。検察審査会は，検察官に必要な資料の提出を求めるなどして，処分の当否を審査し，起訴相当あるいは不起訴相当の議決をする。その場合には，理由を書いた議決書を作成し，その謄本をその検察官を指揮監督する検事正に送付し，その要旨を検察審査会事務局の掲示板に掲載し，申立人に通知する（同法40条）。しかし，この議決は，検察官を拘束するものではなく，それを参考に，公訴を提起すべきか否かが決定される（同法41条）。

次に，準起訴制度（付審判手続）とは，職権濫用の罪について，裁判所が公訴を行う手続である。その意味で，検察官による起訴独占主義と起訴便宜主義の例外である。刑訴法262条1項によれば，刑法193条ないし196条（公務員の職権濫用の罪）または破壊活動防止法45条の罪（公安調査官の職権濫用の罪）について告訴または告発した者は，検察官の不起訴処分に不服があるときには，その検察官の所属する検察庁の所在地を管轄する地方裁判所に事件を裁判所の審判に付することを請求することができる。その「請求」は，不起訴処分の通知（260条）を受けた日から7日以内に，不起訴処分をした検察官に請求書を提出して行われる（262条2項）。請求書を受けた検察官は，再考の結果，請求に理由があると考えれば公訴を提起しなければならないが，そうでない場合には，書類および証拠物に意見書を添えて，請求書を裁判所に送付する。

請求書を受理した裁判所は，合議体で審理し（265条），請求に理由のない場合には，請求棄却の決定をする（266条1号）。理由がある場合には，事件を管轄地方裁判所の審判に付する決定をする（266条2号）。この決定によって，公訴が提起されたものとみなされる（267条）。ただし，この決定は，事件自体に

ついての裁判ではないため，それについての既判力は生じない。

その後は，一般の公判手続によって進められるが，公判を維持する者は，裁判所によって指定された弁護士である（268条1項）。この弁護士は，裁判の確定まで，検察官の職務を行うのであるが(268条2項本文)，検察事務官および司法警察職員に対する捜査の指揮は，検察官に嘱託して行う（268条2項但書）。

3　公訴の提起

刑訴法256条1項によれば，公訴の提起は，起訴状を提出して行わなければならない。

（1）起　訴　状

その「起訴状」には，被告人の氏名その他被告人を特定するに足りる事項（256条2項1号），公訴事実（同条2項2号），罪名（同条2項3号）が記載されていなければならない。なお，公訴事実は，訴因を明示して記載されなければならないし，そのためには，できる限り日時，場所および方法を記載することによって犯罪事実が特定されていなければならない（同条3項）。また，罪名は，適用すべき罰条を明示して記載しなければならないが，誤記の場合でも，被告人の防御に実質的な不利益を生ずるおそれのない場合には，公訴提起の効力に影響を及ぼさない（同条4項）。

さらに，これら訴因および罰条は，予備的または択一的に記載することもできる（256条5項）。「予備的」記載とは，主たる訴因および罰条が認定されない場合に，従たる訴因および罰条が認定されるよう求める記載様式である。たとえば，人の殺害という事実について，殺人罪を主たる訴因とし，傷害致死罪を従たる訴因として記載するような場合である。したがって，この場合，裁判所は，殺人罪から審判し，それを認定できなかった場合に，傷害致死罪を審判することになる。「択一的」記載とは，2つの訴因および罰条を併記する記載様式で，裁判所は殺人罪から審判しても傷害致死罪から審判してもよく，殺人罪を認定すれば，さらに傷害致死罪を審判する必要はないが，無罪を認定する場合には，両罪について審判しなければならない。

「公訴事実」とは，検察官によって審判を請求された犯罪事実，すなわち，

具体的な犯罪構成事実の存在についての検察官の主張である。これを記載する目的は、一方では、検察官によって裁判所に対して求められた審判の範囲を特定し、他方では、被告人によって防御されるべき範囲を明らかにすることにある。しかし、刑訴法312条1項は、裁判所は、検察官の請求があるときは、公訴事実の同一性を害しない限度において、起訴状に記載された訴因または罰条の追加、撤回または変更を許さなければならないと規定し、この概念について同一性を明らかにすることを要求している。通説は、これを公訴事実の単一性と狭義の同一性に分析し、次のように理解している。

　すなわち、公訴事実の単一性とは、横断的かつ静的に観察して、公訴事実が1個と考えられることである。そして、この単一性は、被告人が単一である主観的単一性と、犯罪事実が単一である客観的単一性とによって決定される。たとえば、被告人が複数の場合には、その間にどのような関係があろうとも、公訴事実に主観的単一性はない。また、公訴事実が1個である場合、すなわち、単純一罪の場合には、当然、客観的単一性が認められるが、複数である場合でも、それらが包括一罪、科刑上一罪の関係にある場合には、公訴事実は客観的に単一であるといわれる。そして、公訴事実が単一である効果として、公訴の効力および判決の効力はその全部に及ぶのである。たとえば、石を投げ、窓ガラスを破って人を傷害した場合、器物損壊罪と傷害罪とは観念的競合の関係、すなわち、科刑上一罪の関係に立つが、その場合に、傷害罪のみが起訴状に記載され、それについて有罪の判決が下されたとすると、その判決の効力は器物損壊罪にも及ぶのである。

　公訴事実の同一性とは、縦断的かつ動的に観察して、公訴事実が手続の発展の前後で同一であると考えられることである。ここでも、公訴事実が同一であるというためには、主観的同一性と客観的同一性が存在することが必要である。被告人が同一である限り、主観的同一性はある。客観的同一性の判断基準については、学説は多岐に分かれているが、判例は、基本的事実同一説の立場から、たとえば、詐欺罪と贓物収受罪との間に、財物の不法領得罪として基本的事実を共通にしているとの理由で、同一性を認めている（最判昭24・1・25刑集3巻1号58頁）。また、判例は、一方の犯罪が認められるときには他方の犯罪の成立を認め得ない関係にあるときには同一性が認められるとの基準も提示してい

る（最判昭29・5・14刑集8巻5号676頁）。そして，ここでも，同一である限り，公訴の効力および判決の効力は，公訴事実の全部に及ぶ。

「訴因」

さて，256条3項によれば，公訴事実は訴因を明示して記載しなければならず，訴因を明示するには，できる限り日時，場所および方法をもって罪となるべき事実を特定しなければならないとされる。訴因とは，検察官の主張としての，特定・具体化された犯罪構成事実である。旧刑訴法は，公訴事実の概念は知っていたが，訴因の制度は認めていなかった。訴因制度は，審判の対象，公訴および判決の効力の範囲は一方当事者である検察官によって主張された訴因に限定されると，訴訟の当事者主義化のために導入されたものである。これによって，検察官の訴追意思を尊重し，被告人の防御活動を容易にし，さらに裁判所に対しては審判活動の指針を示すことができる，すなわち，訴訟の人権保障機能を高めることができるからである。

また，訴因は，犯罪構成事実でなければならない。訴因は，内容的には，事実的な要素と法的な要素によって構成されている。事実的には，訴因は，日時・場所・方法によって特定された事実，国家の刑罰権の発生根拠としての事実，検察官の主張としての事実である。法的には，訴因によって，構成要件に該当する違法・有責であること，修正された構成要件を充足すること，処罰条件を満たすこと，および，事実の罪数的評価が明らかにされなければならない。

さらに，訴因は，日時・場所および方法によって特定されていなければならない。この特定の程度について，判例は，できる限り特定すれば足りる，たとえば，密出国事件での日時について「昭和27年頃より同33年6月下旬までの間」と，出国場所を「本邦より本邦外の地域たる中国に」と表示した場合でも足りるとしている（最大判昭37・11・28刑集16巻11号1633頁）。しかし，その意味するところは，できる限り厳格にという意味で理解されなければならない。

（2） 起訴状一本主義

256条6項は，起訴状には，裁判官に事件につき予断を生ぜしめるおそれのある書類その他の物を添付し，またはその内容を引用してはならないと規定し，起訴状一本主義を採用することを明言している。これは，また，予断排除の原則とも呼ばれる。この原則は，当事者主義の要請として，裁判所を公平な判断

者（憲37条）として機能させるためには，第１回公判期日に白紙の状態で臨ませる必要があるとの趣旨から生まれたものである。したがって，記載要件の欠如はもちろん余事記載・添付・引用も起訴状を無効にすることになる。しかし，余事記載といっても，どこからが余事記載になるのか，明確な基準がなく，判断に困難が伴う場合が多い。たとえば，判例によれば，犯罪の動機についての記載は許されるとされるが（東京高判昭27・4・21東高刑時報２巻６号140頁），被告人の経歴・性向や前科・前歴については，その記載が犯罪構成要件該当の事実を明らかにするのに密接不可分で，かつ，訴因の明示に必要であるか否かによって，許される場合と許されない場合とが区別されている（最判昭26・12・18刑集５巻13号2527頁，最大判昭７・３・５刑集６巻３号351頁）。

（３）　公訴提起の効果

公訴の提起によって，起訴状において特定された犯罪事実についての審判関係が形成され，その事実を解明することが当該訴訟の課題となる。この効果は，公訴事実の単一性の範囲で，そのすべてに及ぶ。たとえば，単純一罪については当然，科刑上一罪についても，そのすべてに審判関係が生ずる。これを公訴不可分の原則と呼ぶ。また，公訴事実が訴訟の前後で同一である限り，公訴の効果がこれに及び，同一の公訴事実について新たな公訴の提起はできないことになる。それ故，公訴事実の同一性の範囲内で新たな事実が発見されても，訴因変更による以外に審判関係を形成することはできない。

また，公訴の提起によって，公訴の時効の進行が停止する（254条）。

なお，裁判所は，公訴提起のなされていない事件について審判をすることはできない（378条３号）。これを不告不理の原則という。

4　公　訴　時　効

刑事法上の時効には，確定判決の前後によって，確定判決前の公訴の時効（250条以下）と確定判決後の刑の時効（刑31条以下）とがある。公訴の時効とは，犯罪後公訴が提起されることなく，一定の期間を経過することによって公訴権が消滅させられる期間である。その趣旨は，時の経過によって犯罪の社会的影響力が微弱化し，刑罰権が消滅すると同時に，証拠も散逸し，公正な裁判を実

現することが困難になるため，犯人の処罰を不相当する制度であると考えられる。

時効期間は，各犯罪の法定刑の重さに比例して，次のように規定されている（250条）。すなわち，

死刑にあたる罪については15年（1号），

無期の懲役又は禁錮にあたる罪については10年（2号），

長期10年以上の懲役又は禁錮にあたる罪については7年（3号），

長期10年未満の懲役又は禁錮にあたる罪については5年（4号），

長期5年未満の懲役若しくは禁錮又は罰金にあたる罪については3年（5号），

勾留又は科料にあたる罪については1年（6号）

である。

なお，併科刑，たとえば，刑法256条2項の「10年以下の懲役および50万円以下の罰金に処する」との規定のような場合，または，選択刑，たとえば，刑法204条の「10年以下の懲役または30万円以下の罰金もしくは科料に処する」の場合には，重い法定刑を基準にする（251条）。科刑上一罪について，判例は，各罪について個別的に考えるのではなく，各罪を一体として観察して最も重い罪の法定刑を基準に判断するとする（最判昭42・5・19刑集21巻4号494頁）。ただし，牽連犯について，手段たる行為の法定刑を基準にした時効期間を経過した後に，結果たる行為が行われた場合には，例外的に，各訴因について個別的に時効を考えるべきだとしている（大判大12・12・5刑集2巻922頁）。公害罪法4条のような両罰規定の場合には，事業主と行為者それぞれの法定刑を基準にすべきであるとしている（最大判昭35・12・12刑集14巻14号2162頁）。

なお，犯罪後刑の変更のあった場合には，刑法6条により決定された犯罪の法定刑を基準とするとされる（最判昭42・5・19刑集21巻4号494頁）。

次に，時効の起算点であるが，犯罪行為が終了した時であるとされている（253条1項）。ここでいう犯罪行為には，結果が含まれる（最決昭63・2・29刑集42巻2号314頁）。したがって，結果犯，結果的加重犯あるいは過失犯の時効は，結果発生の時から進行する。共犯の場合は，最終行為の終わった時点からである（25条2項）。包括一罪の場合も，同様に，結果発生時から起算する。科刑上一罪の場合，判例は，起算点を全体的に考察して最終結果発生のときからとし

ている（前掲最判昭41・4・21）。ただし，牽連犯の場合には，手段たる行為の法定刑を基準にした時効期間を経過した後に，結果たる行為が行われた場合には，例外的に，個別的に起算時点を考えるべきであるとする（前掲大判大12・12・5）。

公訴時効の停止および進行は，254条1項によれば，当該事件について公訴が提起されることによって停止し，管轄違いまたは公訴棄却の裁判が確定した時から進行を始めるのである。ただし，共犯者の一人に対して公訴が提起され，時効が停止した場合には，他の共犯者の時効も停止する。そして，当該事件についてした裁判が確定した時から進行を開始する（254条2項）。また，犯人が国外にいる場合または犯人が逃げ隠れしているため有効に起訴状の謄本の送達もしくは略式命令の告知ができなかった場合には，時効は，国外にいる間または逃げ隠れている間は，停止する（255条1項）。

5　時効完成の効果

公訴時効が完成すると，公訴権が確定的に消滅する。したがって公訴時効完成後の公訴提起に対しては，実体的訴訟条件を欠くものとして，免訴の判決が言い渡される（337条4号）。

9 ■ 公判手続とは？

1 裁判所の組織・管轄

(1) 裁判所の組織・構成

　裁判所は，司法行政上の単位としての意味で用いられる場合（国法上の意味における裁判所）と，具体的事件を審理する裁判機関としての意味で用いられる場合（訴訟法上の意味における裁判所）とがある。司法行政上の単位としての裁判所は，検察庁の組織・配置に対応して，次のように構成されている。

```
最高裁判所(東京)── 高等裁判所(8庁*) ┬─ 家庭裁判所(50庁**)
                                    ├─ 地方裁判所(50庁**)
                                    └─ 簡易裁判所(438庁)
```

*東京，大阪，名古屋，広島，福岡，仙台，札幌，高松の8カ所，他に支部が6カ所　　**都道府県庁所在地のほかに函館，旭川，釧路の50カ所，他に支部が203カ所

　(a) 合議制と単独制　　具体的事件を審理する裁判機関としての裁判所は，1人の裁判官によって構成される単独制と，複数の裁判官によって構成される合議制とがある。単独制は手続の迅速性と裁判官の責任感の強化という点で優れているのに対し，合議制は手続を慎重にし公正な裁判を担保するという点で優れているとされる。現行法では，両者を併用して，比較的重大な事件では合議制を，軽微な事件では単独制を採用している。

	裁判所の構成	裁判官の数	条　　文
簡易裁判所	単独制	1人	裁35条
家庭裁判所	単独制（原則）	1人	裁31条の4
	合議制	3人	
地方裁判所	単独制（原則）	1人	裁26条1項
	合議制	3人	裁26条2項（一定の重罪事件）
高等裁判所	合議制	3人（原則）	裁18条
		5人	裁18条2項但書（内乱罪など）
最高裁判所	合議制	小法廷〜5人	裁10条
		大法廷〜15人	裁10条（違憲判断や判例変更の場合）

最高裁判所大法廷

最高裁判所小法廷

(b) **公平な裁判所〜除斥・忌避・回避**　憲法は，すべての刑事被告人に「公平な裁判所の裁判を受ける権利」を保障している（37条1項）。最高裁によれば，公平な裁判所の裁判とは，その組織や構成その他において偏頗な裁判（不公平な裁判）をするおそれのないこととされている（最判昭23・5・5刑集2巻5号447頁）。

　刑事訴訟法は，「公平な裁判所」の要請を，裁判所の構成だけでなく，訴訟手続のあり方においても保障するように配慮している。たとえば，裁判官に事件について予断を抱かせないように，起訴状一本主義（256条6項）を採用し，また公平・中立な判断者としての裁判所を実現するために，訴因制度や当事者主義を採用しているのである。さらに，個々の裁判官に対する除斥，忌避および回避の制度も同じ趣旨にもとづく。

　(ア)　**除斥**　除斥とは，裁判官自身が事件の被害者や親族である場合など，不公平な裁判をするおそれのある類型的事由があるときに，その裁判官を職務の執行から除く制度である（20条）。

　(イ)　**忌避**　忌避とは，裁判官に除斥事由があるとき，または不公平な裁判をするおそれがあるとき，当事者の申立により裁判官を職務の執行から除く制度である（21条）。忌避の申立があったときは，訴訟手続を停止し，その裁判官所属の裁判所が合議体で決定する（23条，規則10条・11条）。この場合，忌避された裁判官はこの決定に関与できないのが原則である（23条3項）。

　(ウ)　**回避**　回避とは，自己に忌避の原因があると考えた場合に，裁判官自ら自発的に所属裁判所に申し立て，その裁判所の決定により職務の執行から退く制度である（規則13条）。

(2)　裁判所の管轄

　どの裁判所が，どのような事件を裁判するのか。これを決めるのが管轄である。管轄は，事件の軽重，審判の難易，審判の便宜，被告人の便宜などを考慮して，あらかじめ法律によって定められている。

　(a)　**事物管轄**　第一審の裁判についての管轄は，犯罪の種類を基準にして，事件の軽重・審判の難易等を考慮して定められる。これを事物管轄という。

簡易裁判所	・罰金以下の刑にあたる罪の事件 ・選択刑として罰金が定められている罪の事件 ・常習賭博罪，賭博場開帳罪，窃盗罪，同未遂罪，横領罪，盗品等に関する罪の事件	裁33条1項2号
家庭裁判所	少年法37条1項に掲げる罪の事件	裁31条の3第1項3号
地方裁判所	特別に高等裁判所に属する事件，および罰金以下の刑にあたる罪の事件を除いて，すべての事件	裁24条2号
高等裁判所	・内乱罪の事件 ・独禁法89条〜91条の罪の事件	裁16条4号 独占禁止法85条3号

　(b)　**土地管轄**　土地管轄は，事件との場所的関係によって定められる第一審の管轄である。裁判所の管轄区域内に，犯罪地，被告人の住所，居所，現在地があれば，その裁判所の土地管轄が認められる（2条1項）。「犯罪地」には，犯罪行為が行われた土地も，犯罪結果が発生した土地も含まれるため，土地管轄が競合した場合には，最初に公訴を受けた裁判所が管轄することになっている（裁7条）。

　(c)　**審級管轄**　同一事件について三審級での審理および裁判を認める三審制度を採用しているため，上訴の関係において，どの裁判所がどの審級を担当するかはあらかじめ法律で定められている。これを審級管轄という。

第1審	第2審	第3審
事物管轄によって定まる	第1審の裁判に対する控訴・抗告を管轄	上告および特別抗告を管轄
簡易裁判所	高等裁判所 (裁16条1号・2号)	最高裁判所 (裁7条1号・2号)
家庭裁判所		
地方裁判所		
高等裁判所	なし	最高裁判所（裁7条1号）

　(d)　**管轄の修正・指定・移転**　以上のように，管轄は法律の規定によって自動的に決まるのが原則である。しかし，場合によっては数個の事件が別々の裁判所によって審判されることになり，被告人の防御や訴訟経済の面で不都合を生ずることがある。このため，数個の事件が関連する場合（9条）には，本来は1個の事件についてしか管轄を持たない裁判所が，他の関連事件もまとめて管轄することができるようにしている（3条〜8条）。

2　公判のための準備活動

（1）　裁判所による準備

第1回公判期日前の公判準備

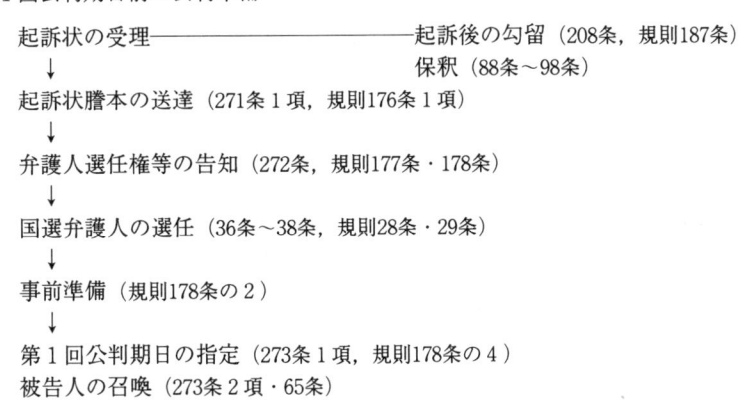

　　起訴状の受理─────────────起訴後の勾留（208条，規則187条）
　　　↓　　　　　　　　　　　　　　保釈（88条～98条）
　　起訴状謄本の送達（271条1項，規則176条1項）
　　　↓
　　弁護人選任権等の告知（272条，規則177条・178条）
　　　↓
　　国選弁護人の選任（36条～38条，規則28条・29条）
　　　↓
　　事前準備（規則178条の2）
　　　↓
　　第1回公判期日の指定（273条1項，規則178条の4）
　　被告人の召喚（273条2項・65条）

第1回公判期日以後の公判準備

　　準備手続（規則194条）
　　証拠の収集・保全（狭義の公判準備：刑訴法303条・321条参照）
　　　　公務所照会，期日外の証人尋問，捜索・押収，検証，鑑定等

　(a)　第1回公判期日前の公判準備　　公判準備は，集中的な審理，効率的な手続のために行われるのであるが，一方で，事件の内容に関連する証拠資料などに裁判所が予め目を通すようであると，公判前に事件について先入観を抱いてしまうおそれがあり，起訴状一本主義（256条6項）に反する。したがって，第1回公判期日前にできる準備活動は，訴訟の進行に関する手続的な準備に限られている。

　(ア)　起訴状謄本の送達　　公訴が提起されると，その事件を担当する裁判所（受訴裁判所）が決定される。そして，この受訴裁判所は，遅滞なく起訴状の謄本を被告人に送達しなければならない（271条1項）。これは，あらかじめ被告人に起訴された犯罪事実を知らせ，防御の準備をする機会を与えるためである。

　(イ)　弁護人選任権等の告知　　被告人に弁護人がいないときは，裁判所は，弁護人選任権があること，私選弁護人を選任できないときは国選弁護人の選任

を請求できることを知らせなければならない（272条，規則177条）。さらに，必要的弁護事件（289条）については，弁護人を選任するかどうか，その他の事件については国選弁護人の選任を請求するかどうかを，被告人に確かめなければならない（規則178条1項）。必要的弁護事件について，一定期間内に被告人の回答がないとき，または弁護人の選任がないときは，裁判長は被告人のために国選弁護人を選任しなければならない（規則178条2項・3項）。

〔国選弁護人制度〕　憲法は，刑事裁判の被告人に弁護人を依頼する権利を保障しており，被告人が自分で依頼できないときには国が付けることになっている（36条3項）。これが国選弁護人である。被告人の防御権を実質的に保障するだけでなく，公平な刑事裁判を実現するためには法的な援助が不可欠であると考えられているからである。地裁で7割，簡裁で8割の事件を国選弁護人が担当しており，被告人や家族などが選任する私選弁護を補う役割を超えて，刑事弁護の中核的な存在となっている。

これだけ重要な制度でありながら，国選弁護人の報酬は低い。調査のための交通費や，被告人に接見するための交通費も支給されない。事件の難易度，弁護活動の実質を考慮して報酬額が決定されるわけではないので，法廷外活動（調査，公判の準備）における労力に，どれだけ時間を割こうと一切考慮されない（刑訴費8条参照）。宿泊交通費や通信費等の実費を差し引くと事実上無報酬になりかねない。

また，地裁の支部管内に弁護士がゼロか1名しかいない弁護士過疎地域（全国で73カ所に上る）においては，国選弁護制度はさらに困難な状況に直面している。弁護士がそもそも不足している上に，裁判や調査などの弁護活動と移動のための時間が，都市部とは比較にならないほどかかる。裁判所までの往復に6時間，1時間ほどの被告人との面会に往復10時間かかるようなケースも稀でない。弁護士過疎地域では，国選弁護の依頼をしても，引受け手がなかなか決まらない。

(ウ)　事前準備　裁判所は，当事者の事前準備が円滑に行われ，集中審理が実現できるように，適当と認めるときは，検察官および弁護人を出頭させて，公判期日の指定その他訴訟の進行に関して必要な打合せを行うことができる（規則178条の10）。

(エ)　第1回公判期日の指定　裁判長は，公判期日を指定し，その期日に被告人を召喚し，また期日を検察官・弁護人・保佐人に通知する必要がある（273

条)。公判期日を指定するに際して，実務上は検察官と弁護人に準備の都合や差し支えの有無などを確認した上で期日の指定が行われている。

(b) 第1回公判期日以後の公判準備　第1回公判期日後は，裁判所は，複雑な事件について必要と認めるときは，いつでも検察官・被告人・弁護人を出頭させて準備手続を行うことができる。この手続は，公判の審理を迅速かつ継続的に行うため，事件の争点と証拠を整理することを目的としている（規則194条）。

第1回公判期日後であるならば，裁判所が当事者の請求によって，あるいは職権で捜索・押収・検証・鑑定等を行うことができる（99条以下参照）。

(3) **検察，被告・弁護人による準備**

当事者主義の訴訟において集中審理・継続審理を実現するためには，とくに当事者による事前準備が重要な意味を持っている。

検察官は，公判期日における主張・立証に備えるために捜査記録および証拠物の整理・検討をし（規則178条の2），取調べを請求する予定の証拠書類・証拠物があるときは，なるべく速やかに被告人または弁護人に対し閲覧の機会を与えなければならない（299条1項本文，規則178条の6第1項1号）。

他方で，弁護人も，被告人その他の関係者（たとえば，被告側の証人等）に面接するなどの方法によって，事実関係（犯罪事実の存否・態様，量刑・情状に関する諸事情）を確かめ（規則178条の6第2項1号），検察官手持ち証拠等を閲覧することによって，検察側の主張・立証に応じた防御計画を立て，反対尋問の準備，被告人に有利な事実・情状の立証，弁論の準備をする必要がある（その他当事者の事前準備に関しては，規則178条の6各項を参照）。

(4) **証 拠 開 示**

証拠開示とは，被告側に，検察官手持ちの証拠または資料を事前に閲覧する機会を与えることをいう。

(a) 当事者主義と証拠開示　現行刑事訴訟法が採用する当事者主義訴訟においては，検察側と被告人側は対等な当事者であるから，それぞれが独自に証拠を収集し攻撃防御を行うべきであって，相手側の手の内を覗くのはフェアーではない，という見解もある。しかし，強制捜査の権限と警察組織を背景にした検察側と，被告人・弁護人との間には証拠収集能力においては圧倒的な差が

ある。また，被疑者・被告人に弁護人が選任された時点では，すでに犯罪発覚直後から証拠を収集している検察側の手元にほとんどの証拠が集中してしまっているのが実情である。実質的には対等な当事者とは言いがたいのが現実である。当事者主義を実質的に捉えなおすとき，検察側の手持ち証拠を閲覧し防御の準備をすることが重要になってくるのである。

(b) 現行法の規定　現行法においても，証拠開示に関する規定はある。検察官が証人等の尋問を請求するときは，あらかじめ被告人側に対して，その氏名・住所を知る機会を与えなければならないし，証拠書類または証拠物の取調べを請求するについては，閲覧の機会を与えなければならない（299条1項，規則178条の6第1項1号）。しかし，この規定では，検察官に証拠調べを請求する意思のない証拠については，証拠の開示は保障されない。

また，法廷での証言と検察官の面前での供述が異なる場合には（321条1項2号後段），検察官は供述調書の取調べを請求しなければならないことになっている（300条）。しかし，矛盾があるか否かの判断は検察官に委ねられているのであって，被告人に有利な調書も検察官の判断如何によっては，法廷に提出されない場合がある。

(c) 判例の立場　この点に関して最高裁は，証拠調べの段階に入った後に，弁護人から具体的必要性を示して一定の証拠について閲覧の申出があった場合に，裁判所が，防御の重要性があり，罪証隠滅，証人威迫等のおそれがないと判断するときは，訴訟指揮権にもとづき，検察官に対して証拠の開示を命ずることができる，としている（最決昭44・4・25刑集23巻4号248頁）。しかし，個別的に証拠を開示するか否かの判断を裁判所の裁量に委ねるという解決方法には疑問が提起されている。

〔松川事件と諏訪メモ〕　松川事件とは，昭和24年（1949年）8月17日未明，東北線松川駅の北方で，レールが破壊され旅客列車が転覆，国鉄乗務員3人が死亡した事件。この事件で，国鉄労組員，東芝労組員の計20人が列車転覆致死罪などで起訴され，福岡地裁および仙台高裁は，死刑を含む有罪判決を下したが，昭和34年8月10日，最高裁は「諏訪メモの出現で，共同謀議の存在が怪しくなった。大田自白などは信用しがたい」「事実誤認の疑いがある」として原判決を破棄し事件を仙台高裁に差し戻した。その後，被告人たちには無罪判決が言い渡された。

この「諏訪メモ」は、列車転覆の共同謀議が行われたはずの日に、主犯格とされた労組員が東芝松川工場の会社側との団交の席に出席していたというアリバイを証明するものであったが、上告審で最高裁が提出を命令するまで、検察の手元に握られたままで明るみに出ることはなかったのである。

(5) 被告人の出頭確保

(a) **召喚と勾引**　裁判所は、規則で定める相当の猶予期間（規則67条・179条）をおいて、被告人を召喚することができる（57条）。召喚とは、日時と場所等を指定して出頭することを命じる強制処分である。被告人が召喚に応じないときは、さらに直接的な強制力を用いて被告人を出頭させることができる（58条）。これを勾引という。

(b) **起訴後の勾留**　被疑者として勾留されている者に対して勾留期間中に公訴が提起されると、起訴と同時に被告人の勾留とみなされる（208条1項・60条2項参照）。なお、逮捕後まだ勾留されていない被疑者が起訴されたときは、裁判官が勾留質問を行い、職権で勾留するか釈放するかを決めることになっている（280条2項）。実務上は、検察官が、裁判官の職権発動を促すために、起訴状に「求令状」と記載することが行われている。

被告人の勾留期間は、被疑者の場合と異なり、公訴提起の日から2カ月であるが、必要な場合には、1カ月ごとに更新される。ただし更新は原則として1回だけに限られる。しかし、例外があって、重罪事件、常習犯、罪証隠滅のおそれがある場合、氏名または住居が不明の場合は更新回数に制限はない（60条2項）。

(c) **保釈**　起訴後の勾留については、被疑者の場合とは異なり保釈の制度がある。保釈とは、保釈金の納付を条件として勾留の執行を停止して被告人の身柄を釈放し、万が一公判期日に出頭しない場合はその保証金を没収するという威嚇によって、被告人の出頭を確保するという制度である。

保釈が認められるのは、①「当事者」である被告人の自由な防御活動を保証するという当事者主義の考えと、②被告人であっても判決が出るまでは無罪と推定されるという**「無罪推定の原則」**にもとづいている。このため、アメリカ、イギリス、ドイツなどでは被疑者段階でも保釈が認められている。しかし、日本では、被疑者についての保釈制度はない（207条1項但書参照）。

被告人，弁護人等の請求があれば，必ず保釈を許可するのが原則となっている（88条・89条）。これを**権利保釈**という。しかし，起訴事実が死刑，無期または短期1年以上の懲役，禁錮にあたる重罪や，罪証隠滅のおそれが認められる場合など，非常に広い範囲で例外が認められているので（89条），むしろ原則と例外が逆転しているとも言われている。

ただし，権利保釈が認められない場合でも，裁判所は，裁量で保釈を許すこともできる（90条）。これを**裁量保釈**という。

　　〔保釈金は，どのように決まるのか〕　保釈金の金額は，犯罪の性質や情状，被告人の性格・資産などを考慮して裁判所が決める。被告人が逃亡した場合，または罪証を隠滅した場合には，保釈金は没収になるので，被告人にとって「捨てるには惜しい金額」を設定する必要がある。平成10年（1998年）における地裁の保釈件数は7,121件あるが，そのうち150万円以上300万円未満が66％を占めている。保釈金が1億円以上のものは9件ある。

　　保釈請求率，保釈率は年々減少しているが，これと反比例するように保釈金の額は高額化する傾向にある。地裁においては，平成6年には，200万円以上のものが全体の42.3％であったのに対して，平成10年には，49.0％を占めている。

3　公判手続

（1）　公判手続の意義

公判ないし公判手続とは，裁判所が事件について審理・裁判を行い，また当事者が事件について弁論を行う手続段階である。公判手続は，主として公判期日における当事者の攻撃・防御を中心として展開される「論争」によって事案の真相が明らかにされるという，**当事者主義的訴訟構造**がとられている。したがって，裁判所は犯罪事実の存否を認定し量刑を判断するためには，必ず公判廷での当事者の主張と立証にもとづかなければならない（**公判中心主義**）。

（2）　公判廷の出席者（公判廷の構成）

公判期日における審理は，公判廷（公開の法廷）で行われるのが原則である（282条1項）。公判廷には，裁判官および裁判所書記官が列席し，かつ検察官が出席することが必要である（282条2項）。

合議法廷の構造

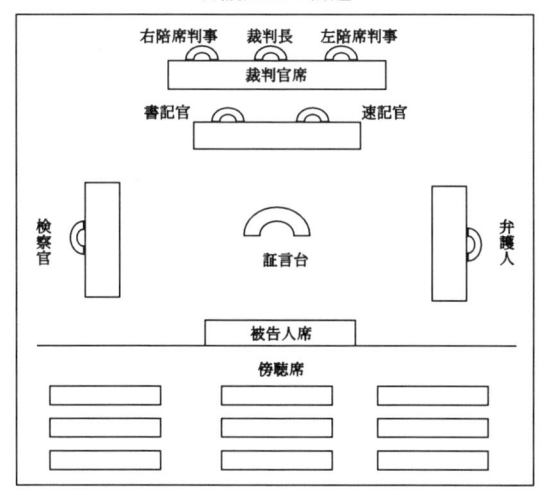

```
        右陪席判事  裁判長  左陪席判事
        ┌─────────────────────┐
        │      裁判官席       │
        └─────────────────────┘
          書記官        速記官
        ┌─────────────────────┐
        └─────────────────────┘

 ┌──┐                          ┌──┐
 │検│         ⌒              │弁│
 │察│        証言台            │護│
 │官│                          │人│
 └──┘                          └──┘

            ┌─────────┐
            │ 被告人席 │
            └─────────┘
        ─────────────────
              傍聴席
        ┌───┐ ┌───┐ ┌───┐
        └───┘ └───┘ └───┘
        ┌───┐ ┌───┐ ┌───┐
        └───┘ └───┘ └───┘
```

　被告人が公判期日に出頭しないときは，開廷できないのが原則である（286条）。被告人には，憲法で「全ての証人に対して審問する機会」が保障されているように（37条2項），公開の法廷で被告人自らが出廷して防御権を行使することは被告人の権利である。それと同時に，当事者主義訴訟において公正な裁判を実現するためには，当事者である被告人の出廷が不可欠である。したがって，この意味では被告人の義務でもある（273条2項）。ただし，被告人が法人である場合（283条）や，犯罪が軽微な事件の場合（284条），一定の事件で裁判所の許可がある場合（285条2項）には，被告人が出廷しなくても公判を開くことができる。

　弁護人の出頭は，必ずしも開廷の要件とはなっていない。しかし，死刑または無期もしくは長期3年を超える懲役，禁錮にあたる事件については，弁護人がいなければ開廷することができない（289条1項）。これを**必要的弁護事件**という。

　〔**陪審制と参審制**〕　陪審制とは，被告は有罪か無罪かという事実認定についての判断を市民から選ばれた陪審員が行い，訴訟指揮や証拠の取捨選択，法律の解釈適用などを裁判官が行うという制度である。アメリカ，イギリス，カナダ，オーストラリア等の諸国で実施されている。日本でも，昭和3（1928）年

から昭和18（1943）年まで，陪審制が刑事裁判で実施されていたことがあった。当時，陪審制は「人権擁護」「裁判の国民参加」を唱える大正デモクラシーを背景に政治主導で誕生した。しかし，軍国主義の台頭，太平洋戦争の激化とともに停止された。ただし，今でも陪審法そのものは存在している。

参審制とは，市民と職業裁判官が一体となって事実認定から法律の解釈・適用まで行う制度である。ドイツ，フランス，イタリアなどヨーロッパ大陸諸国で広く採用されている。

このような陪審制・参審制は，欧米では，裁判に民意を反映し，国民の司法参加を促す意味において，民主主義に不可欠の制度と考えられている。しかし，日本では，法曹ではない一般の市民が裁判に直接関与することはない（ただし，訴訟事件でなければ，民事や家事の調停事件における調停委員，簡易裁判所の司法委員，検察審査会の審査員という形で参加している）。

2001年6月，司法制度改革審議会は最終意見の中に改革案として「裁判員制度」を盛り込んだ。これは，参審制に近い形で，重大犯罪について無作為に選ばれた市民と職業裁判官とが合議体を作り事実認定と量刑判断をする制度である。

〔公判手続における被害者の地位〕　これまでは，事件の真相解明のために証人として求められて証言する以外には，犯罪被害者や遺族が意見を言える機会はなかった。被害者は，事件の当事者ではあっても，刑事訴訟の「当事者」ではないからであった。しかし，事件によって直接の被害を受けた被害者に対する保護・配慮を図ることは，刑事司法に対する国民の信頼を確保することにつながること，また心情その他の意見を陳述することによって被害者等の応報感情が緩和されることなどから，2000年5月に被害者保護のための刑事訴訟法改正および犯罪被害者保護法が成立した。

これによって被害者等が，被害に関する心情その他の被告事件に関する意見の陳述をしたい旨を事前に検察官に申し出て，公判期日に意見を陳述することが認められることとなった（292条の2）。ただし，この陳述を犯罪事実の認定のための証拠とすることはできない（同条9項）。なお，証人の保護に関する157条の2以下の規定が準用される（同条6項）。

公判手続の傍聴に関しては，被害者や遺族が優先的に傍聴できるよう裁判長の配慮が義務づけられ（犯罪被害者保護法2条），また被害者等が民事の損害賠償請求訴訟のために必要な場合には，公判係属中であっても訴訟記録の閲覧・謄写が一定の条件の下で認められることになった（同法3条）。

(3) 公判手続の原則

(a) **公開主義**　憲法37条は，刑事事件の被告人に対し公開の裁判を受ける権利を保障し，また憲法82条1項は，審理と判決は公開の法廷で行うとしている。一般市民に審理・判決を公開し，その傍聴を許すのを原則としているのである。これを公開主義という。国民が裁判を監視することによって，被告人の権利を保障し，また裁判の公正を担保しようとしているのである。

裁判の公開は単に被告人の権利としての意味だけでなく，司法情報にアクセスする「国民の知る権利」「報道の自由」との関係においても重要な意味を持つ。このため，憲法は，政治犯罪，出版に関する犯罪または憲法第3章で保障する国民の権利が問題となっている事件の審理は，常にこれを公開しなければならないとしているのである（82条2項）。

〔裁判のテレビ中継〕　日本では，「裁判の公開」の原則を守りつつ，当事者のプライバシーを守る方法として，公判中の写真やビデオ撮影を制限している（規則215条）。裁判中に認められるのはメモ（最大平1・3・8民集43巻2号9頁）やスケッチだけ，録音は許されない。写真撮影やテレビ・カメラの取材も，開廷前の数分間に限られる。テレビ中継は，証人・被告人への心理的影響や，被告人のプライバシー保護，法廷の秩序維持への懸念から，裁判所は認めていない。

ところが，「報道の自由」「国民の知る権利」の意識の強い米国では，47の州が裁判のテレビ中継を認めている。裁判関係の番組を24時間放送する専門局「法廷テレビ」の存在は，1994年のO. J. シンプソン事件で世界的な注目を集めた。また，1997年からは，インターネット上でも法廷中継のテレビ映像を流し始めている。しかし，世界的に見ればアメリカのテレビ中継は例外的な存在であり，ヨーロッパではほとんどの国で撮影に厳しい制限が設けられている。

(b) **弁論主義**　当事者の弁論，つまり当事者の主張と立証にもとづいて審判を行わなければならない原則を，弁論主義という。当事者主義を基調とする現行法においては，裁判所の判決の基礎となる事実の主張や，証拠の収集・提出は基本的には当事者の権限かつ義務であるとされている。

ただし，私的自治・契約自由の原則が基本の民事訴訟とは異なり，国家の刑罰権の実現が問題となる刑事訴訟においては，主張と立証において裁判所が補

充的に権限を行使することを認めている。たとえば，裁判所は訴因・罰条の追加・変更を命じ（312条2項），また職権による証拠調べ（289条2項）をすることもできる。

　(c)　**口頭主義**　訴訟審理の方式として，弁論および証拠調べは口頭でしなければならないとする原則を口頭主義という。口頭主義は，裁判官に新鮮な印象を与え，陳述の真意を理解しやすいという長所がある。反面，複雑な内容の場合には正確を期しがたく，後日争いが生じた場合に証明が困難となる短所を持つ。現行法は口頭主義を原則として採用し，公判期日における手続は，全部口頭によって行われ，判決は口頭弁論にもとづいて行われることを要する（43条1項）。他方で，正確を期すために，公訴の提起，証拠調べの請求等においては書面主義を採用している（48条・256条1項・389条，規則188条の2参照）。なお，弁論主義と口頭主義とを合わせて**口頭弁論主義**という（43条1項）。

　(d)　**直接主義**　判決をする裁判所の面前で取り調べられた証拠だけを，裁判の基礎とすることができるとする原則を直接主義という。裁判官に正確な心証を形成させることがその趣旨である。裁判官が交代したときに公判手続の更新が必要とされるのは（315条），直接主義の1つの現れである。直接主義は，沿革的には，証拠と裁判所との関係を問題とする職権主義的な原則であって，当事者の反対尋問権の保障をその趣旨とする伝聞法則とは趣旨を異にする。

　(e)　**継続審理（集中審理）主義と迅速な裁判**　訴訟の審理を集中して継続的に行うとする原則を継続審理主義または集中審理主義という。できる限り公判期日を集中・継続して開くことが，被告人を手続の重圧から早く解放するという迅速な裁判の要請（憲37条1項）からも，また刑罰の迅速な適用が犯罪を鎮圧・予防するという国家目的からも望ましい。さらに，直接主義・口頭弁論主義の観点からも，裁判官の心証が新鮮で確実なうちに裁判をする必要がある。このため，刑事訴訟規則は，審理に2日以上を必要とする事件については，できる限り，連日開廷し，継続して審理を行わなければならないと規定している（179条の2）。しかし，実際は，月に1回程度の間隔でしか公判は開かれないので裁判は長期化しているのが現状である。

（4） 訴訟指揮権と法廷警察権

(a) **訴訟指揮権**　　当事者主義を基本とする訴訟は，当事者による主張と立証という攻撃・防御活動を中心に追行される。そこにおいては，訴訟の進行を

公判期日の手続の流れ

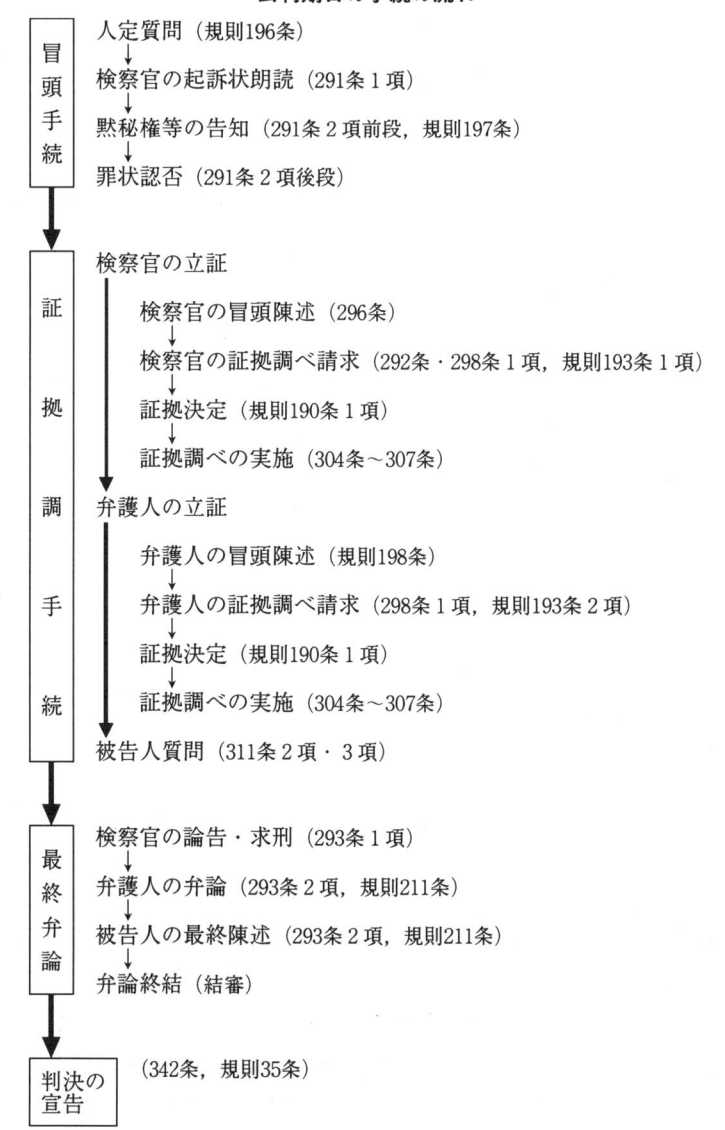

```
┌──────┐
│冒頭  │  人定質問（規則196条）
│      │    ↓
│手続  │  検察官の起訴状朗読（291条1項）
│      │    ↓
│      │  黙秘権等の告知（291条2項前段，規則197条）
│      │    ↓
│      │  罪状認否（291条2項後段）
└──┬───┘
   ↓
┌──────┐
│証    │  検察官の立証
│      │    ┌ 検察官の冒頭陳述（296条）
│拠    │    │   ↓
│      │    │ 検察官の証拠調べ請求（292条・298条1項，規則193条1項）
│調    │    │   ↓
│      │    │ 証拠決定（規則190条1項）
│      │    │   ↓
│手    │    └ 証拠調べの実施（304条～307条）
│      │  弁護人の立証
│続    │    ┌ 弁護人の冒頭陳述（規則198条）
│      │    │   ↓
│      │    │ 弁護人の証拠調べ請求（298条1項，規則193条2項）
│      │    │   ↓
│      │    │ 証拠決定（規則190条1項）
│      │    │   ↓
│      │    └ 証拠調べの実施（304条～307条）
│      │  被告人質問（311条2項・3項）
└──┬───┘
   ↓
┌──────┐
│最    │  検察官の論告・求刑（293条1項）
│終    │    ↓
│弁    │  弁護人の弁論（293条2項，規則211条）
│論    │    ↓
│      │  被告人の最終陳述（293条2項，規則211条）
│      │    ↓
│      │  弁論終結（結審）
└──┬───┘
   ↓
┌──────┐
│判決の│  （342条，規則35条）
│宣告  │
└──────┘
```

秩序立て，審理を適正・円滑に行うためには，裁判所が積極的にコントロールする必要がある。このために，裁判所に認められている権限を総称して，訴訟指揮権という。

　公判期日における訴訟指揮は，時機を逸せず，迅速・的確に行われる必要があるので，裁判長が行うことになっている（294条）。しかし，訴訟指揮権は本来裁判所に属するものであるから，重要な事項については，明文で裁判所の権限に留保されている（276条1項・285条1項・297条・304条3項・309条3項・312条〜314条）。

　(b) **法廷警察権**　訴訟に対する妨害を排除し，法廷の秩序を維持するための裁判所の権限を，法廷警察権という。法廷警察権は，具体的には，①審判妨害を予防する権限として，事前に傍聴券を発行して傍聴人の数を制限し，ボディー・チェックをして危険物の持込みを禁止することができる（裁判所傍聴規則1条）。また，警察官の派出を要求することもできる（裁判所法71条の2）。②審判妨害を排除する権限として，退廷命令などの処置をとることができる（同法71条2項）。③制裁を加える権限として，法廷等の秩序を乱す行為に対し留置・過料等の制裁を科すること（法廷等の秩序維持に関する法律2条），および審判妨害罪（裁判所法73条）による刑罰を科すことが認められている。

4　公判期日の手続

(1)　冒頭手続

法廷での裁判が始まる。

　(a) **人定質問**　はじめに，裁判官が，被告人に，氏名，生年月日，職業，住所，本籍などを質問して，起訴された人と同一人物であるかどうかを確かめる（規則196条）。

　(b) **起訴状朗読**　人定質問が終わると，検察官が，起訴状に書かれた犯罪事実（公訴事実）と罰条を読み上げる（291条1項）。起訴状朗読によって，裁判所が審判すべき対象が明らかにされる。それは同時に，被告人にとっては主張・立証すべき防御の対象でもあるので，起訴状の内容が不明確であるときは，裁判長・陪席裁判官は検察官に釈明を求め，被告人・弁護人も裁判長に対し釈

明のための発問を求めることができる（規則208条）。

　(c)　**黙秘権等の告知**　被告人の黙秘権は憲法上保障された重要な権利であるので，これを予め被告人に告げる（291条2項）。

　(d)　**罪状認否**　被告人と弁護人が，起訴された犯罪事実について最初に意見を述べる機会が与えられる（291条2項）。実務では，裁判官が，被告人・弁護人に，起訴状に書かれた犯罪事実を認めるのか否かの意見を聞く。被告人が認める場合には，「間違いありません」などと述べる。逆に，起訴された犯罪事実そのものをすべて否認する場合や，殺意の否認や，正当防衛，心神喪失などの犯罪阻却事由等を主張して，起訴事実を一部否認する場合もある。

（2）　証拠調べ手続

　冒頭手続が終わると，証拠調べ手続に入る。まずは検察側から立証することになっている。

　(a)　検察官の立証　㋐　**冒頭陳述**　証拠調べのはじめに，検察官は，証拠によって証明しようとする事実が何であるかを具体的に明らかにしなければならない（296条）。この冒頭陳述は，これから検察官が行う立証の基本方針を示すもので，裁判所に対しては適切な訴訟指揮をするための判断資料を提供し，被告・弁護人に対しては防御活動の指針を示すという重要な意味を持っている。通常，事件の背景，犯行の動機，犯行に至る経過，犯行後の状況などが，時間の流れに沿って物語式に述べられる。ただし，証拠とすることができない資料や，証拠として取調べを請求する意思のない資料にもとづいて，裁判所に偏見・予断を生じさせるおそれのある事項を述べることは許されない（296条但書）。

　㋑　**証拠調べ請求**　当事者主義のもとでは，証拠を提出する第一次的な責任は当事者が負担しているので，証拠調べを請求するのは，原則として検察官，被告人または弁護人である（298条1項）。裁判所の職権による証拠調べは，あくまでも補充的なものとされている（298条2項）。最初に，検察官が審判に必要なすべての証拠の取調べを請求する（規則193条1項）。ただし，被告人の自白調書については，犯罪事実に関する他の証拠が取り調べられた後でなければ請求できない（301条）。被告人の自白だけで有罪とすることを認めない憲法38条3項の趣旨を，手続的に保障する目的で取調べの順序が定められているのであ

144

証拠等関係カード（甲号証）

(注1) 請求者が検察官の場合の「証拠等関係カード」の書式例である。請求者が弁護人の場合あるいは職権の場合も基本的に同じである。

(注2) 自白関係以外を甲号証、自白・身上・前科関係を乙号証と呼んでいる。

証拠等関係カード（乙号証）

資料：田口守一編『資料刑事訴訟法』改訂補正版163-164頁（成文堂、1999年）

る。

　証拠調べの請求は，証拠と証明する事実との関係（立証趣旨）を具体的に明示しなければならないことになっている（規則189条1項）。立証趣旨を具体的に明示させるのは，裁判所が証拠の採否を決定する際に判断資料とするとともに，審理における争点を明確にする意味もある。実務では，検察官が証拠等関係カードを裁判官に提出している。

　(ハ)　**証拠決定**　　証拠調べの請求に対して，裁判所は，証拠調べをする決定または証拠調べを却下する決定をする（規則190条1項）。これを証拠決定という。

　検察官が採用を求める証拠が，場合によっては証拠能力のないもの（任意性を欠く自白，伝聞証拠，違法収集証拠）や，関連性を欠く証拠である可能性がある。そこで，裁判官は，必ず弁護人の意見を聞かなければならないことになっている（規則190条2項）。弁護側に異議がなく「しかるべく」「同意します」と答えて「同意」したものは証拠として採用されることになる。「不同意」の場合は原則として証拠として採用されず，裁判官の目に触れることはない。

　弁護人のする同意は訴訟上大きな意味を持っている。供述調書などの書証（証拠書類と証拠物たる書面）は，伝聞法則（320条1項）により原則として証拠能力がないので，調書などが不同意になると，検察官はこれを補うために，追加して証人尋問を請求しなければいけなくなる。

　(ニ)　**証拠調べの実施**　　採用された証拠は，それぞれの性質に応じて，証拠の内容を明らかにするのにもっとも適切な方式で行われる。

　証人・鑑定人等の尋問　　証人，鑑定人，通訳人または翻訳人に対しては，尋問という取調べの方式がとられる（304条）。（**10**「証拠とは？」を参照）

　〔証拠書類の朗読〕　　証拠書類（たとえば，被害届，医師の診断書，捜査官に対する供述調書など）については，証拠調べを請求した者が法廷において朗読する（305条）。実務では，その証拠書類の要旨や重要な部分の全文を読み上げるという「要旨の告知」という方法（規則203条の2）が一般に行われている。

　〔証拠物の展示〕　　証拠物（たとえば，犯行に使われた凶器，被告人が所持していた覚せい剤など）は，証拠調べを請求した者が法廷に提出して被告人等に確認させる（306条）。なお，名誉毀損文書やわいせつ文書，脅迫状のように，書面そのものの存在や状態だけでなく，書面の内容も証拠となる証拠物（証拠物たる書面）については，書面の展示と朗読の双方が必要とされる（307条）。

(b)　**弁護人の立証**　　検察官の証拠調べが終わると，次は弁護側が証拠の取調べを行うことになる。被告人または弁護人も，裁判所の許可を受けて冒頭陳述をすることができる(規則198条1項)。検察官が冒頭陳述をした直後でも行うことはできるのであるが，実務上は，検察官の証拠調べが終わって，弁護側の立証段階の初めに行われることが多い。

　この後，証拠調べの請求が行われるが，犯罪事実を争っている場合（否認事件）には，アリバイ証人・目撃証人などの取調べを請求する。自白事件の場合でも，情状証人（親や配偶者，勤務先の上司など），示談書などの取調べを請求する。自白事件の場合は犯罪事実については争わないが，情状の立証に重点が置かれるのである。「懲役か罰金か」，懲役でも「実刑か執行猶予付きか」という量刑が被告人にとって重大な意味を持つからである。

　裁判官は，検察官の意見を聞いて，証拠の採否を決定する（規則190条）。

　証拠調べの方法は，検察側の証拠と同じである。

　(c)　**被告人質問**　　通常は，証拠調べの最後の段階で，被告人も証言台に立って質問を受ける。(**10**「証拠とは？」を参照)

　以上で，証拠調べの手続が終了する。

　(3)　最終弁論

　証拠調べがすべて終わると，最後の攻防である最終弁論に入る。とくに事実に争いのある事件では，検察側も弁護側も，証拠調べにおける争点に照準を当てて自らの主張・立証の合理性を裁判官に向かって具体的に説得するとともに，相手側の主張・立証に対する反論も行う。

　(a)　**検察官による論告・求刑**　　検察官は，起訴事実の証明が十分にできたこと，および情状についての意見と刑罰法令の適用についての意見を述べる（論告，293条1項）。その上で，被告人に対してどのような刑罰を求めるか具体的意見を述べる（求刑）。

　(b)　**弁護人による弁論**　　検察官の論告・求刑に続いて，弁護人は弁論を行う（293条2項，規則211条）。否認事件の場合には，起訴事実の証明が十分にはできていなかったこと（無罪の主張など）を述べ，自白事件の場合には，起訴事実を認めた上で，被告人に有利な情状を裁判官に訴えることが行われている。

　(c)　**被告人による最終陳述**　　そして最後に，被告人に意見を述べる機会が

与えられる（293条2項，規則211条）。自白事件の場合には，「二度と繰り返しません」と反省の意を簡潔に述べることが多い。

（4）結　　審

　最終弁論が終わると，公判におけるすべての審理手続が終わり，後は判決の宣告を残すだけとなる。この審理手続の終了を「結審」という。

10 ■ 証拠とは？

1 証拠の種類

（1） 証拠の定義

　証拠とは，事実を認定するための根拠となる資料である。たとえば，AがBをナイフで刺殺するという事件が発生し，Aが殺人罪で起訴されたとしよう。この場合，公判では，Aが本当にBを殺害したのかが証明されなければならない。そのために，たとえば，AによってなされたB殺害の自白，ナイフに残されていた指紋がAのものと一致したという鑑定結果，Aの自宅から発見されたBの血痕の付いた財布，さらには，Cから得られた，AがBを刺したのを見たという目撃証言等が取り調べられた。犯罪事実を認定するための根拠となるこのような資料が証拠である。

（2） 証拠の種類

　この証拠は，まず，証拠資料と証拠方法に区別される。証拠資料とは事実を認定するための証拠それ自体であるのに対して，証拠方法とはこの資料を含む媒体である。たとえば，Cという目撃証人の証言は証拠資料で，C自身は証拠方法である。

　この証拠資料は，要証事実，すなわち，証明を必要とする事実との関係が直接的であるか否かによって，直接証拠と間接証拠（状況証拠）に分類される。たとえば，上掲の血のついたナイフは直接証拠で，Aの自宅から発見された血痕の付いた財布は，AがBを殺したことを直接に証明するものではないが，それを推定させるものであり，その意味で間接証拠である。また，証拠資料が人間の供述であるか否かによって供述証拠と非供述証拠が区別される。たとえば，上掲の例でいえば，Aの自白およびCの証言は供述証拠で，ナイフや財布は非供述証拠である。さらに，実質的証拠と補助証拠とが区別されるが，それは，

要証事実の証明自体に向けられた証拠か，それを補助する事実に向けられた証拠かによる分類である。たとえば，Cの目撃証言は実質的証拠であるが，Cが犯行現場にいたことを証言する友人Dの証言は補助証拠である。この補助証拠は，証明力を強めるのか弱めるのかによって，増強証拠と弾劾証拠に分けられる。この場合の友人Dの証言は，増強証拠である。最後に，本証と反証が区別されるが，証明の責任，すなわち，挙証責任を負う者によって提出される証拠が本証で，その相手側の提出する証拠が反証である。上掲の証拠は，犯罪事実の立証の責任を負う検察官側の証拠であるから，すべて本証であることになる。それに対して，被告・弁護人側から，目撃者Cが事件当時犯行現場にはいなかったというDの証言が証拠として提出され，取り調べられた場合には，それは反証となる。

　他方，証拠方法については，その性質によって人証と物証が，その証拠調べの方式によって証人，証拠書類と証拠物が区別される。人証とは，人の記憶が証拠として取り調べられる場合であり，上掲の例でいえば，Aの自白や目撃証人Cがこれに当たる。他方，ナイフや財布は，物自体に証拠資料が残されているのであるから物証である。また，304条ないし306条に規定される証拠調べの方式の相違によって，証人，証拠書類と証拠物が区別される。上掲の例でいえば，Cが証人，Aの自白を書き取った自白調書は証拠書類，ナイフと財布は証拠物である。

2　厳格な証明と自由な証明

　これらの証拠によって要証事実が証明されるのであるが，その証明の仕方に厳格な証明と自由な証明の二種類のものがある。
（1）**厳格な証明**
　317条は，「事実の認定は，証拠による。」と規定している。この規定は，証拠裁判主義を規定するものであると理解されている。ここにいう「証拠」とは，法によって適法とされる証拠，すなわち，証拠能力のある，適式な証拠調べを経た証拠を意味し，また，「事実」とは，犯罪事実のことである。このように，証拠能力のある，適式な証拠調べを経た証拠による証明方式が厳格な証明と呼

(2) 自由な証明

このことの反面解釈として，犯罪事実以外の事実についての証明の方式は，厳格な証明によらなくてもよいという結論が導かれる。このような証明の方式を自由な証明という。したがって，この方式では，証拠能力のある証拠によること，および，適式な証拠調べを経ることという2条件を必要としない証明が許されることになる。

(3) 証明の客体

そしてこれらの方式で証明される客体は，次のようになる。まず，厳格な証明の方式によって証明されるのは，前掲317条の規定にもあるように，犯罪事実である。すなわち，犯罪を構成する客観的および主観的要件，積極的および消極的要件，客観的処罰条件など起訴状に記載された公訴事実の処罰とその範囲を決定するすべての事実である。他方，手続的な事実，たとえば，手続の併合・分離等にかかわる訴訟法的事実は，自由な証明の対象であるとされる。なお，量刑事情については，厳格証明説も主張されているが，自由な証明によるべきであるとするのが通説・判例である（最判昭24・2・22刑集3巻2号221頁）。しかし，少なくとも被告人による十分な防御の機会は保障されなければならないであろう。

3 証拠能力と証明力

(1) 証 拠 能 力

上述の厳格な証明の方式では，証拠に証拠能力が必要とされる。この証拠能力とは，証拠の法的許容性を意味する。すなわち，一定の形式的要件を満たさない証拠は，たとえそれがどのように重要な証拠であろうとも，取り調べることもできないし，また，これを取り調べた場合には証拠から排除しなければならないのである。その基本的な理由は，このような証拠が犯罪事実の認定を誤らせる危険を持っていることにある。たとえば，証明の対象である事実と関連性の全くない証拠の場合，これを取り調べることは，認定をいたずらに複雑にし，誤った判断を導く危険性があるからである。しかし，現在では，違法に収

集された証拠を一般的に排除するという違法収集証拠の排除法則に見られる手続政策的観点や，証拠の証明力を誤る危険性のある証拠の証拠能力を否定する伝聞法則にみられる証明政策的観点からの理由づけもなされるようになり，単なる誤謬の危険性という観点を超えた，正しい裁判の保障という高度の文明的規準によって説明されるようになっている。

（２）　制　限　事　由

証拠能力の制限事由としては，自然的関連性，法律的関連性，伝聞法則（詳しくは13参照）や自白法則（詳しくは12参照）に見られる誤謬の危険性，手続上の瑕疵（詳しくは11参照）と証拠禁止が考えられている。

(a)　自然的関連性とは，要証事実と全く関係のない証拠は，認定すべき事実との関連でなんの価値も持っていないので，証拠として取り調べることは許されないという原則である。たとえば，証拠調べの請求された証拠が偽造された証拠物である場合，あるいは，AがBを殺したに違いないという世間の噂に関する供述には，自然的関連性が欠けている（大判大3・5・15刑録20輯1595頁）。

(b)　次に，法律的関連性とは，自然的関連性の存在を前提に，その証拠が裁判所による証明力の評価を類型的に誤らせるような強い危険性を持っている場合には，証拠として取り調べることは許されないとする原則である。たとえば，AがBを殺すのを見たとCが言っていたのを聞いた，というEの証言，すなわち，伝聞証拠は，Eに反対尋問をしてもCが本当にAによるBの殺害を見たのかどうかを確かめられず，その限りで誤謬の危険を払拭し得ないのであるから，証拠能力が否定される（320条）。その意味で，伝聞法則は，法律的関連性の存在しない証拠を排除しようとする原則である。

(c)　続いて，誤謬の危険性とは，事実認定者の判断を誤らせる危険性のある証拠を取り調べることは許されないとする原則である。たとえば，Aの自白が強制や拷問を加えて得られたとしよう，そのような自白には一般的に苦痛から逃れるために意に添わない事実を認めてしまうという危険がある。このように虚偽性の疑われる証拠を取り調べれば，事実認定者の判断を誤らせる危険性がある。

(d)　また，手続上の瑕疵とは，証拠調手続に瑕疵があって無効な場合には，

その手続によって得られた証拠は法的に許容できないという原則である。たとえば，除斥事由(20条)のある裁判官の関与した審理手続で得られた証人の供述には，証拠能力が否定されるが，その理由は手続上の瑕疵にある。

(e) 最後に，証拠禁止とは，関連性はあっても，その証拠を用いることが手続の公正を損なう危険性のある場合には，証拠能力が否定されるとする原則である。たとえば，ロッキード裁判の際の嘱託尋問調書や違法収集証拠はこのような観点から証拠能力を否定されるのである（最大判平7・2・22刑集49巻2号1頁）。

(3) 証 明 力

このような証拠能力と関連があるが，区別されるべき概念に証明力がある。この証明力とは，一定の事実を認定させる証拠の実質的な力あるいは価値である。318条は，「証拠の証明力は，裁判官の自由な判断に委ねる。」と自由心証主義を規定している。したがって裁判官は，たとえば殺人という事実の存在についての心証を証拠の評価を通じて自由に形成していくことができる。証明力とは，この裁判官の証拠の評価に働きかけ，自由な心証形成に影響を与え得る証拠の力，すなわち，証拠価値のことである。たとえば，前掲の事例におけるCの目撃証言は，AのBに対する殺害行為の立証にとって重大な価値を持っていると考えられるが，これが証明力である。

(4) 証拠能力と証明力の関係

そして，この証明力と証拠能力とは，たとえば，拷問の結果得られたAの自白は高い証明力を持っているが，証拠能力は否定されるといわれるように，相互に関連性がある。しかし，証拠能力と証明力とは，前者が形式的な法的資格であるのに対して，後者が事実認定のための証拠の実質的価値であるという点で区別されるし，また，前者が，前述の制限事由にも見られるように，一般に法的に規定されているのに対して，後者は自由心証主義にもとづいて裁判官による自由な評価に委ねられているのである。あるいは，前者が，その能力が否定された場合には証拠調べが許されないという意味で手続面の制度であるのに対して，後者は事実認定を決定づける実体面の制度である点でも異なるとされている。

(5) 挙証責任

では，このように証拠能力と証明力のある証拠によって立証しようとしたが，事実が真偽不明な程度にしか証明できなかった場合には，どのように処理されるのであろうか。「疑わしきは被告人の利益に」の原則によって，犯罪事実の存否について立証責任を負う検察官に不利益に判断されることになる。この合理的な疑いを超える程度に立証できなかった場合に不利益に判断される危険を実質的挙証責任という。この責任は，原則として検察官が負うが，例外もある。たとえば，刑法230条の2（名誉毀損に関する事実証明の特例），同207条（同時傷害の特例）等の場合には，被告・弁護人がこの挙証責任を負う。これに対して，証拠調べの過程で，事実が一応立証されたために不利益を受けることになる者——検察官のこともあれば，被告・弁護人のこともある——の反証の必要性から生ずる責任は，形式的挙証責任と呼ばれる。たとえば，前掲の事例でいえば，検察官がAによるB殺害の事実を立証する実質的挙証責任を負っている。他方，被告・弁護人には，検察官がAの自白，Cの目撃証言によって事実を証明するたびに，それに対する形式的挙証責任が生ずることになる。なお，この形式的挙証責任は，被告・弁護人の提出した証拠によって殺害事実を否定する事実が証明された場合には，逆に，検察官に生ずる。

4 証人尋問

(1) 定 義

証人尋問とは，証拠方法である証人から自ら体験し，認識した事実についての供述，すなわち，証言を得るために行われる証拠調べである。この証言によって，判断者である裁判官は，物証あるいは書証によって得られた事実についての認識をより具象化できる。たとえば，前掲の事例であれば，AがBを殺害した現場にいてこれを目撃したCは，証人として尋問されることになろう。

(a) 証人 証人とは，自己の体験によって認識し得た事実を第三者である裁判所等に対して供述する者である。その証言が証拠となる。それ故，同じく自己の体験によって得られた認識を供述する者ではあっても，特別の学識経験にもとづいて一定の経験法則あるいはこれを適用することによって得られた判

断・意見を述べる鑑定人とは区別されなければならない。

　(b) 証人適格とその例外　　証人適格とは，証人になり得る資格であるが，143条は，「この法律に特別の定のある場合を除いては，何人でも証人としてこれを尋問することができる。」と，例外を除いて誰でも証人たり得ると規定している。

　まず，第1の例外は，公務員または公務員であった者が知りえた事実について尋問する場合で，本人または当該公務所から職務上の秘密に関するものであることが申し立てられたときには，当該監督官庁の承諾が必要とされるし(144条本文)，また，衆参両議院の議員またはその職に在った者および内閣総理大臣その他の大臣またはその職に在った者が，同様の申立をしたときにも，所属の院あるいは内閣の承諾が必要とされている（145条1項）。ただし，いずれの場合も，国の重大な利益を害する場合を除いて，承諾を拒むことはできない（144条但書・145条2項）。

　第2の例外は，当該事件の訴訟関係人である。これらの者はその地位のままでは証人たり得ない。たとえば，裁判官は，20条4号の規定によれば，当該訴訟の担当を離れれば証人となることはできるが，それ以後は職務の執行から除斥される。検察官，弁護人についても同様に解すべきであろう。その理由は，偏った裁判をするおそれのない裁判所を組織・構成すべきであるとの「公平な裁判所」の要請という理念に求められる。

　第3の例外は，被告人に対する尋問である。被告人は，憲法38条1項および刑訴法311条によって包括的黙秘権が保障されている。したがって被告人を強制的に証人とすることはできないといわなければならない。では任意に証人となることを申し出た場合にはどうであろうか。これを肯定する説もあるが，通説・判例は，被告人としての地位と証人としての地位が両立しえないこと，実質的に黙秘権を侵害するおそれがあること，あるいは，これに代わる被告人質問の制度があることなどを理由に，これを否定している（大阪高判昭27・7・18高刑集5巻7号1170頁）。また，共同被告人についても，たとえ他の被告人にのみ関わる事実についてであろうとも，手続を分離しない限り証人とすることはできないとするのが，通説・判例である（最決昭29・6・3刑集8巻6号802頁）。

(2) 証言能力

また，証人は，証言能力，すなわち，自己の体験した事実を供述する能力を持っていなければならない。これは，証言事項との関連で，個別・具体的に判断されるべきである。たとえば，判例は，4歳のときに経験した交通事件について6歳の年少者に証言能力を認めている（東京高判昭46・10・20判時657号93頁）。

(3) 証人の権利と義務

証人には司法協力義務，すなわち，裁判所の決定に従っての出頭・宣誓・証言義務がある。まず，証人には出頭義務がある。この義務に違反すれば，費用の負担や罰金などの間接強制および制裁が科せられることも，拘引されることもある（150条以下）。証人として出頭した場合，原則として宣誓義務が課せられる。これを欠く証言には証拠能力が否定される。また，この義務に違反する場合には，出頭義務違反に対すると同様に間接強制や制裁が加えられる（160条以下）。ただし，宣誓の趣旨を理解することのできない者については，例外的に宣誓なしで尋問することができる（155条）。証人は，宣誓の後，証言をする義務がある。正当な理由もないのにこれを拒否すれば，宣誓を拒否した場合と同じ制裁が加えられる（160条以下）。なお，自己の記憶に反する虚偽の証言をした場合には，偽証罪として処罰される（刑法169条）。

他方，証人にもわずかではあるが権利も認められている。その主なものは，証言拒否権である。この権利は，判例によれば，次の3つの場合に認められるとされている（最大判昭27・8・6刑集6巻8号974頁）。まず，憲法38条1項にもとづいて自己負罪拒否特権，すなわち，自己が刑事訴追を受け，または，有罪判決を受けるおそれのある場合に証言を拒否できる権利（146条）が認められている。次には，自己の配偶者および近親者が刑事訴追または有罪判決を受けるおそれのある場合（147条）にも証言を拒否できる。最後は，医師，助産婦，弁護士等が業務上知りえた人の秘密を証言しなければならないとき（149条本文）に認められている。その他，旅費，日当等の請求権も認められている（164条）。

(4) 尋問の方式

尋問は，人定質問をし，宣誓（154条）をさせてから行われるが，この方法に

は，大陸方式の職権尋問制と，英米方式の交互尋問制がある。前者では，主として裁判官による尋問がなされ，当事者は補充的な役割を果たすにすぎないが，後者では，当事者が主役で，交互に尋問する。304条1項・2項は，まず，裁判官が尋問し，次いで検察官，被告人または弁護人が尋問すると規定し，職権尋問制を採用している。しかし，このような尋問制度は，起訴状一本主義を採用する現行刑事訴訟法の下では十分な尋問効果を発揮することができない。それは，この主義によれば，起訴状には256条2項に規定された事項以外の，裁判官に予断を生じさせるおそれのある書類その他の物を添付し，またその内容を引用してはならず（同条6項），そのため，裁判官には充実した尋問をするための十分な資料が事前に与えられていないからである。しかも，事案の真相の解明を専ら当事者の立証活動に委ねるべきであるとする当事者主義の理念にも反するといわなければならない。そこで，現在では，当事者が尋問し，次いで裁判官が補充的に尋問することになっている。

交互尋問制では，まず，証人尋問を請求した者が主尋問をし，次に，相手方が反対尋問をし，それに対して請求者が再主尋問をし，最後に必要があれば裁判官または陪席裁判官が補充尋問をする。この制度により，当事者に実質的な反対尋問の機会が十分に補償されることになり，証人という証拠方法に内在する誤謬の危険が排除され，真相が明らかにされるのである。しかし，他面で，尋問がスポーツ化される危険があり，事前の準備を十分にした適切かつ有効な尋問が望まれる。

主尋問は，証人の取調べを請求した当事者によって立証すべき事実およびこれに関連した事項についてなされる。たとえば，前掲の事例の目撃証人Cは，検察官によって証拠調べの請求がなされることになり，そこでは，AがBをナイフで刺し殺したという事実を立証するための尋問がなされる。その際，次のような例外は除いて，誘導尋問，すなわち，尋問者が期待する答えが問いの中に暗示されているような尋問は許されない。たとえば，目撃証人Cに対する，AがナイフでBを刺したのを見ましたかという検察官の質問のナイフの部分が誘導尋問である。ただし，実質的な尋問に入るためになされる証人の身分，経歴等の準備的事項は，訴訟関係人に争いがないことが明らかな事項であって，証人の記憶を喚起するために必要である等の事情がある場合には，誘導尋問が

許される。

　反対尋問とは，主尋問の相手方が主尋問に現れた事項およびこれに関連する事項，および，証人の供述の証明力等について行う，主尋問における証言の真実性を争う尋問である。たとえば，前掲の事例でいえば，弁護人は，目撃証人Cが犯行当時本当に現場に居たのかを確かめたり，犯行当時は薄暗く，しかもCが極度の近視であったこと等を尋問で明らかにすることになろう。この尋問では，裁判官が不相当と判断しない限りで，誘導尋問が許される。なお，この反対尋問では，その華やかな面にスポットライトが当てられがちであるが，「沈黙が最大の反対尋問」という格言があることも忘れてはならないであろう。

　再主尋問は，反対尋問後に必要に応じて行われる尋問で，反対尋問によって動揺させられた証言の証明力を回復するためになされる。たとえば，CがAのB殺害を目撃したという証言の証明力がCの肉体的条件あるいは犯行時の劣悪な気象条件の立証によって動揺させられたと感じたならば，CがAから5メートルしか離れていない立ち木の陰から目撃したということを尋問によって明らかにすることになろう。この再主尋問以後の尋問は，裁判官の許可によって続けることができる。また，裁判官には，審理が冗漫に流れるのを阻止するために，当然訴訟関係人に十分な尋問の機会を保障した上での議論であるが，訴訟関係人の尋問を中止し，自らその事項について尋問する介入権も認められている。

　最後に，裁判長による補充尋問が行われる。当事者主義の要請によって，裁判長による尋問は，訴訟当事者の後に行われるのが通例である。しかし，訴訟関係人の尋問を中止させ，自らその事項について尋問することもできる。なお，陪席裁判官は，裁判長に告げて，尋問することができる。

(5) 期日外の尋問

　公判中心主義，すなわち，犯罪事実の存否の確認は公判期日における手続により行われるべきであるとする主義を前提とする現行刑事訴訟法によれば，証人尋問は，公判期日に裁判所で行われなければならない（304条）。しかし，例外的に公判期日外で行うこともある。これには，公判期日外に裁判所で行われる期日外尋問（281条）と，裁判所外で行う裁判所外尋問（158条）とがある。たとえば，被告人が公判期日に欠席した場合に実務でしばしば行われる，公判準備の形式での証人尋問は，前者の例で，証人が病気で出頭できないために，自

宅あるいは病院等に赴いて行う臨床尋問は，後者の例である。このような尋問の方法は，例外であるから，証人の重要性，証人の具体的状態，事案の軽重等を総合的に考慮し，しかも訴訟当事者に諮った上で，必要な場合に限って認められるべきである。しかし，当事者には証人尋問権があるから，当然に立会権も認められることになり，尋問期日あるいは尋問事項の告知が行われなければならない（157条以下）。なお，この場合，公判中心主義の要請により，証拠になるのは証人尋問調書であって，期日外の尋問の結果それ自体ではない。

5 鑑定人・通訳人・翻訳人の尋問

(1) 鑑 定 人

　鑑定人とは，その特別の知識経験から，裁判官に知識を供給し，判断を補充することを目的に，専門的知識またはそれにもとづく判断を報告する者である。たとえば，前掲の事例であれば，B殺害に用いられたとされるナイフに付着していた血痕が被害者のものかどうかの鑑定を依頼された者である。鑑定人は，知識経験にもとづき裁判所に報告をするという意味では，証人と同じであるが，それが当該事件についての具体的な供述ではないという点では，証人と異なる。すなわち，鑑定人の報告は，専門家としての一般的学識にもとづくものであるのに対し，証人のそれは，特定の個別的事実についての具体的な体験報告である。また，鑑定人には，裁判所により適格者の中から自由に選ばれるという代替性があるが，証人にはない。その他，勾引が不可能である点，鑑定処分が可能である点，鑑定料の支払われる点で，鑑定人は証人と区別される。これらの違いは，前掲の事例の，目撃証人Cと，血液型の鑑定を依頼された者とを対比してみれば，容易に理解できるであろう。

　鑑定は，簡単なもの，たとえば，筆跡鑑定のようなものは，公判廷で行いうるが，一般には裁判所外で行われる。そのために，検察官および弁護人の立会権が認められている（170条）。また，その便宜を図るために色々な処分が認められている。たとえば，住居への立入り，物の破壊，身体検査等（168条・172条）。また。被告人の鑑定留置も可能である（167条）。

　鑑定の結果は，裁判所に報告されるが，その方法には，口頭による場合と文

書による場合とがある。まず，口頭の場合は，証人尋問の方式によって（171条），鑑定結果について公判期日に尋問されることになる。これは，鑑定人尋問と呼ばれる。他方，公判期日外で行われる場合には，鑑定人尋問調書が作成され，これが証拠となる（321条1項1号・2項前段）。これに対して，鑑定書により報告された場合には，鑑定人が公判期日に証人として尋問され，真正に作成されたものであることを供述したときに証拠とすることができる（321条4項）。

(2) 通訳人・翻訳人

通訳人・翻訳人とは，日本語を理解することができない者に陳述させる場合（175条），または，耳の聞こえない者または口のきけない者に陳述させる場合（176条），あるいは，日本語でない文書が提出された場合（177条）に，裁判所から通訳または翻訳を依頼された者である。それは，裁判所の用語が日本語と定められていることによる（裁判所法74条）。これらの者による通訳・翻訳には，鑑定に関する規定が準用される（178条）。それは，通訳・翻訳が，実質的意味で，言語に関する鑑定としての性質を持っているからである（178条）。

〔被告人質問〕　被告人には，現行法のとる当事者主義構造の下にあっては，当事者として，終始沈黙し，また個々の質問に対して供述を拒むことのできる包括的黙秘権が認められている（311条1項）。そのために被告人を人的証拠として尋問することはできない。しかし，任意に供述する場合には，裁判長は，何時でも必要とする事項につき被告人の供述を求めることができるし（311条2項），陪席裁判官，検察官，弁護人，共同被告人またはその弁護人は，裁判長に告げて，同様に供述を求めることができる（311条3項）。これが，被告人質問である。そして，そこでした供述は，被告人にとって利益になろうが，不利益になろうが証拠となるのである。たとえば，前掲の事例の場合，被告人Aが任意に「私がBをナイフで殺害しました。」と供述すれば，自白として取り扱われることになる。それ故，被告人質問は，広義の証拠調べの性質を持つことになり，実際には，証人尋問に近い方法が取られたり，交互尋問におけるような制約が遵守されたりすることが多い。ただし，証拠調べの請求，証拠決定，宣誓等は行われず，その点では，証人尋問の手続と決定的に異なる。この点については，当事者の地位を制約し，弱体化させるものであるとの批判もあるが，被告人には一切の供述を拒否する権利が保障されているにもかかわらず，これを自らの意思で放棄し，供述しているのであるから，被告人の主体性は十分保障されており，

問題はない。また，当然に，共同被告人に対する質問も可能であるが，この点については証人尋問説と被告人質問説があるが，判例は，共同被告人のいずれの保護に偏ることも許されないから，具体的事件毎に当事者の意見を聞き，合理的に双方の保護になり得る方法を用いるべきであるとしている（最判昭35・9・9刑集14巻11号1477頁）。

〔**証拠調べに対する異議**〕　309条1項は，検察官，被告人または弁護人に証拠調べに対し異議を申し立て得ることを認めている。異議の対象は，冒頭陳述，証拠調べ請求，証拠決定等，証拠調べに関係するすべての訴訟行為である。申立の理由は，法令違反と不相当である。

　申立の時期は，個々の訴訟行為ごとに行い，裁判所は決定で遅滞なく応えなければならない。異議の効果としては，たとえば不相当と認められた場合には，行為の中止，撤回・取消・変更等を命じ，申立に対応しなければならないことになる。なお，その対応方法には，証拠排除決定も含まれている。

11 ■ 違法収集証拠とは？

1 違法収集証拠

　たとえば，警察官Ａが，覚せい剤事犯の検挙例が多い路上を警ら中，挙動不審のＢを発見したので職務質問したとしよう。Ｂの落ち着きのない態度や青白い顔色などから，ＡはＢが覚せい剤中毒者ではないかとの疑いをもち，Ｂに所持品の提示を求めたが拒否されたので，いきなりＢのポケットに手を突っ込んで内容物を取り出したところ，案の定，覚せい剤が発見された。そこで，ＡはＢを覚せい剤不法所持の罪で現行犯逮捕し，その覚せい剤を押収した。その後，Ｂが同罪で起訴されたとして，Ａが押収した覚せい剤を，覚せい剤不法所持の事実を認定する資料（証拠）として用いることができるのだろうか。これが，「違法収集証拠」に関するさまざまな論点のなかで，その出発点をなす最も根本的な問題である。

　ところで，「違法収集」証拠という表題が示すように，この問題に関しては，まず，捜査機関による証拠の収集手続に違法性があるかどうかが問題となる。上の例でいうと，現行犯逮捕に先立つ（その理由となった）警察官Ａによる「職務質問に伴う所持品検査」の適否が問題となる。この点に関して，たとえば，後掲最高裁昭和53年判決は，職務質問にあたった警察官が被告人の承諾なく上着のポケットに手を突っ込んで所持品を取り出した行為につき，プライバシー侵害の程度が高いことなどを理由に，「職務質問に付随する所持品検査の許容限度を逸脱したもの」として，警察官による所持品検査の違法性を肯定している。これによれば，設例における警察官Ａの所持品検査が違法と評価されることにも問題はないだろう。その詳細は本書の他の箇所でなされているので（⇨ 2 4(a)(b)），ここでは，証拠の収集手続（職務質問に伴う所持品検査）に違法性があることを前提とすることにしよう。

そこで以下では，証拠の収集手続に違法性があることを前提として，その収集手続に違法性のある証拠を，ある犯罪事実を認定する資料として用いることができるのかどうかという問題を中心に考えることとする＊。

＊〔自白（排除）法則における「違法排除説」と違法収集証拠の排除法則〕
　なお，違法に収集された証拠は，覚せい剤などの「物」（証拠物あるいは物証）についても，また「供述証拠」の代表格である「自白」についても問題となるが，自白については「自白法則」として別個に論じられるので（⇨12参照），以下の説明は前者の「証拠物」に限定する。ただ，次の点に注意を喚起しておきたい。すなわち，自白法則に関するこれまでの見解（「虚偽排除説」「人権擁護説」）が，自白をする被告人の側から自白の任意性を問題とし，自白の排除を基礎づけようとしたのに対して，発想を転換して自白を引き出そうとする取調官の側に着目し，自白採取の方法あるいは過程における適正手続（デュー・プロセス）を担保する1つの手段として自白法則を理解する見解が，とくに最近の学説においては有力化している点である。「違法排除説」と呼ばれるこの見解によると，具体的な尋問方法がアンフェアーであれば，それだけで，その手続によって獲得された自白は，「任意性」の有無にかかわらず排除される（⇨12）。それゆえ，この見解においては，自白法則は「いわば違法収集証拠の排除法則の"自白版"」とされ，「自白法則」と「証拠物」に関する「違法収集証拠の排除法則」が一体化することになる。

2　違法収集証拠の排除法則

さて，「違法収集証拠の排除法則」とは，証拠物の収集手続に違法があった場合に，その結果として収集された証拠の証拠能力（⇨10, 3）を否定する原則，いいかえると，その証拠を裁判所が犯罪事実を認定するための資料としてはならない，とする原則を意味する（以下，たんに「排除法則」という）。後掲昭和53年の最高裁判例に即していうなら，「証拠物の押収等の手続に，令状主義の精神を没却するような重大な違法性があり，これを証拠として許容することが，将来における違法な捜査の抑制の見地からして相当でないと認められる場合」に証拠能力を否定する原則が「排除法則」ということになる。この法則によると，先の例で警察官AがBから押収した覚せい剤は，その押収手続に違法という烙印が押されることで，Bの覚せい剤不法所持罪を認定するための資料とし

て採用されない可能性が生ずるわけである。

そこで,次のような疑問が生ずるのではないだろうか。「Bが現実に覚せい剤をもっていた事実は明らかなのに,なぜ,それを証拠とすることができないのか。Bが無罪になってもよいのか」。

さらに,次の点も問題となる。証拠は「自白」に代表される「供述証拠」と,覚せい剤やピストルなどの「物」に代表される「非供述証拠」に分けられるが(⇒10,1),「自白」については,憲法38条2項とそれを受けた刑訴法319条1項が,強制等による自白は証拠とすることができないとし,証拠能力の制限に関する規定を設けている。つまり,違法に収集された「自白」については明文の排除規定があるわけである(先に簡単に触れた「虚偽排除説」「人権擁護説」「違法排除説」の各説は,これらの明文規定の解釈に関するものである)。これに対して,覚せい剤などの「非供述証拠」については,たしかに憲法35条が,現行犯逮捕の場合を除き,裁判所が発する令状によらない限り,覚せい剤などの所持品が「押収を受けることのない権利」を保障している。しかし,令状によらずに(それゆえ違法に)覚せい剤などが押収された場合,それを証拠とできるかどうかについては何ら規定されていない。そのため,同じ証拠であっても,憲法は「自白」と「物」とを分けて考えているのではないか。「自白」についてはその証拠能力が制限されるが,「証拠物」については,明文規定がないことから,違法に収集された証拠物を排除しようとは考えていないのではないか。少なくとも,憲法38条と35条の比較からすると,「証拠物の排除法則」は憲法レベルの問題ではないのではないか。このような点が問題となるのである。

(1) 排除法則の是非とその根拠

これらの事情を背景として,違法に収集された証拠物の排除法則に関しては,そもそも「排除法則」それ自体の是非が争われることになる。

(a) この点に関して,排除法則に否定的ないし消極的な立場は,おおよそ次のように主張する。

(ア) ピストルや覚せい剤などの「物」については,たとえ収集手続に違法性があるとしても,そこから得られた証拠物そのものの存在や形状,性質が変わるわけではないから,その証拠がどれだけ信用できるかという証拠としての価値(証明力)に何ら影響はない。冒頭の設例の場合も,収集手続に違法性があろ

うとなかろうと，警察官Ａが押収した覚せい剤それ自体の証拠価値に何ら変わりはない。このように証拠価値に変わりはなく明らかに信用力のある証拠を，現に犯されている犯罪事実を認定するための資料から排除するのは，「真実発見」という刑事訴訟法の基本理念に反する。法１条がいうように，「事案の真相を明らかに」すること（真実発見）は刑事訴訟法の重要な目的なのである（「実体的真実主義」⇨ **１ ３**）。

(イ)　たとえ違法に収集されたにせよ，収集された「証拠物」の高い証明力によって真犯人であることに間違いないと考えられる者を，警察官が違法な捜査をしたからといって，みすみす無罪放免にするようなことがあっては，裁判所（ひいては司法）に対する国民の信頼が失われよう。

(ウ)　もちろん，だからといって，収集手続の違法性をおよそ不問に付するわけではない。へまをしでかした警察官に対しては，民事上の賠償責任や国家賠償，職権濫用罪などの刑事責任を問うとか，行政法上の懲戒処分を行うことができる。そうすることで「違法捜査」を「抑止」することもできる。だとすれば，証拠排除という「死刑宣告」にも等しい手段によらずとも，このような対処の仕方こそが筋である。そもそも，警察内部でしっかりした教育と訓練がなされている日本の警察官が，排除法則の母国であるアメリカでみられるような，かなり乱暴な捜査を行うというようなことはまず考えられない。また，そのアメリカにおいてすら，排除法則には「動揺」が生じているのである。――排除法則に否定的・消極的な立場は以上のように主張する＊。

＊　現行刑事訴訟法施行後まもないころの判例の立場も，「排除法則」には否定的であった。当該押収手続自体は違法ではないとしたうえでの仮定論（傍論）としてではあるが，この判例は，「たとえ押収手続に所論の様な違法があったとしても押収物件につき公判廷において適法の証拠調が為されている以上（このことは記録によって明らかである），これによって事実の認定をした原審の措置を違法とすることは出来ない。押収物は押収手続が違法であっても，物其自体の性質，形状に変異を来す筈がないから其形状等に関する証拠たる価値に変わりはない」という（最判昭24・12・13裁判集刑事15号349頁）。この判例においては，証拠物は押収手続に違法性があったとしてもその証拠価値（証明力）に変わりはないという（前記(ア)の）観点が，違法収集証拠の「排除法則」に対する消極的な態度を基礎づけていることがわかる。一言でいうと，証拠の押収手続の違法性と証拠

価値（証明力）を峻別し，前者は後者に影響しないという立場である。このように「真実発見」に重きをおく立場からすれば，有罪である可能性の高い犯人の不処罰という重大な結果をもたらす「排除法則」は，かえって司法に対する国民の不信を生みかねないという前記(イ)の観点が容易に導かれることにもなろう。下級審の裁判例の中には，端的に，「違法を抑止するためにその物の証拠能力を否定しようというのは考え方として筋違いの感を免れない」としたものがある（東京高判昭28・11・25判決特報39号202頁）。

(b) 以上に対して，違法収集証拠の「排除法則」に肯定的な立場（とくに学説）は，おおよそ次のように主張して，否定的な立場を批判する（以下の(ア)～(ウ)は，それぞれ否定的な立場の主張根拠(ア)～(ウ)に対応する）。

(ア) 排除法則に否定的な立場は，証拠「物」の証明力はその収集手続の違法性に影響されないこと，したがって，高度の証明力をもつ証拠物を排除することは「真実発見」「真相解明」を旨とする刑事訴訟法の目的にそぐわない点を，その立論の前提においている。しかしながら，「真実発見」「真相解明」といっても，それは，憲法31条が保障する「適正手続（デュー・プロセス）」にのっとってのみ実現されなければならない。たしかに，「真実発見」と「適正手続の保障」はいずれも甲乙つけ難いほどに重要な刑事訴訟法上の公理である。それゆえ，この2つがともに満たされるのが理想であることは間違いない。しかし，証明力の高い証拠(物)が違法に収集されたという場合は，まさに両者が矛盾・対立する場合であって，このときは「真実発見」の要請が「適正手続の保障」に道を譲るべきである。真実発見という「目的」がつねに「手段」を正当化すると考えることは間違いである。

(イ) 警察官の違法捜査を知った場合に，裁判所がその違法捜査から得られた証拠を証拠として使わせるとすれば，裁判所が違法行為の片棒をかつぐことになる。そうなると，それこそ裁判所の信頼は損なわれ，国民の司法への信頼が大きく揺るがせられるから，裁判所は違法に収集された証拠を排除しなければならない。したがって，違法収集証拠の排除法則を認めることは，「司法の廉潔性・誠実性（judicial integrity）」を維持するうえでも必要なことだといえる。

(ウ) さらに，排除法則に消極的な立場は，違法な捜査を行った警察官に対して損害賠償請求，刑事制裁や懲戒処分などをすることによって，「違法捜査の

抑止」を期待できるというが，これらの有効性にはいずれも疑問がある。賠償責任を請求するには違法な捜査をした警察官の「故意」「過失」を立証しなければならないという難題がつきまとうし（民709条，国賠1条1項），たとえば違法な捜索・差押えをした警察官を職権濫用罪で告訴・告発したとしても検察官がそれを起訴するかは期待薄である。さらに，違法捜査が職務熱心のあまり行われた場合には懲戒処分がなされる可能性もないだろう。やはり，警察官の違法捜査を抑止するもっとも効果的な方法は，違法に収集された証拠を裁判で証拠として使わせないことである。警察官の証拠収集活動は収集した証拠を公判廷に証拠として提出することを最終的な目的とするのだから，真犯人と想定される者を有罪にしたいと考える警察官にとって，せっかく収集した証拠が使えない以上に彼（または彼女）の行動を規制するものはないからである ── 排除法則の採用に積極的な立場の論拠は，以上のようなものである。

　(c)　このように，証拠物の「排除法則」に関する是非論争は，①「真実発見」と「適正手続」が矛盾・対立する場合，そのいずれを尊重するのか，②裁判所は，違法に収集された証拠を採用することで，違法に加担してはならないとする「司法の廉潔性」の観点から「排除法則」を基礎づけることができるのか，そして③証拠を排除することで違法捜査を「抑止」することが可能か，という三点を基礎に ── それぞれが相互に関連して ── 展開されてきたといってよい。消極説・積極説からする，それぞれの考えは以上にみたとおりである。このうち，先に引用した初期の判例を含め，法務省や警察関係者の意見はおおかた消極的といえるのに対して，学説の多くは「排除法則」の採用に積極的であり，少なくとも捜査活動に憲法違反などの「重大な違法」がある場合，そこから収集された証拠は排除すべきだとする点で見解の相違はなかったといえる。また，昭和40年代に入ると，下級審の裁判例においては排除法則を採用するものが増えてくる。このような学説・下級審の動向にあって，ついに最高裁判所も，一般論としてではあるが，排除法則の採用を宣言したのであった。それが昭和53年最高裁判決である（最判昭53・9・7刑集32巻6号1672頁＝百選（7版）67事件）。

　（2）　**昭和53年9月7日の最高裁判決 ── その意義と問題点**

　事実の概要は，警察官が職務質問にさいして，被告人の承諾がないのに，その上着の左側内ポケットに手を入れて所持品を取り出したところ，それが覚せ

い剤だったので差し押さえたというものである。これに対して最高裁は，警察官のこのような行為は，「プライバシーの侵害の程度の高い行為」であり，「捜索に類するものであるから」，「職務質問に付随する所持品検査の許容限度を逸脱した」違法なものであるとした。ここでは，仮定論・傍論としてではなく，まさしく，違法な所持品検査によって得られた覚せい剤を，覚せい剤不法所持罪を認定する証拠として採用できるかどうかが正面から問われたのである。

　この問題に関して最高裁は，「違法に収集された証拠物の証拠能力については，憲法及び刑訴法になんらの規定もおかれていないので」，刑訴法1条の見地からの検討を要するとして，まず，次のように判示する。「刑罰法令を適正に適用実現し，公の秩序を維持することは，刑事訴訟の重要な任務であり，そのためには事案の真相をできる限り明らかにすることが必要であることはいうまでもないところ，証拠物は押収手続が違法であっても，物それ自体の性質・形状に変異をきたすことはなく，その存在・形状等に関する価値に変わりのないことなど証拠物の証拠としての性格にかんがみると，その押収手続に違法があるとして直ちにその証拠能力を否定することは，事案の真相に資するゆえんではなく，相当でないというべきである」。ここまでの判示からすると，最高裁も「排除法則」に対する消極説と同様，「真実発見」をより重視しているかのようにみられるが，続けて次のように論ずる。

　「しかし，他面において，事案の真相の究明も，個人の基本的人権の保障を全うしつつ，適正な手続のもとでなされなければならないものであり，ことに憲法35条が，憲法33条の場合及び令状による場合を除き，住居の不可侵，捜索及び押収を受けることのない権利を保障し，これを受けて刑訴法が捜索及び押収等につき厳格な規定を設けていること，また，憲法31条が法の適正な手続を保障していること等にかんがみると，証拠物の押収等の手続に，憲法35条及びこれを受けた刑訴法218条1項等の所期する令状主義の精神を没却するような重大な違法があり，これを証拠として許容することが，将来における違法な捜査の抑制の見地からして相当でないと認められる場合においては，その証拠能力は否定されるものと解すべきである」。

　しかしながら，最高裁は，警察官により違法に収集された証拠の証拠能力を否定することはなかった。なぜなら，本件の警察官の行為は，「職務質問の要

件が存在し，かつ，所持品検査の必要性と緊急性が認められる状況のもとで，必ずしも諾否の態度が明白でなかった被告人に対し，所持品検査として許容される限度をわずかに超えて行われたにすぎ」ず，警察官には「令状主義に関する諸規定を潜脱しようとの意図があったものではなく」，また，「他に右所持品検査に際して強制等のされた事跡も認められない」からである。つまり，「本件証拠物の押収手続の違法は必ずしも重大であるとはいえないのであり，これを被告人の罪証に供することが，違法な捜査の抑制の見地に立ってみても相当でないとは認めがたいから，本件証拠物の証拠能力はこれを肯定すべきである」というのである（違法に押収された覚せい剤の証拠能力を否定して，覚せい剤不法所持の罪につき無罪を言い渡した一，二審判決を破棄し，事案を大阪地裁に差し戻した）。

(a) このように本判決においては，結論的には，違法に収集された覚せい剤の証拠能力が肯定された。つまり，「本件」に関しては「排除法則」の適用が否定されたのである。しかし，一般論としてではあれ，最高裁がはじめて違法収集証拠の「排除法則」の採用を正面から認めた点では，極めて重要な意義がある。本判決の出現によって，これまでの議論の中心であった排除法則それ自体の採否は，一応の解決をみたといえるからである。排除法則の是非論争は，「総論」としては「是」の方向で決着したといえよう。だが，それで問題が解決したわけではない。排除法則を基礎づける「論拠」は何か，違法収集証拠の採否がその論拠とどのように結びついているのか，さらに，証拠が排除される場合の具体的な基準は何か。これらは改めて問われなければならない問題である。

ところで本判決は，「違法に収集された証拠物の証拠能力については，憲法及び刑訴法になんらの規定もおかれていない」として，自白については存在する自白法則の明文規定（憲38条2項，刑訴319条1項⇒**12**）が存在しないことから，証拠物の排除は「憲法上の要請」ではないとした。学説の多くは，証拠物の排除法則も憲法35条に「読み込む」ことが可能であるとか，憲法31条の「適正手続条項」から当然要請されると主張するが，このような「憲法論」でいくと，それだけ「画一的」に証拠が排除される可能性が広がる。憲法は「最高法規」であるから（憲98条），排除法則が憲法上の要請だとすると，証拠の排除を否定するにはそれなりの強い理由がなければならないからである。たとえば「横

綱」と対戦するには，それなりの「地位」か，その場所におけるそれなりの「成績」がなければならないのと同じである。これに対して，最高裁のように，排除法則に憲法上の地位を否定するならば，なるほど具体的な事案に即した柔軟な解釈運用が可能となろう。しかし，そうであるからこそ，どのような場合に違法収集証拠の排除が肯定あるいは否定されるのか，その具体的な基準は何かという問題は，より重要さを増してくる。この「各論部分」が不明確であったり実効性に乏しいものであったりすると，せっかく採用された排除法則も，単なるリップサービスにすぎないことになってしまうからである。

　(b)　この点，本判決があげる排除の基準は，①令状主義の精神を没却するような「重大な違法」があることと，②将来の違法捜査を抑止するためにはその証拠を排除するのが「相当」かという「排除相当性」の二点であった。まず，①の「重大な違法」について，それが証拠排除の基準をなすことは，前述したように，学説の大勢・下級審の裁判例によっても，すでに認められていたところである。したがって，この基準自体に異論はないだろう。問題はその内容である。この点に関して本判決は，警察官の所持品検査を「プライバシー侵害の程度」が高く，「捜索に類する」としてその違法性を強調しながら，「排除法則」の部分では，突如として，「わずかに許容限度を越えて行われたに過ぎない」という。しかし「捜索に類するような行為」を「令状」なしでやっているのだから，「令状主義の精神を没却するような重大な違法性」ありとはならないのか。本判決によれば，警察官には「令状主義に関する諸規定を潜脱しようとの意図」があったわけではなく，「所持品検査に際して強制等のされた事跡も認められない」から，「捜索に類するような行為」とはいえ，「令状主義の精神を没却するような重大な違法」はなかったというのである。そうすると，本判決が考える「重大な違法」は，まさしく令状主義に反する違法な捜索・差押え，その執行の際の重大な人権侵害があった場合，たとえば，警察官が玄関の鍵を勝手にこじ開け「捜索のためだ」といって机の中をひっかき回すとか，承諾なく被疑者を無理やり素っ裸にするなど，そこまで極端（むしろ非現実的？）ではないにせよ，少なくとも「かなり程度の高い違法」をいうことになろう。

　また，本判決は，証拠の排除を導く「違法の程度」を判断する際に，「令状主義に関する諸規定を潜脱しようとの意図」を問題としていた。これに対して学

説サイドからは，意図という主観的要素の立証は困難であるばかりか，警察官に「その意図はなかった」という弁解の余地を与えかねないといった批判もみられる。このような批判も加味して考えると，本判決のいう「重大な違法」が認められる場合は相当に限定されているといえるだろう。

　現に，本判決以降の最高裁判例は，覚せい剤事件において，承諾のない任意同行・身柄の留め置きや所持品検査と，これらに引き続く採尿手続などの適法・違法，それによって得られた尿の鑑定書などの証拠能力を問題とし，承諾のない任意同行・身柄の留め置き，所持品検査はいずれも「違法」，それに引き続く採尿手続も，平成6年決定を除き「違法」としながら，尿の鑑定書などの「証拠能力」については，それを否定するほどの「重大な違法」はないとして，尿鑑定書などの証拠能力を肯定している（最判昭61・4・25刑集40巻3号215頁＝百選（7版）68事件，最決昭63・9・16刑集42巻7号1051頁，最決平6・9・16刑集48巻6号420頁＝百選Ⅱ31事件，最決平7・5・30刑集49巻5号703頁など）。これらの最高裁判例が捜査活動の「違法性」を肯定しつつも，そこから得られた証拠を排除するほどの「重大な違法」はないとしている点に，先例として本判決が提示した基準①のハードルの高さを確認することができるだろう。

　では，②の「排除相当性」という基準はどうか。証拠の収集活動にいずれにせよ最高裁がいう「重大な違法」があれば，そこから得られた証拠は排除するのが「相当」なはずである。しかし本判決は，違法が「重大」だからではなく，「将来の違法捜査の抑止」のために排除するのが「相当」かを問題とし，この基準を捜査活動の「重大な違法」とは連動させていないようである。つまり，「当の」捜査活動にかなり高度の違法が認められる場合でも，「将来の」違法捜査を抑止するためには，そこから得られた証拠を排除することが必ずしも必要ではない場合があり，その場合には，証拠排除は否定されるというのだろう。たとえば，その証拠が違法捜査とかかわりなく適法な捜査によっても容易に発見されたであろう場合や，警察官が違法な捜索・差押令状を善意・無過失で適法と誤信したため違法に証拠を収集したような場合などが考えられようか（前者は「不可避的発見の例外（Inevitable Discovery Exception）」，後者は「善意の例外（Good Faith Exception）」といって，アメリカでは「例外的」に証拠の許容性が肯定されるのが一般である）。このようなプロセスを経て証拠が発見されることはまれであ

り，それゆえ，たとえ捜査活動に「重大な違法」があるとしても，「その証拠」を「将来の違法捜査」を「抑止」するために排除する必要性は乏しいといえるからである。しかしながら，そもそも「抑止効」のある・なしは「死刑の抑止力」と同様に「実証的なデータ」によって示すことは困難だといえる。それにもかかわらず，個別・具体的なケースにもとづく「実証的」な判断を必要とし，しかも判断する側の裁量の余地が広い「将来の違法捜査の抑止」という基準を，①の基準にも増してより重んじることになると，排除法則が絵に描いた餅となりかねないだろう。

(c) このようにみてくると，本判決によって「総論」として承認された排除法則も，「各論」としてはさらに検討を要する問題点が残されているようである。「違法捜査の抑止」とならんで，排除法則を基礎づける論拠としてあげられていた「司法の廉潔性」の観点を，「排除法則を採用」した最高裁がどう考えているのかも検討を要するだろう*。

* なお，刑事訴訟法の二大公理である「真実発見」と「適正手続の保障」がしばしば矛盾・対立する違法収集証拠の排除法則を考えるにあたって，後者を尊重する点ではコンセンサスがあるといってよい学説においても，本判決を契機として，最近では変動がみられるようになってきた。問題は残るにせよ本判決が確立した最高裁判例であることから，適正手続違反⇨証拠排除という画一的な考えに対して，適正手続の重要性を意識しながらも，「違法な証拠によっていわば有罪がすけて見えてしまった場合」は「若干の例外」を認め，「違法な証拠の使用も許そう」とする見解や，捜査活動に「明白かつ著しい違法」がある場合には「全面的な証拠の排除」を主張する一方，それ以外の場合には，手続違反の頻発性，証拠の重要性や事件の重大性など具体的な事情を総合して，証拠排除の当否を決めようとする「相対的排除論」が有力になりつつある。「違法収集証拠」⇨「適正手続違反」⇨「証拠排除」と画一化することは，排除されるべき場合の具体的な基準の提示が疎かになり，かえって違法収集証拠が氾濫する危険を生じさせかねない。それを回避するために，考慮すべき要因を含め，排除のための細則・各論をさらに検討することは，「相対的排除論」はもちろん，すべての学説にとって今後に残された共通の課題だといえよう。

(3) 「**毒樹の果実（Fruit of the Poisonous Tree）**」の理論

さて，さらに検討を要する問題は残されているものの，ともかく，昭和53年の最高裁判決の出現以降，違法捜査によって獲得された証拠に「重大な違法」

と「排除相当性」が肯定されるなら，その証拠が排除される点は確定したといってよい。それでは，この排除された証拠（第一次証拠）を基に発見・獲得された第二次証拠はどうなるのであろうか。すなわち，この第一次証拠（毒樹）を基に発見・獲得された第二次証拠（果実）にまで「排除の効果」は波及するのだろうか。これが，アメリカで「毒樹の果実」として論じられている問題であり，排除法則の関連問題として，その重要な「各論部分」をなす。

　(a)　仮に「毒樹」を排除したとしても，それにもとづいて発見された「果実」の排除を認めないなら，排除法則の意味は失われよう。したがって，「毒樹」が排除される以上「果実」も排除されるとするのが一般である。たとえば，違法に押収された覚せい剤とその鑑定書のように，両者が密接・不可分の関係にある場合，覚せい剤の証拠能力を否定する一方で，その鑑定書の証拠能力を肯定するなら，排除法則は不当に骨抜きにされてしまうからである。しかしながら，「毒樹」がなければ「果実」もない，として派生証拠のすべて（第三次・第四次証拠など）を排除することには疑問が提起されている。毒樹の「毒」を中和するほどに，毒樹と果実の（因果）関係が希薄な場合は例外を認めてよいとするのが一般的な見解である（「希釈の理論」）。たとえば，違法に押収した証拠を提示して得られた自白は違法収集証拠の「直接利用」であるから排除される可能性が高い一方，その自白によって共犯者を逮捕し，その共犯者に権利の告知をした上で任意に共犯者から供述を得た場合には，この供述は共犯者に対する証拠として許容されることになろう。それゆえ，「毒樹」と「果実」の関係が切断されるような場合には，より強い理由で「果実」の証拠能力が認められよう。違法捜査とは無関係な独立の源泉から「果実」である派生証拠を得た場合（そして訴追側がそのことを立証できた場合）に，果実の証拠能力を認める「独立源の理論」が，それである。捜査機関が違法捜査とは無関係の独立の情報源からすでに派生証拠の存在を把握していた場合，たとえば，横領の容疑で違法に押収した書類（＝毒樹）から知りえた知識にもとづいて新たに被告人の脱税の事実（＝果実）をつかんだが，しかし，この脱税の事実（＝果実）は税務当局によりすでに把握され，捜査機関に告発されていたような場合が考えられよう。

　(b)　ところで，わが国の最高裁でも「毒樹の果実」の理論の適否が争われた事件がある。それは，嫌疑のある放火については逮捕状を請求できるだけの資

料が収集できなかったため，住居侵入罪で被疑者を逮捕したという違法な別件逮捕に関する事件である。この違法な別件逮捕中に得られた放火に関する自白を基に発付された逮捕状で被疑者は新たに逮捕されたのであるが，この事件では，この逮捕中に被疑者に対してなされた裁判官の勾留質問調書と，別件逮捕中の自白にもとづいてなされた勾留中の被疑者に対する消防官による質問調書の証拠能力が争われた。一審，二審判決とも別件逮捕の過程で得られた自白調書は違法収集証拠として排除されるとしたが，問題は，違法な別件逮捕にもとづく自白調書の「毒」が，この違法収集証拠をソースとして得られた「裁判官の勾留質問調書」と「消防官の質問調書」にまで波及するかである。

この点に関して最高裁は，質問を行った機関は，「捜査官とは別個独立の機関」である「裁判官」と「消防所長等」であること，また，裁判官や消防官による調書の「目的」も，それぞれ「犯罪捜査」とは異なるなどの理由で，「他に特段の事情のない限り」，たとえば「消防職員が捜査機関による捜査の違法を知ってこれに協力するなど特段の事情のない限り」，「裁判官の勾留質問調書」と「消防官の質問調書」の証拠能力が否定されることはないとした（最判昭58・7・12刑集37巻6号791頁）。

また，本判決における伊藤正己裁判官の補足意見によると，「第二次的証拠が，いわゆる『毒樹の実』として，いかなる限度で第一次的証拠と同様に排除されるかについては，それが単に違法に収集された第一次的証拠となんらかの関連をもつ証拠であるということのみをもって一律に排除すべきではなく，①第一次的証拠の収集方法の違法の程度，②収集された第二次的証拠の重要さの程度，③第一次的証拠と第二次的証拠との関連性の程度等を考慮して総合的に判断すべき」であるが（①〜③の数字は筆者挿入），この事件の場合は，裁判官による「勾留質問調書及び消防官調書は第一次的証拠との関連性の程度が希薄」であり，「本件の事案も重大であり，右各調書は証拠としても重要であること等を総合考慮すれば」，別件逮捕にもとづく自白調書は排除される一方（その理由として，「適正手続の要請」「将来における同種の違法捜査の抑止」に加え，「司法の廉潔さの保持」があげられている点が注目される），それに引き続いてなされた勾留質問調書および消防官調書の証拠能力は肯定される，という。

(c) 他方，学説の代表的な見解も，「果実」が排除されるかどうかは，①（毒

樹の）違法の程度と，②（毒樹と果実の間の）関連性を基礎とし，②の関連性については，果実が独立の捜査活動の成果である場合，または両者のつながりが薄く希釈されてしまっているといえる場合は，両者の関連性が切断され果実の許容性を肯定してよいが，①の違法の程度も②の関連性も特別高度とはいえないときは，さらに③（第二次）証拠の重要性，④事件の重大性も考慮した利益較量的方法によるべきだとする。ただ，この見解によると，違法に押収された覚せい剤とその鑑定書のように，両者が密接・不可分の関係にある場合はもちろん，この事件におけるように，違法に採取された自白（別件逮捕中の自白）に引き続いてなされた，「自分が放火犯人である」という同一趣旨の自白，いわゆる「反復自白」が問題となる場合も，上記②の「関連性」が「直ちに認められる」という。そうすると，この事件がそうであったように，とくに逮捕の必要性に乏しい「別件逮捕」の場合には，「令状主義の精神を没却する重大な違法」が認められるであろうから，①の「高度な違法」も，②の「関連性」もともに認められて，勾留質問調書および消防官調書の証拠能力が否定されることになろう（これに対して，伊藤補足意見は，第一次証拠である自白の「任意性」に疑いのない場合には，単に「反復自白」だからといって，第二次自白を直ちに排除するのは適切でないとする）。

このように，「毒樹の果実」の「毒」が「どの範囲」にまで及ぶのかについても議論は尽きない。それは，「果実」の基となる「毒樹」の排除をどう考えるか，その論拠と具体的基準は何か，という「排除法則」の原点をそのまま反映したものだといえる。

3 おわりに

以上，ひとことに「違法収集証拠」といっても，捜査活動の適法・違法からはじまり，それが違法と判断された場合の証拠排除の適否，その具体的な論拠と基準，そして，「毒樹の果実」の理論に代表されるその波及効まで，その射程は広い。その他にも，①捜査「官」ではなく，医師などの「私人」が強制採尿など「違法捜査」を行った場合の問題，②違法収集証拠に被告人の「同意」がある場合の問題，③違法捜査が当の被告人以外の者に対してなされた場合でも，

被告人は証拠排除の申立をできるかという「申立適格」の問題など,「排除法則」の関連問題は広範に及ぶ。そして,以上のそれぞれに必ずしも統一した見解がみられないのが現状だといえる。「適正手続の保障」「違法捜査の抑止」「司法の廉潔性」という3つの論拠において,そのいずれに重点をおいて排除法則を理解するかで見解の相違があるからである。読者の皆さんは,問題の所在を見据えながら,さらに各自で考えてもらいたい。この「違法収集証拠の排除法則」という問題の根底には,「真実発見」と「適正手続の保障」という,刑事訴訟法の二大公理のせめぎ合いがあることを意識しながら……。

12 ■ 自白とは？

1 自白の意義

「自白」とは，自己の犯罪事実の全部または主要部分を認める被告人の供述をいう。自白は，「自己に不利益な事実の承認」(322条1項)の一種である（なお，自己に不利益な事実の承認であれば，任意性は必要でも補強証拠は不要となるが，自白にはその両者が必要である）。

自白は，犯罪事実の主要部分を認める供述で足りる（犯罪事実の小部分を認める供述は，自己に不利益な事実の承認にすぎない）。自白を，自己の刑事責任を認める供述とする見解もあるが，構成要件該当事実の全部を認める供述であれば，違法阻却事由や責任阻却事由の主張を伴っていても，（不利益な事実の承認ではなく）自白である。

自白は，その時期や形式を問わない。被告人として公判廷でなされたもの（口頭）でも，公判廷外で被疑者の段階でなされたもの（書面）でも，犯罪事実の主要部分を認める供述であれば，自白である。

なお，「有罪であることの自認」も自白の一種である（319条3項。英米法にはアレインメント制度があり，被告人の「有罪の答弁」があれば証拠調べ手続を省略して有罪判決ができるが，わが国では，有罪の自認は，そこに含まれる供述面が自白として証拠になるにすぎない）。

古くから，「自白は証拠の王」といわれる。自白は直接証拠であり，被告人自ら犯罪事実を認める供述であるだけに，信用されやすく，証拠価値は極めて高く扱われがちである。しばしば捜査機関は自白の獲得に過度に傾きがちとなり，裁判所も自白を偏重して有罪判断をしがちとなる。そのことは過去の歴史において，拷問等の苛酷な取調べがなされたり，そのように無理に引き出された虚偽の自白により誤判を生じさせることにもつながった。

そうした歴史的経験から，法は，自白に関して2つの制約を設けた。

第1は，証拠能力に関する制約で，強制・拷問・脅迫等による自白は証拠とすることができないという「自白法則」であり，第2は，証明力に関する制約で，いかに信用性が高くとも自白を唯一の証拠として有罪としてはならないという「補強法則」である（なお，この両者を併せて「（広義の）自白法則」ということもある）。

2 自白法則（自白の任意性）

① 憲法38条2項は「強制，拷問若しくは脅迫による自白又は不当に長く抑留若しくは拘禁された後の自白は，これを証拠とすることができない」と定め，また刑訴法319条1項も「強制，拷問又は脅迫による自白，不当に長く抑留又は拘禁された後の自白その他任意にされたものでない疑のある自白は，これを証拠とすることができない」と定める。

このような自白の証拠能力の制約を「自白法則」という。

なお，法の規定は「その他任意にされたものでない疑のある自白」を挙げており，憲法の規定よりも範囲を拡張した文言になっているが，拷問・強制・脅迫等による自白は不任意の自白の典型例という意味で，憲法も刑訴法も同じく自白の任意性の原則に立ち，不任意の自白の証拠能力を否定する趣旨と理解されている。ただし，次に述べる違法排除説に立ち，これと若干異なった理解をする見解もある。

② このように自白の証拠能力が制約される根拠については，以下の三説がある。

第1は，「虚偽排除説」で，強制・拷問・脅迫等による不任意の自白は，虚偽の自白のおそれがあるので，これを排除するためその証拠能力を否定するものだとする。

この立場では，虚偽の自白をさせるほどの強制等の状況があったことが必要となろうが，そのような状況の認定は（それが被疑者の心理に関わるものである以上）困難であるという問題のほか，このように自白の真偽に着目することに対しては，証拠能力と証明力の区別が曖昧になるという問題や，自白内容が真実

であることが判明した場合には，強制・拷問・脅迫等により任意性に疑いのある自白でも排除できなくなるという問題がある。

　第2は，「人権擁護説」で，憲法38条2項は，同条1項の黙秘権を中心とする人権保障の担保規定として，強制・拷問・脅迫等による自白を排除するものだとする。この説では，供述の自由を害したときは，なされた自白はその真偽に関わりなく排除されることになる。

　だが，これに対しては，黙秘権と自白法則とは由来や適用場面が異なるという批判がある。また，この説では供述するかしないかの意思決定の自由の抑圧が問題とされるが，そのような心理的抑圧の認定は困難であり自白の排除が機能しなくなるおそれがあること，強制・拷問・脅迫等が行われても意思決定の自由に影響を及ぼさなかった場合には自白は排除されなくなること，約束・利益誘導・欺罔等により自白が引き出された場合は（それも意思決定の自由に影響するので任意性がないともいえるが，強要・意思強制されたわけではない以上それ自体は任意になされた自白であるともいえるため）排除できなくなるおそれもあること，等の問題がある。

　第3は，「違法排除説」で，自白採取過程における適正手続を担保するために，違法な方法により得られた自白を排除するものだとする。不任意だからではなというよりも，捜査機関による違法行為があったから，その結果得られた自白の証拠能力が否定されるとするのである。この見解によれば，自白法則は，違法収集証拠排除法則の一部であって，憲法38条2項，刑訴法319条1項は捜査機関の違法行為による自白の例示であり，不任意の自白以外にも，適正手続に違反して得られた自白は，証拠能力を否定され排除されるべきことになる（その解釈構成としては，憲法38条2項，刑訴法319条1項のほか憲法31条・33条・34条・36条・37条等に求める立場と，刑訴法319条1項の「任意性に疑いのある自白」に読み込む立場とがあるが，後者については，解釈上困難との批判もある）。

　虚偽排除説・人権擁護説が，任意性を問題にしたため，心理状態の認定の困難という難点があるのに対し，捜査機関の行為の適否を問題とする違法排除説には，自白の証拠能力の判断基準が客観化でき機能しやすくなる利点がある。学説では今日この立場が多数説といえる。

　判例は一般に虚偽排除説に近いとされているが，偽計による自白の場合につ

き,「捜査手続といえども,憲法の保障下にある刑事手続の一環である以上,刑訴法1条所定の精神に則り,公共の福祉の維持と個人の基本的人権の保障とを全うしつつ適正に行われるべきものであることにかんがみれば,捜査官が被疑者を取り調べるにあたり偽計を用いて被疑者を錯誤に陥れ自白を獲得するような尋問方法を厳に避けるべきであることはいうまでもないことであるが,もしも偽計によって被疑者が心理的強制を受け,その結果虚偽の自白が誘発されるおそれのある場合には,右の自白はその任意性に疑いがあるものとして,証拠能力を否定すべきであり,このような自白を証拠に採用することは,刑訴法319条1項の規定に違反し,ひいては憲法38条2項にも違反するものといわなければならない」とし,虚偽の自白のおそれを挙げながらも,とくに自白内容の真偽を問題とせず,むしろ取調べ方法の違法性自体を重視して,違法排除説への傾向が見られるものもある(最大判昭45・11・25刑集24巻12号1670頁)。

3　自白の証明力（信用性）

　自白は,証拠能力が肯定されれば,その証明力は裁判官の自由な判断に委ねられる(318条＝自由心証主義。ただし例外として次項で述べる補強法則がある)。上述のように自白は他の証拠よりも証拠価値が高くみなされがちであるから,当該自白の内容が真実として信用するに足りるものであるかどうかの判断は,とくに慎重になされなければならない。

　その際には,自白の経緯や状況から,捜査官による誤導がなかったか,被疑者に捜査官への迎合的感情がなかったか等の点に留意する必要がある。

　さらに近時は,自白の信用性の判断基準（注意則）として,以下のものが挙げられている。(a)自白の内容が他の証拠から確認された客観的事実と符合するか,(b)自白の内容に「秘密の暴露」（あらかじめ捜査官が知り得なかった事柄で,後に客観的事実であると確認されたもの）が含まれているか,(c)自白の内容に論理則・経験則に反する等不自然・不合理な点がないか,(d)当事者でなければ描けないような臨場感があるか,(e)一連の自白がある場合に,その各内容に矛盾や著しい変転等がないか,(f)自白者に年齢等により誤導されやすい性質がないか,等である。

ただし，これらは絶対的なものではなく，機械的に運用することは避けなければならない（たとえば，真犯人でなくとも，情を知る身代わり犯人等であれば，(a)－(d)等が備わる可能性がある）。

4 補強法則

① 憲法38条3項は「何人も，自己に不利益な唯一の証拠が本人の自白である場合には，有罪とされ，又は刑罰を科せられない」と定め，また刑訴法319条2項も「被告人は，公判廷における自白であると否とを問わず，その自白が自己に不利益な唯一の証拠である場合には，有罪とされない」と定める。

自白は，前述の自白法則を満たして証拠能力が認められ，かつ十分な信用性があって，それのみで有罪の心証が得られる場合であっても，有罪の認定は禁じられる。有罪を認定するためには，さらに自白を補強する他の証拠がなければならない。これを「補強法則」といい，自由心証主義の例外である。その趣旨は，捜査機関による自白の強要を抑止し，裁判官の自白の偏重による誤判を避けることにある。

なお，319条2項は公判廷外の自白にも補強証拠を要する旨を定めているが，このような明文のない憲法38条3項の解釈として，公判廷外の自白に補強証拠を要する趣旨かどうかが争われており，判例は消極に解している（最大判昭23・7・29刑集2巻9号1012頁等）。たしかに，公判廷における自白は，高度の任意性があり，信用性も裁判所が十分判断可能のはずともいえるが，自白の偏重の抑止は公判廷における自白にも要請されるから，積極に解するべきである。

② 犯罪事実のどの範囲について補強証拠が必要となるのかにつき，「実質説」と「形式説（罪体説）」の対立がある。

「実質説」は，補強を要する事実がどの範囲であるかは重要でなく，自白（にかかる事実）の真実性を担保するに足りる証拠であればよい，とする。

「形式説（罪体説）」は，犯罪事実の客観的側面（罪体）の全部または主要部分について補強証拠を要するとする。ただし，何が罪体であるかについては，(a)客観的な被害の発生（たとえば死体の発生）とする見解，(b)何人かの犯罪行為による被害の発生（たとえば他殺死体の発生）とする見解，(c)被告人の行為によ

る被害の発生（たとえば被告人の行為による死体の発生）とする見解がある。通説は，(c)の立場では有罪判決があまりに困難となるので，(b)の立場をとる。しかし，誤判の防止の趣旨からは，(c)の立場を妥当とすべきであろう。

なお，公判廷外の自白については形式説が妥当であるが，公判廷における自白については，実質説で足りるとする見解もある。

判例は，一般に実質説に立つが（最判昭23・10・30刑集2巻11号1427頁，最決昭29・5・4刑集8巻5号627頁等），無免許運転の事実を認定するには，運転行為のみならず運転免許を受けていなかった事実についても補強証拠を要するとして，形式説と見られるものもある（最判昭42・12・21刑集21巻10号1476頁）。

③　なお，これと関連して，補強証拠にどの程度の証明力が必要かという問題もある。補強証拠自体に事実を立証しうる一応の証明力を必要とする「絶対説」と，自白とあいまって事実を立証しうる程度で足りるとする「相対説」があるが，自白の偏重・過信を抑制する補強証拠の趣旨からすれば，絶対説が妥当であろう。

④　どのような証拠が補強証拠になりうるかという，補強証拠適格の問題もある。補強証拠は，証拠能力がなければならないことは当然であるが，さらに，補強法則の趣旨から，自白から独立したものである必要がある。被告人の自白を被告人の自白で補強することは許されない。ただし，被告人が嫌疑を受ける前にこれと無関係に作成していた記録等は，補強証拠となりうる（最決昭32・11・2刑集11巻12号3047頁）。他方，第三者の供述であっても，実質的に被告人の自白の繰り返しにすぎない場合には，補強証拠とはなりえない。

5　共犯者の自白

①　甲と乙が共犯として起訴され，甲は否認しているが，乙は「自分は甲と一緒に犯行を行った」と供述している場合，乙の供述により甲を有罪とするには補強証拠を要するか。これが「共犯者の自白」といわれる問題である（乙の供述は乙にとっては自白なので乙を有罪にするには補強証拠が必要である。他方，乙の供述のうち「甲もやった」という部分は自白ではないが，これを甲に対して用いるときは自白に準じて補強証拠を要すべきではないか，という問題である）。

補強証拠を要するとする「積極説」は，(ア)自白の強要や偏重の防止の観点からは本人の自白と共犯者の自白を異なって扱う理由がないこと，(イ)誤判の防止の観点からは共犯者の自白の方がむしろ危険であること，(ウ)消極説によれば，補強証拠がない場合，自白した乙は無罪，否認した甲は有罪という非常識な結果となり，共犯における合一的確定にも反すること，等を根拠とする。

これに対し，補強証拠を不要とする「消極説」は，(ア)憲法38条3項，刑訴法319条2項の解釈として無理があること，(イ)本人の自白は安易に信用されがちであるが共犯者の自白はむしろ警戒の目を以て見られるので証拠評価上差異があること，(ウ)否認した甲が有罪，自白した乙が無罪となるのは，自白が反対尋問を経た供述より証明力が弱い以上当然であって不合理ではないこと，等を根拠とする。判例は消極説をとっている（最大判昭33・5・28刑集12巻8号1718頁）。

なお，共犯者の自白が公判廷におけるものである場合は補強証拠を要しないが，公判廷外のものである場合は補強証拠を要するとする「折衷説」もある。

共犯者の自白には，乙が自己の罪責を軽くするため，甲の関与を重く供述したり，犯行に無関係だった甲を巻き込もうとしてなされる（いわゆる「引っ張り込み」）危険性がある。とくに後者の危険性は，乙の供述が犯行の詳細等を伴ってなされる以上，たとえ甲側の反対尋問がなされ，あるいは裁判官が警戒の目を以て判断するとしても，その虚偽を暴くことは困難であろう。誤判防止の観点から，積極説を妥当とすべきである。

② 甲が自白しており，乙も自白している場合に，乙の供述を甲の自白の補強証拠としてよいかという問題もある。上記の消極説では，これも肯定される（最大判昭23・7・14刑集2巻8号876頁，最大判昭23・7・19刑集2巻8号952頁）。

上記の積極説の立場では，共犯者の自白の危険性からここでも否定的に解する見解がある一方，ここでは誤判の危険は小さいとして肯定する見解もある。

③ 甲が否認しており，他の2名以上の共犯者（乙・丙）は自白している場合，上記の消極説では，甲を有罪とするにつき当然ながら補強証拠は不要とされる（最判昭51・10・28刑集30巻9号1859頁）。

上記の積極説の立場では，やはり誤判の危険は小さいとして補強証拠を不要とする見解もあるが，引っ張り込みの危険がある以上，乙・丙の自白が一致していても，他に補強証拠を要するとする見解もある。後者が妥当であろう。

13 ■ 伝聞証拠とは？

1 伝聞証拠の意義

（1） 伝聞証拠の定義

　伝聞証拠は，英語では hearsay evidence と呼ばれるが，簡単にいえば「又聞き」証拠である。320条1項を読んでみると，原則として，「公判期日における供述に代えて書面を証拠とし，又は公判期日外における他の者の供述を証拠とすることはできない」とある。後者はまぎれもなく又聞き証拠だが，前者は又聞きではなく，供述代用書面と呼ぶべきものである。しかし，又聞き証拠も供述代用書面も，事実を体験した人（原供述者）が，公判廷に登場することなく，他の方法で自らの体験を公判廷に報告するという点で共通している。法は，原則として，このような証拠の利用を許していない。

（2） 伝聞証拠の危険性

　なぜ又聞き証拠や供述代用書面の利用は許されないのだろうか。私たちは，日常生活のなかで，よく又聞きを判断の材料にしている。そのとき，正しい判断がなされる場合もあれば，判断が間違うこともある。また，「又聞きだから，よくわからないのだけれど」と留保することもよくあり，日常生活においても，又聞きによる判断には慎重さが要求されるといえよう。刑事裁判の事実認定も証拠にもとづく判断であるが，誤った判断，とくに誤った有罪認定は最大限回避しなければならない。その観点から，伝聞証拠には慎重な対応が求められる。つまり法は，伝聞証拠について，事実認定を誤らせる危険のある証拠だと考えているのである。

　それは，供述証拠の特徴と密接に関係している。供述証拠は，体験者が自らの体験を覚えて報告するものだが，そこでは，「知覚→記憶→叙述」という過程がたどられる。このおのおのの過程には，誤り（見間違い，記憶違い，言い間違

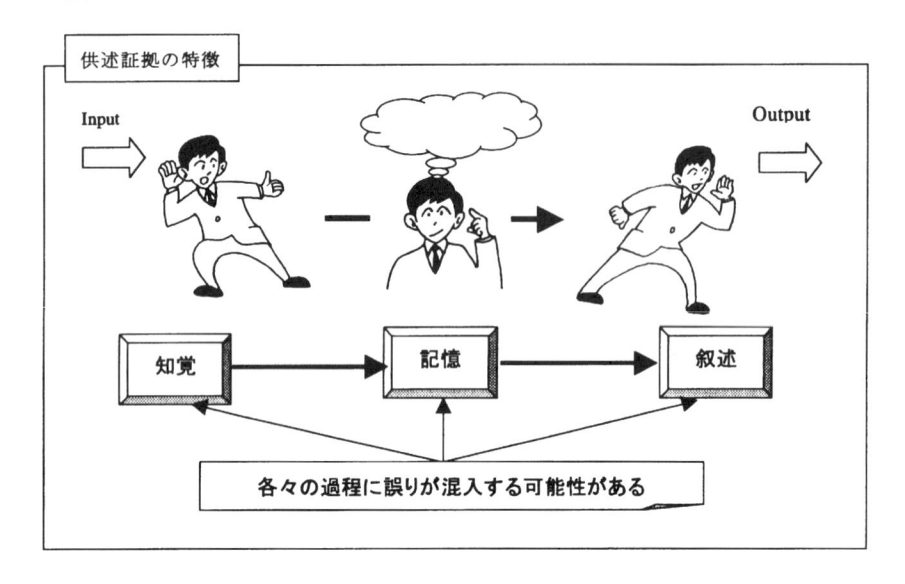

供述証拠の特徴

Input → 知覚 → 記憶 → 叙述 → Output

各々の過程に誤りが混入する可能性がある

い）が混入する可能性があり，それぞれの誤りがチェックされなければ，このような供述にもとづく事実認定は誤ってしまうかもしれない。そこで，供述過程に誤りがないことを確認したり，供述の信用性をチェックする必要が生じてくる。Aという人物が「放火犯人を見た」という体験をしたと仮定しよう。被告人としてXが起訴されたとき，Aは検察側の証人となりうる。このとき，Aが公判廷に出廷して宣誓のうえ証言すれば，裁判所はAの供述態度を観察し，反対当事者である被告人であるXやその弁護人はAを反対尋問する。この手続によって，Aが正しく知覚し，記憶し，叙述しているかをチェックできる。①宣誓させ，偽証罪という威嚇を与えることによって，供述者であるAに真実を述べることを自覚させることができ，②公判廷におけるAの供述態度・様子を観察することによって，事実認定を行う裁判所はAの供述の信用性についての判断材料を得ることができ，③反対当事者である被告人側は，反対尋問を通してAの供述を批判的に検討することができるからである。

このうち反対尋問によるテストが最も有効で適切だといえよう。証人を提出した当事者の主尋問では，主尋問者は証人から自己に有利な供述を引き出そうとし，証人も主尋問者に有利な供述を行う一般的傾向があることは否定できない。この供述を批判的に検討し，その裏にある事実を明らかにする最良の方法

が反対尋問なのである。反対尋問は，供述者が意識的あるいは無意識に混入させた誤りを発見できる手段として位置づけられるのである。

（3） 伝聞排除法則

　反対尋問を経た供述は信用性が高いと考えられるため，事実認定の資料とすることに問題はない。ところが，反対尋問を経ていない供述は真偽が明らかではないと言える。たとえば，AがBに対して「Xが放火するのを見た」と述べたところ，Aではなく，Bが公判廷で「Aは『Xが放火するのを見た』と言っていました」と供述した場合を考えてみよう。この「又聞き」には，AからBへの伝達過程に誤りが介入する危険性もある。「伝言ゲーム」を思い出してもわかるように，人から人への伝達が重なることで，当初の内容と最後の内容が食い違うことがある。しかし，公判廷で証言するBについては，裁判官はBの供述態度を観察でき，被告人側も反対尋問できる。その結果，Bが「Aは『Xが放火するのを見た』と言った」ことを正しく知覚・記憶・叙述しているかはテストできる。しかし，Aの「Xが放火するのを見た」という供述の過程に誤りが混入しているかどうかを確認する手段はないのである。

　では，Aが体験直後「私はXが放火するのを見た」と書面に書き記し，その書面が法廷に提出される場合はどうだろうか。Aがその書面を書いたということが確認できれば，Aがそのように報告していることは確かであり，伝達過程は正確である。しかし，Aが本当に「Xが放火するのを見た」といえるだけの体験をし，正確に記憶・叙述しているかは明らかではない。しかも，書面しか法廷に出てこないわけで，Aの供述態度を観察できないし，書面に反対尋問などもできない。Aの供述は，信用性を反対尋問によってテストできない証拠なのである。又聞き証拠も供述代用書面も，事実を体験した原供述者Aの供述過程を反対尋問によって確認できないため，この意味で，ともに伝聞証拠なのである。このような供述が事実認定の基礎に置かれるとすれば，正しい事実認定に到達できることを誰が保証できるのだろうか。正しい事実認定を確保するためには，伝聞証拠に証拠能力を認めるわけにはいかない。これが「伝聞排除法則（伝聞法則）」で，英米法に由来する原則である。もちろん，反対尋問権は検察官と被告人側の両当事者に保障されるので，伝聞法則は，両当事者が提出する供述証拠のどちらにも妥当する。両当事者に反対尋問の機会を与えることに

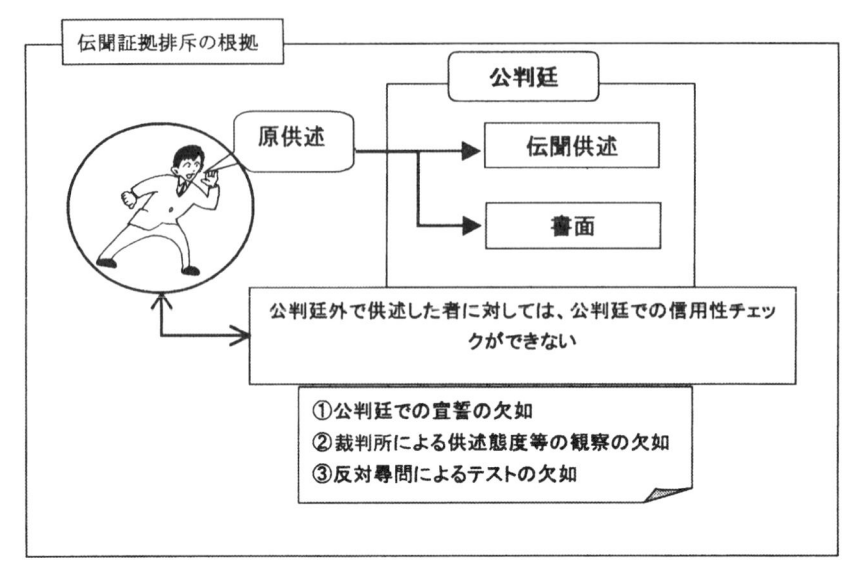

```
┌─────────────────────────────────────────────────┐
│ 伝聞証拠排斥の根拠                                │
│                                                 │
│                      ┌──公判廷──────────┐       │
│     ┌─────┐  原供述  │  ┌──────────┐   │       │
│     │ 人  │─────────→│  │ 伝聞供述 │   │       │
│     │     │          │  └──────────┘   │       │
│     └─────┘          │  ┌──────────┐   │       │
│        ↑             │  │  書面    │   │       │
│        │             │  └──────────┘   │       │
│        │             └──────────────────┘       │
│        │   ┌───────────────────────────────┐   │
│        └───│ 公判廷外で供述した者に対しては、│   │
│            │ 公判廷での信用性チェックができない│  │
│            └───────────────────────────────┘   │
│            ┌───────────────────────────────┐   │
│            │ ①公判廷での宣誓の欠如          │   │
│            │ ②裁判所による供述態度等の観察の欠如│ │
│            │ ③反対尋問によるテストの欠如    │   │
│            └───────────────────────────────┘   │
└─────────────────────────────────────────────────┘
```

　よって正確な事実認定を実現するということが伝聞法則の主眼である。

　しかし，憲法37条2項前段が，「刑事被告人は，すべての証人に対して機会を充分に与へられ（る）……権利を有する」と被告人の証人審問権を保障していることは重要である。被告人の反対尋問権は憲法上の権利なのである。被告人は，反対尋問という主体的活動によって証拠を徹底的に検討し，事実認定を適正化する権利をもつといってよい。この規定について，判例は，裁判所の職権や訴訟当事者の請求によって喚問した証人について反対尋問の機会を十分に与えなければならない趣旨だとしており（最判昭24・5・18刑集3巻6号789頁），公判廷に出てきた証人に対して反対尋問の機会を与えればよいと解釈しているようにも見える。しかし，学説の多数は，このような形式的な解釈をとらず，「すべての証人」は，およそ供述証拠を提供する供述者であり，この規定は，証人となりうる者（実質的な証人）に対する審問権を被告人に保障していると理解している。この立場からすれば，伝聞法則は，被告人の反対尋問を経ない証拠を排除するかぎりで，憲法上の原則として位置づけられる。そして，320条は，憲法37条2項前段の趣旨を受けて，伝聞法則を採用したものだと解されるのである。

（4） 伝聞法則と直接主義

　ところで，320条の規定を見ても，「伝聞」ということばは使われていない。かつてはこの規定を大陸法に由来する直接主義の観点から理解しようとする主張もあった。直接主義は，裁判所が直接的なオリジナルな証拠によって心証形成すべきだという原則で，間接的な証拠である伝聞証拠は排除され，とりわけ，証人尋問を書面で代用することは許されない。この点では，伝聞法則と重なる。また，伝聞法則における伝聞排除の根拠として，裁判所が公判廷で供述態度・様子を観察できないということも挙げられており，これは直接主義的な要求を含んでいる。つまり，判決裁判所以外の面前で反対尋問の機会が与えられていても，判決裁判所の面前で反対尋問がなされない証拠は，伝聞証拠として排除されるのである。

　しかし，伝聞法則は当事者の反対尋問権の保障を中核とする当事者主義を基礎にしているのに対し，直接主義は判決裁判所が自ら原供述者を取り調べることで正しい事実認定に至るという職権主義的色彩の強い原理である。この点で伝聞法則と直接主義は異なる（もっとも，裁判所の面前で証拠について被告人に直接弁解の機会を与えることを基本とする当事者主義的直接主義という主張もなされている）。直接主義では，原供述者が判決裁判所の面前で供述することが重要なので，たとえば主尋問が終了し反対尋問が行われる前に証人が死亡した場合，この反対尋問を経ない供述を証拠として利用することは直接主義には違反しない。また320条1項の文言から，この供述の証拠能力が否定されるという結論を直接導き出すことはできない。しかし，憲法37条2項は，被告人の反対尋問権が侵害された場合には，当該証人の供述の証拠能力を否定することまで要求していると考えられる。そうであれば，少なくとも被告人に不利益な証言については，証拠能力を無条件に肯定することはできないであろう。

（5） 伝聞と非伝聞

　「公判期日における供述に代えて書面を証拠とし，又は公判期日外における他の者の供述を内容とする供述」に該当しても，それがすべて伝聞証拠として排除されるわけではない。伝聞証拠を正確に定義し直せば，「公判廷外の供述を内容とする証拠で，供述内容の真実性を立証するためのもの」ということである。伝聞証拠排斥の主要な根拠は，原供述の内容を反対尋問によってチェッ

クする必要があるのに，それができないということにあった。だから，原供述の内容の真実性を立証する場合には，当該原供述を伝え聞いた伝聞証拠を用いることは許されない。そうであれば，公判廷外の供述（原供述）を内容とする証拠にあたり，原供述について反対尋問が行われない証拠であっても，その供述によって証明しようとする事実（要証事実）との関係で反対尋問による信用性チェックを必要としないことも考えられる。以下の場合をその例としてあげることができる。

　(a)　ことばが要証事実である場合　「Ｘが放火するのを見た」というＡの供述を聞いたＢの「Ａは『Ｘが放火するのを見た』と言っていた」という供述を，「Ｘが放火犯人である」という事実を証明するために用いるならば，Ｂの供述は伝聞証拠である。しかし，Ｂの供述をＡがＸの名誉を毀損したという事実を証明するために用いるときはどうだろうか。この場合，Ａが「Ｘが放火するのを見た」と述べたこと自体が重要である。このことばが名誉を侵害するのであり，したがって，実際にＸが放火したのか，ＡがＸの放火を見たのかどうかは関係なく，このことばが発せられたかどうかが問題となる。そうであれば，Ｂを公判廷に呼び，Ａのことばを正確に聞いたかどうかを確認すればよい。Ｂの供述は，形式的には伝聞証拠のように見えるが，Ａの名誉毀損行為という要証事実にとって直接的な証拠（目撃証拠）なのである。このように，ことばそのものが犯罪を構成するとき，そのことばを聞いた者の供述は伝聞証拠とはならない。

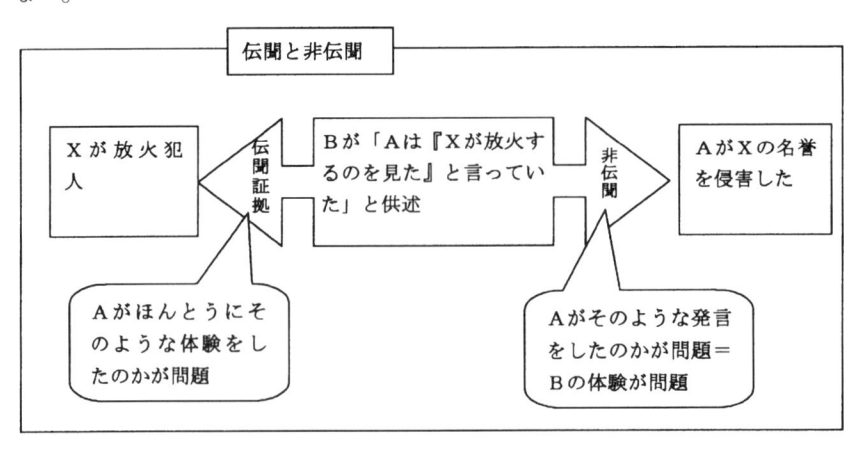

```
┌─────────────────────────────────────────────────────────┐
│  伝聞と非伝聞                                             │
│                                                         │
│  ┌─────┐   伝    ┌──────────┐   非    ┌─────┐          │
│  │Ｘが放│   聞   │Ｂが「Ａは │   伝   │ＡがＸ│          │
│  │火犯 │ ◁証拠◁│『Ｘが放火 │▷聞▷│の名誉│          │
│  │人　 │        │するのを見 │        │を侵害│          │
│  │     │        │た』と言っ │        │した  │          │
│  └─────┘        │ていた」と │        └─────┘          │
│                  │供述       │                         │
│                  └──────────┘                          │
│   ┌─────────┐                 ┌──────────────┐       │
│   │Ａがほんとうに│              │Ａがそのような発言│       │
│   │そのような体験│              │をしたのかが問題＝│       │
│   │をしたのかが  │              │Ｂの体験が問題    │       │
│   │問題         │              │                 │       │
│   └─────────┘                 └──────────────┘       │
└─────────────────────────────────────────────────────────┘
```

(b) ことばが行為と一体になっている場合　XがYに抱きついたとき、それと同時に発せられた「捕まえたぞ」という発言によって、Xの行為が逮捕行為であることが判明する場合がある。このように、行為と一体になったことばによって行為の意味が確定される場合、ことばは行為の一部になっているので、そのことばを聞いた人は目撃証人となり、その人の供述は非伝聞と考えてよいとされる。

(c) ことばを情況証拠として利用する場合　供述内容の真実性立証のためにではなく、供述の存在自体を他の事実を推認するための情況証拠（間接証拠）として立証する場合がある。たとえば、被告人の傷害行為が正当防衛にあたるかどうかが問題となっているときに、被害者が被告人に対して「殺すぞ」と発したことばを、被告人が正当防衛の意思をもっていたことを立証するために用いる場合である。つまり、被告人は、被害者の「殺すぞ」ということばによって、自らを守ろうとする意思をもったということである。このとき、被害者のことばは、その供述内容の真実性を立証するためにではなく、それを聞いた被告人の内心への影響を立証するために用いられるので非伝聞とされる。

この関係で、問題となるのは、「現在の精神状態に関する供述」といわれるものである。たとえば、「Aは『Xが嫌いだ』と言っていました」というBの証言を、AがXに対して嫌悪感をもっていたことを立証するために用いる場合である。判例としては、強姦致死事件において、被害者が「あのひとすかんわ、いやらしいことばかりするんだ」と言っていたのを聞いた証人の供述が問題となった事例がある（最判昭30・12・9刑集9巻13号2699頁。控訴審判決は、被害者の発言はその嫌悪の情を示すもので伝聞ではないとしたが、最高裁は、かねてから被害者と情を通じたいとの野心をもっていたという被告人の犯行動機が要証事実であり、これとの関係では伝聞証拠であると判断した）。現在の精神の状態を表現している原供述（Aの供述）をAのそのような精神状態を立証するために用いるのであるから、伝聞証拠といえる。しかし、現在の精神状態の供述では、知覚・記憶という供述過程は問題とならない。確認されなければならないのは叙述が正確なのか（真意にもとづく表現なのか）だけである。ここで問題になるのは供述過程の一部にしか危険性が存しない供述を内容とする証拠は伝聞なのか非伝聞なのかということである。端的にいえば、叙述の正確性を反対尋問で吟味し

なければならないのかという問題なのである。

　伝聞説が反対尋問によるテストを必要と解するのに対して，非伝聞説は反対尋問によるテストを不要とする。伝聞説によれば，被告人以外の者の公判廷外供述を内容とする供述であれば，原供述者が供述不能である場合にしか許容されない（後に説明するように，324条により321条1項3号が準用される）ので，許容される範囲が限定される。非伝聞説は，叙述の正確性（真摯性）は，一般的な関連性の問題として考慮されうるし，これは原供述者の供述時の態度などに関する第三者の証言により確認でき，必ずしも原供述者に対する反対尋問で確認する必要はないと論じる。また，供述者の内心を直接のぞき込むことができない以上その当時の供述が最良の証拠であること，それにもかかわらず，現行法上それを処理する適当な条文がないことも指摘される。判例のなかには非伝聞説に立つと思われるものもみうけられる（最判昭38・10・17刑集17巻1号1795頁［いわゆる白鳥事件］，東京高判昭58・1・27判時1097号146頁＝百選88事件など）。

2　伝聞証拠と例外

（1）　伝聞例外の根拠

　原則があれば，例外がある。伝聞法則は，事実認定を誤らせないために，反対尋問による信用性テストを受けた供述だけしか事実認定の基礎に置くことができないとするものであった。しかし，法廷外供述を使う必要性が高い場合もあり，また，伝聞証拠であっても，信用性が高く，反対尋問テストを経なくてもよいと考えられるものもある。そこで，「証拠の必要性」と「信用性の情況的保障」という要件を充たすときには，例外的に伝聞証拠を許容してもよい（証拠能力を与えてもよい）ということになるわけである。

　証拠の必要性は，同じ供述者からそれ以外の証拠を得ることを期待できない（供述不能または困難）から，原供述を利用する必要があるということを意味する。信用性の情況的保障は，供述を信用できる外部的情況が存在しているということで，原供述者に反対尋問しなくても情況的にみて信用性の高い証拠は，例外的に許容できるというものである。そこで，伝聞例外の要件としては，反対尋問に代わるほどの信用性の情況的保障が求められる。

(2) 伝聞例外

　321条以下が伝聞例外の要件を規定しており，この要件を充たさないかぎり，証拠能力は認められない。それぞれの要件は，複雑のように見えるが，「必要性」と「信用性の情況的保障」の強弱によって伝聞例外として許容されるのである。この章では，条文に従って，伝聞書面，伝聞証人，同意・合意書面という順序で伝聞例外を見ていくことにする。ただ，伝聞法則が反対尋問権を保障するものだということも重要なので，この観点から伝聞例外を整理することもできる。大きく，①反対尋問ができない場合，②不完全ながら反対尋問の機会が与えられた場合，③反対尋問が無意味な場合という分類であるが，個々の伝聞例外について反対尋問権の保障との関係にも触れることにする。

　(a) 伝聞書面　　伝聞書面は，被告人以外の者の供述にかかわるものと被告人の供述にかかわるものとに分けられる。

　(ア) 被告人以外の者の供述書・供述録取書 (321条1項)　　(i) 供述書一般ならびに裁判官・検察官以外の者の前での供述録取書 (321条1項3号)　　321条1項3号は，被告人以外の者が自ら作成した書面 (供述書) と第三者に供述しその第三者がそれを記載した書面 (供述録取書) の伝聞例外に関する原則型を規定している。ところで，供述録取書では，「原供述者→録取者→書面」という経過をたどるので，原供述者と録取者との間での伝聞と録取者と書面との間での伝聞が存し，二重の伝聞 (再伝聞) となる。原供述者と録取者間での伝達のゆがみという問題もあって，かなり危険な証拠である。しかし，原供述者がその書面の記載内容を検討し，供述内容と記載内容とが一致することを確認できれば，伝達のゆがみという問題は解消する。そこで，法は，原供述者の署名・押印という手段によって，伝達過程の正確さを担保することにした。署名・押印によって，再伝聞証拠である供述録取書は単純伝聞である供述書と同等に扱われることになる (321条1項本文)。

　3号の供述録取書 (3号書面) には，検察事務官や司法警察職員の面前調書，弁護人による供述録取書などが含まれる。本号が規定する要件は，①原供述者が死亡，精神もしくは身体の故障，所在不明または国外にいるため公判準備または公判期日において供述することができないこと (供述不能)，②その供述が犯罪事実の存否の証明に欠くことができないものであること (証拠の不可欠性)，

③その供述がとくに信用すべき情況の下にされたものであること（特信情況）であるが，すべてを充たさなければ証拠能力は認められない。

「供述不能」要件は，1号前段，2号前段にも共通する。供述不能は，反対尋問ができない場合であるが，法が規定する事由は，これだけに限定される（制限列挙）のか，例としてあげられている（例示）のかが問題である。判例は例示と解しており，証人の証言拒否（最決昭44・12・4刑集23巻12号1546頁）や記憶喪失（最決昭29・7・29刑集8巻7号1217頁）も供述不能に含めている。通説も例示だとするが，憲法が保障する被告人の反対尋問権の例外を認めるための要件だから，解釈は慎重でなければならない。とりわけ，証言拒否や記憶喪失は，作為が介入する可能性も高く，安易に供述不能に該当すると解すべきではない。

「証拠の不可欠性」はその証拠を使わざるをえないという意味での証拠の必要性である。証拠の不可欠性を求めることによって，証拠の必要性を厳格に要求しているのである。

3号の「特信情況」の要件は，絶対的特信情況とされ，自然な供述で通常虚偽の入り込む余地がないとか，虚言が入り込んでいても容易に発見される情況があるため通常真実と推認される場合である。3号書面は，それ自体としては必ずしも信用性があるといえないため，かなり高い特信情況が要求されている。判例はこの特信情況を「事実審の裁量認定に関する事項」としている（最決昭29・9・11刑集8巻9号1479頁）が，あくまで反対尋問に代わるほどの信用性の情況保障が必要だということは忘れるべきではない。

法は，このような伝聞例外の一般的要件を基礎に，原供述者や供述の相手の違いによって証拠能力付与の要件を変えている。以下それを見ていく。

(ii) 裁判官面前調書（裁面調書）　裁判官の面前における供述を録取した書面は，供述不能（321条1項1号前段）または相反・不一致供述（同号後段）という要件だけで証拠能力が認められる。この調書には，226条～228条による証人尋問調書，証拠保全手続としての証人尋問調書（179条参照），受命裁判官・受託裁判官による裁判所外での証人尋問調書（163条）などが含まれ，他の事件で作成された書面や他の事件の公判調書でもよいとされる（最決昭29・11・11刑集8巻11号1834頁，最決昭57・12・17刑集36巻12号1022頁）。

　　a）前段　供述不能だけで証拠能力が認められるが，裁判官の面前に

おける供述では，供述者は証人として宣誓しており，当事者に反対尋問の機会が与えられる。また，証拠保全手続としての証人尋問では，当事者の立会権があり，その機会に反対尋問をすることもできる。このように反対尋問の機会が保障されていることから，信用性の情況的保障を認めることができる。しかし，捜査段階での証人尋問の場合には，被疑者・弁護人の立会権は必ずしも保障されていない（228条2項）。そこでかつては違憲説も展開されたが，通説・判例（最判昭25・10・4刑集4巻10号1866頁）は合憲だとしている。公平な第三者である裁判官の面前での供述であり，供述者は宣誓をしており，裁判官は被告人に代わって被告人に有利なことについても聞くことができる，ということが合憲説の根拠である。

　b）後段　相反供述・不一致供述も「公判廷において，前と同じ供述を得ることができない」という意味で「証拠の必要性」があるといえよう（2号後段も同様）。裁判官面前調書の「相反性」は，「供述者が公判準備もしくは公判期日において前の供述と異なった供述をしたとき」であって，内容が詳細などの理由で証明力に違いがあればよいとされる。ただし，相反・不一致供述の場合，証人は公判準備・公判期日で証言しており，公判準備・公判期日において，前の供述についても相手方当事者に十分に反対尋問の機会を与えることが証拠能力付与の要件とされるべきである（通説）。その意味では，後段の書面が許容される根拠は，前の供述についても反対尋問の機会が与えられたということにも求められよう。

　(ⅲ)　検察官面前調書（検面調書）　捜査段階で検察官が被疑者以外の者を取り調べた（223条にもとづく参考人取調べ）際に作成される調書であるが，この調書が証拠能力を与えられるのは，前述の供述不能の場合（321条1項2号前段），または，公判準備または公判期日において前の供述と相反するか，もしくは実質的に異なった供述を行い（相反・実質的不一致），かつその供述よりも前の供述を信用すべき特別の情況が存する（特信情況）場合（同号後段）である。

　a）前段　供述不能という要件だけで証拠能力を与えることには疑問が提起されている。検察官は，被告人に対立する反対当事者であり，公正な第三者とはいえず，また，被疑者や弁護人の立会も保障されておらず，信用性の情況的保障が一般的に存するとはいえないからである。この点では，裁判官面

前調書の場合とは異なる。また，一定の場合には，証人尋問を請求できる（226条・227条）ので，証拠能力を認める必要性が高いとは一概にいえない。こうして，2号前段に対しては違憲論が展開されている。これに対しては，特信情況の要件が前段にも要求されているという解釈によって合憲性を肯定する見解が有力である。

なお，近時，参考人が外国人の場合，参考人が取調べを受けた後，退去強制手続によって国外に送還される例が増えてきたため，「国外にいるとき」との関係が問題となってきている。判例は，①検察官がことさら国外退去という事態を利用した場合，②裁判官・裁判所が外国人について証人尋問の決定をしているのに強制送還が行われた場合など，手続的正義の観点から公正さを欠くと認められるときは，証拠として許容されないこともあるとしている（最判平成7・6・20刑集49巻6号741頁＝百選90事件）。

　　b）　後段　　前の供述と「相反する」か「実質的に異なっている」ことが必要である。これらは，表現上あきらかに矛盾しているか，表現自体としては矛盾していないように見えるが前後の供述などを照らし合わせると，結局は異なった結論を導く趣旨の供述だと解されている。以前の供述を録取した書面が公判廷における供述よりも詳細である場合に，「実質的に異なる」とした判例がある（最決昭32・9・30刑集11巻9号2403頁）が，疑問である。

さて，後段は「特信情況」を要求しているが，3号書面とは異なり，公判準備または公判期日の供述よりも前の供述を信用すべき特別の情況であり，両供述を比較する相対的な特信情況である。もちろん，伝聞例外は証拠能力の問題なので，この特信情況も，供述内容の信用性・証明力を判断する基準ではなく，証拠能力の要件だと解さなければならない（通説）。そうであれば，特信情況の判断基準も，前の供述の方が「理路整然としている」，「不合理とは認められない」，「事理にかなっていて首肯に値する」という供述内容の信用性の比較ではなく，供述がなされた際の外部的な事情に求められなければならない。もっぱら「外部的付随事情」に判断基準を求めるべきであるが，この外部的事情を推知させる資料として副次的には供述内容を参照することも許されるだろう。判例も，「必ずしも外部的な特別の事情でなくても，その供述の内容自体によってそれが信用性ある情況の存在を推知せしめる事由となる」（最判昭30・1・11刑

集9巻1号14頁）としている。ただし，検面調書は取調室という密室での供述を録取したものである。これに対して，公判準備・公判期日での供述は，宣誓のうえ裁判官の面前で行われ，反対尋問というチェックを経ている。一般的に考えてみれば，公判準備・公判期日の供述の方に信用すべき特別の情況があることは確かである。それゆえ，前の供述を信用すべき特別の事情には，「特記すべき事情の存在」が必要とされる。したがって，供述内容だけから特信情況を推認することはできない。あくまでも副次的な資料という限度での利用しか許されないと解すべきである。この相反・実質的不一致供述についても，1号後段と同様に，前の供述について相手当事者に反対尋問の機会を与えることが証拠能力付与の要件と解すべきである（通説）。判例も，「これらの書面はその供述者を公判期日において尋問する機会を被告人に与えれば，これを証拠とすることができる」（最判昭30・11・29刑集9巻2号2524頁）としている。

(iv) 公判準備・公判期日における供述録取書　当該事件の公判準備における証人尋問調書，公判調書は，無条件で証拠能力が認められる（321条2項前段）。すでに被告人には反対尋問の機会が与えられている（157条・304条）ので，なぜ伝聞証拠となるのか不思議に思う人もいるかもしれないが，公判準備における証人尋問は必ずしも判決裁判所の面前でなされるとは限らない（163条）し，公判手続更新，破棄差戻・移送，同一審級間の移送前に作成された公判調書は，判決裁判所による証人尋問の結果を記載したものではないため，その意味で，伝聞証拠なのである。そこで，本項によってはじめて許容されることになる。すでに反対尋問の機会が与えられていることが証拠能力付与の理由であり，他事件の公判準備における証人尋問調書，公判調書などは本項前段の適用はなく，321条1項1号のもとで証拠能力が認めらる。

(v) 裁判所・裁判官の検証調書　検証の結果を記載した書面（検証調書）は，無条件で証拠能力が認められる（321条2項後段）。検証調書は，検証者の観察・知覚を報告する書面であり，検証者の供述書である。この書面が無条件で許容される理由としては，検証の結果は口頭よりも書面による報告の方が正確であり，検証は，その性質上場所や物の状態を正確に報告しているし，裁判所が行う場合には，とくに信用性が高いということが考えられる。しかし，なによりも，裁判所・裁判官による検証は，当事者が立会権を有しており（142条・

113条），実質的には反対尋問権の保障があったと同様に，信用性に関するテストの機会があったと認められる。裁判所・裁判官の検証調書が無条件で証拠能力が付与される最大の理由はここにあるといえよう。

(vi) 検察官・司法警察職員の検証調書　捜査機関の検証には，被告人側の立会権が保障されていないため，裁判所・裁判官の検証調書にように，無条件で証拠能力を認めることはできない。そこで，法は，「その供述者が公判期日において証人として尋問を受け，その真正に作成されたことを供述した」という条件の下でのみ証拠能力を認めることにした（321条3項）。そうであれば，真正に作成されたものであることの供述とは，調書の作成名義の真正さだけでなく，内容の真実性についても反対尋問を経たものでなければならないと考えるべきである。反対尋問の機会が不完全ながら保障されることが重要である（もちろん，反対尋問は当該供述がなされたときに行われるのが最も効果的なのは当然であり，書面に対して事後的になされる反対尋問は不完全なものだといわざるをえない。しかし，このような機会を与えることが書面の内容の信用性に対するチェック機能を果たすことは否定できない）。

捜査官が任意処分として行う検証が「実況見分」であるが，この実況見分調書が321条3項に該当するかが問題となる。判例は実況見分調書への321条3項の準用を肯定しており（最判昭35・9・8刑集14巻11号1437頁），通説もこれを支持している。検証との差は強制処分であるかどうかだけで，検証活動の性質に相違はないということが主な理由であるが，これには有力な反対説もある。反対説の根拠は，裁判官の令状による検証は，令状により，観察・記述を意識的にし，正確にする機能を営むのに対して，実況見分には必ずしもこの保証がないこと，実況見分調書も含むとするならば，私人が作成した書面も同様に扱わなければならなくなるということである。

検証の際には，立会人が現場の状況について指示したり説明する場合（立会人の指示説明）があり，検証調書に記載されることがある。この指示説明は供述であるため，伝聞証拠にあたることになろう。それでは，指示説明部分の証拠能力についてはどのように処理すべきであろうか。検証をするうえで必要最小限のものであるかぎり，検証の結果の記載部分と一体のものとして321条3項によって証拠能力を認めてもかまわないとされる。これは，検証の動機ない

し手掛かりを明らかにするためのものであるため，非供述証拠として位置づけられるのである。ただし，指示説明をその内容の真実性の証明に用いる場合や右の指示説明の限度を超えた立会人の供述（現場供述）は，伝聞証拠となる。立会人が被疑者以外の場合には321条1項2号（検察官の面前の場合）または3号（司法警察職員の面前の場合）によって，立会人が被疑者の場合には322条1項によって証拠能力の有無が決せられると解するべきである。

　(vii)　鑑定人の鑑定書　　裁判所または裁判官の鑑定命令（165条・179条）を受けた鑑定人の作成した鑑定書は，鑑定人の意見を供述したものであるので，供述書の一種である。しかし，鑑定の経過および結果は，内容が複雑であるから，口頭で述べるよりも書面に記載した方が正確だといえるし，この場合には，宣誓（166条）および刑法上の制裁（刑171条）によって公正さが担保されている。そこで，鑑定人が公判廷で鑑定書は「真正に作成された」ことを供述することで証拠能力が付与される（321条4項）。公判廷で反対尋問の機会が与えられる場合であるため，作成名義の真正さのみならず，鑑定書（鑑定内容）の真実性について反対尋問を受けなければならない。

　本項の鑑定書に，捜査機関から嘱託を受けた鑑定受託者の作成した書面（223条1項）は含まれるのだろうか。鑑定受託者の場合には，宣誓もなく，その選任の公平さについて十分な保障がないことを理由に消極的に解する見解もある。しかし，判例は，鑑定受託者にも本項の準用があるとしており（最判昭28・10・15刑集7巻10号1934頁），学説の多数も判例の立場を肯定している。

　(viii)　「特に信用すべき情況」のもとに作成された書面（323条）　　その性質上高度の信用性があり，かつ書面を用いる必要性が備わっているということで，無条件で証拠能力が認められる。特信書面は作成者に対する反対尋問を必要としない場合と考えることができる。特信文書には以下の書面が含まれる。

　　a）　公務文書　　公務員（外国の公務員を含む）がその職務上証明することのできる事実につきその公務員が作成した書面である（1号）。公務員を証人喚問すれば，公務への支障が生じるし，公務員を証人喚問しても書面よりも正確な供述を期待できない（証拠の必要性）。他方，公務員がその職務上，一定の事項を公的な客観的資料にもとづいて証明した文書だから，高度の信用性の情況的保障があるとされる。

戸籍謄本と公正証書謄本が例示されているが，これ以外に，戸籍抄本，不動産登記簿謄抄本，印鑑証明書，検察事務官作成の前科調書および起訴猶予調書（名古屋高判昭25・11・4判特14号78頁），指紋照合に関する国家地方警察本部鑑識課の回答書（大阪高判昭24・10・21判特1号279頁）も本号の書面に該当するとされる。しかし，公務員の作成した文書であっても，捜査機関が当該事件について作成した書面を本号に含めるわけにはいかない。

　　b）業務文書　　業務の通常の過程において作成された書面である（2号）。この書面は，多数人が関与している可能性があって供述者の喚問は不便であり，作成者の証言よりも書面の方が正確性を期待できる（証拠の必要性）。また，業務の過程でその都度正確に記入され，正確に記載されなければ用をなさない性質をもつため，特信情況が認められる。商業帳簿（商32条以下），航海日誌（船員法18条3号）が例示されているが，医師カルテ（診療簿）も，本号の業務文書に含まれるとされている。下級審裁判例の中には，留置人名簿，留置人出入簿，留置人出入要請書中の留置場からの出し入れ時刻に関する部分について本号で証拠能力を認めたものもある（浦和地判平1・10・3判時1337号150頁）。しかし，当該事件の捜査の過程において作成された捜査報告書，捜索差押調書，領置調書などは本号に含まれないと解すべきである。

　　c）その他の特信文書　　上述のa），b）のほか，とくに信用すべき情況の下に作成された書面である（3号）。本号の特信性は，321条1項3号の特信性よりはるかに高度でなければならず，323条1号，2号に準じる程度の高度の信用性を指す。信用ある定期刊行物に掲載された市場価格表，スポーツ記録，統計表，家の家系図，学術論文などが考えられる。「メモ」について，記憶の新鮮なときに作成されたメモは3号によって証拠能力を認められるとする主張もあるが，3号は類型的に信用性が高い場合を想定しているので，メモの証拠能力は321号1項3号または322条1項によると解すべきであろう。

　(ｲ)　被告人の公判外供述の証拠能力　　(i)　被告人の供述書・供述録取書（322条1項）　　被告人が作成した供述書・被告人の供述を録取し，その署名もしくは押印がある書面が許容される要件は，その供述が被告人に不利益な事実を承認するものである場合と，その他の場合（供述が被告人に利益な事実を述べた場合）とで異なる。

不利益な事実の承認とは，犯罪事実の全部または一部を認めるのみならず，間接事実を認める場合も含み，客観的に自己に不利益なもので足りるとされている（自白はその一種であって，犯罪事実の全部または一部を肯定する被告人の供述である）。不利益事実の承認は，任意性があれば無条件で証拠能力が与えられる。その根拠として，原供述者は被告人なので，被告人が原供述者たる自分自身に反対尋問するのは無意味だということが一般的に考えられている（これを伝聞不適用とする立場もある）。

　その他の場合，つまり，被告人に利益な事実を述べた場合は，「特信性」があるときにかぎり証拠能力が与えられる。反対尋問権の保障は，検察官にも認められるから，検察官に不利益な供述については，検察官の反対尋問に代替しうる要件が求められるのである。

　それでは，共同被告人の供述書・供述録取書の証拠能力についてどう考えるべきであろうか。通説・判例（最判昭27・12・11刑集6巻11号1297頁）は，共同被告人が共犯であるか否かにかかわりなく，321条1項各号によると解している。共同被告人であっても，被告人からみれば，第三者にほかならず，その供述書面は通常の伝聞証拠になると考えられるからである。しかし，共同被告人が共犯である場合，321条1項各号と322条が競合的に適用されるべきだと説く立場もある。これは，共犯の供述は一般に「不可分」と解すべきであり，被告人の供述に322条の適用がある以上，それと不可分の関係にある共犯者の供述にも322条の要件（供述の任意性）を考慮することが相当だとの理由による。

　(ii)　公判準備・公判期日における供述録取書　　公判廷における判決裁判所の面前での被告人の供述は無条件に証拠能力を与えられる。しかし，公判準備での供述は必ずしも判決裁判所の面前でなされるわけではなく，公判手続更新，破棄差戻・移送前の公判調書についていえば，判決裁判所が異なることになる。その意味では伝聞証拠にほかならない。それゆえ，322条2項によって，任意性を要件として，はじめて証拠能力が与えられることになる。1項との関係から，他事件のものを排除する必要はないとする説もあるが，当該事件のものに限られるという見解もある。

　(b)　伝聞証人（324条）　　被告人または被告人以外の者が第三者に話したことを，その第三者が法廷で供述する場合である。伝聞の本来の形であるが，わ

が国の刑訴法は，まず書面による伝聞例外を規定し，これを証言に準用する方式をとっている。

まず，被告人の供述を内容とする伝聞証人（伝聞供述）については，324条1項により322条が準用され，被告人の供述書・供述録取書と同じ要件によって証拠能力が与えられる。被告人以外の者の供述を内容とする伝聞証人（供述）については，324条2項により321条1項3号が準用され，伝聞例外の一般的要件のもとで証拠能力が与えられる。ところで，被告人以外の者の供述を被告人が聞くという場合もありうるし，被告人がそれを公判準備または公判期日において供述することもあろう。しかし，この場合に関する明文の規定はない。この問題について，原供述が被告人に不利なものであるときには322条1項を，それが被告人に利益なものであるときには321条1項3号を準用する立場が有力である。

(c) 再伝聞証拠　すでに述べたように，供述録取書には，伝聞過程が2つ含まれており，再伝聞である。しかし，法は原供述者の署名・押印を要求し，この要件を充たすことによって供述書（単純伝聞）と同視している。それでは，①ある事実を体験したAが述べたことをBが聞き，そのことをBがCに伝え，Cが公判廷で供述する場合，このようなCの供述に証拠能力が認められるのだろうか。また，②Aの供述を聞いたBが検察官に伝え，検察官が検面調書を作成した場合，この検面調書はどうであろうか。

法は，再伝聞の取扱を明文で規定していない。供述録取書について，原供述者の署名・押印を要求することで供述内容と記載内容との一致を担保し，伝聞証拠と同一のものとして処理するのが法の態度である。そうであれば，法が認めるのは伝聞証拠までで，それ以上の「再伝聞」や「再々伝聞」は認めないと考えることもできる。これに対して，法が明文で禁止していないのだから，再伝聞や再々伝聞も，おのおのの伝聞過程に伝聞例外要件が備わっていれば，許容されると解するのが通説だといえる。この立場からすれば，①の場合，「B→C」の伝聞過程では，Bの供述について324条2項（したがって，321条1項3号）が適用され，次に，「A→B」の伝聞過程に関し，Aの供述について324条2項（したがって，321条1項3号）が適用されて，ともに要件をみたせば許容され，②の場合では，検面調書について321条1項2号の，Bの供述について324条2

項（したがって，321条1項3号）の要件があれば証拠能力が認められることになる。しかし，①のような伝聞例外規定の機械的適用について，法が例外を明記した趣旨から消極的に解し，②のような伝聞例外規定を1回ずつ適用する限度で許容する立場もある。

判例には，被告人の不利益事実の承認を内容とする共同被告人の検面調書について，324条1項（したがって，322条）と321条1項2号を適用して，証拠能力を認めたものがある（最判昭32・1・22刑集11巻1号103頁）。共同被告人が公判廷で証言するならば，被告人は「そのような供述をしたのかどうか」とか「そのような供述を聞いたかどうか」について尋問できるが，検面調書の場合，それを確認することができない。この種の再伝聞を許容するとしても，供述録取書への署名・押印の要求が伝達過程に誤りがないことを確認するためであったことを考えれば，そのような供述をしたという原供述者（被告人）の肯定確認が必要とされるべきである。

(d) 任意性の調査（325条）　321条〜324条の規定により証拠能力が与えられる書面または供述であっても，その書面に記載された供述または公判準備・公判期日における供述の内容となった他の者の供述が，任意になされたものであるかを調査した後でなければ，証拠とはできない（325条）。

この調査は，任意性の調査が直接要求される場合（332条1項前段・324条1項）や特信情況の要求により事実上任意性が要求される場合（321条2号但書・3号但書・322条1項後段・323条3号・324条2項）とは異なり，必ずしも証拠能力の要件とはされていない。むしろ虚偽の排除を主眼としていると考えられ，したがって，この任意性は，証明力評価にあたって考慮すべき事情であり，その調査は，証拠調べの前でなくてもよく，証明力の評価の際に行うことも許される（最決昭54・10・16刑集33巻6号633頁）。

(e) 同意書面（326条）　検察官・被告人が証拠とすることに同意した書面または供述は，その書面が作成または供述されたときの情況を考慮し相当と認めるときにかぎり，321条ないし325条の規定にかかわらず，証拠とすることができる（326条）。同意は，当事者双方が裁判所に対して行うことが必要である。しかし，当事者の一方が証拠を提供する場合は，相手方の同意だけでよい。また，同意があっても，裁判所の相当性判断が必要である。これは，任意性を欠

いていたり，証明力が著しく低いなどの理由から証拠としての適正を具えていない場合をチェックしたり，同意が取引の手段にされる弊害を回避するためのものだと考えられる。

ところで，同意の意義に関して，通説は，反対尋問権の放棄と解する。これに対して，証拠能力を付与する意思表示たる訴訟行為であるとする見解も主張されている。つまり，反対尋問権の保障とは無関係に，当該証拠ついて当事者が証拠能力を与えることを認める行為が同意なのだと考えるのである。むしろ，実務上は，伝聞証拠に同意しておいて，その後に，原供述者を証人として喚問し反対尋問することが行われている。反対尋問の放棄と解する立場では，放棄した以上証人尋問を請求して反対尋問することは許されないはずだから，実務慣行を説明できないということが指摘されている。被告人や弁護人からすれば，不同意にして証人尋問を試みても，結局321条の自己矛盾などの緩やかな解釈・運用により調書が採用されるという現状からすれば，むしろ調書に同意しておいて，後から証人尋問を行って有利な供述を引き出す方が得策だともいわれる。

しかし，伝聞法則が主として反対尋問を経ない供述証拠を排除するものだと考えるならば，同意も反対尋問を中心に考えるべきであろう。当事者が自らの権利である反対尋問権を放棄するからこそ，321条〜325条の要件を充足するか否かにかかわらず，証拠とできると考えるべきである。そうであれば，同意した証拠については，証人喚問以外の方法で証明力を争わなければならない。反対尋問権は重要な権利なので，その放棄には慎重な態度が要求されるのである。ただ，裁判所が原供述者を喚問する必要があると判断したときは，職権で証人を喚問することができる（298条2項）から，書面の証明力を争うための原供述者の喚問請求を，職権発動を促す申立と位置づけることもできる。こう考えれば，反対尋問権の放棄という考え方に立っても，実務慣行を説明できよう。

同意は反対尋問権の放棄という重要な行為だから，その意思は原則として証拠調べの前に明確に示されなければならず，単に「異議がない」と述べただけでは足りない。同意の撤回は，証拠調べ施行前であれば認められるというのが通説である。高裁判例のなかにも証拠調べ実施前の同意の撤回を前提とするものがある（大阪高判昭63・9・29判時1314号152頁）。

同意権者は検察官と被告人である。法文上，弁護人は同意権者ではないが，その包括的代理権にもとづいて，被告人の意思に反しないかぎり，同意することができる。この場合，被告人の黙示の追認が必要である。被告人が出頭しなくても証拠調べを行うことができる場合に，被告人が出頭しないときは，同意があったとみなされる。ただし，代理人または弁護人が出頭したときには，この限りではない（326条2項）。代理人または弁護人の同意不同意によって証拠能力が決定されることになる。被告人が出頭しないでも証拠調べを行うことができる場合として，283条ないし285条があるが，それ以外に，286条の2や341条の場合も含まれるかが問題となる。被告人の自由意思で出頭を拒否する場合（286条の2）はともかく，341条によって退廷命令を受けた場合まで含むと解するのは疑問である（しかし，最判昭53・6・28刑集32巻4号724頁は含むと解している）。

いずれにせよ，同意は，証拠能力のための第一関門であり，同意がない場合に，321条以下の規定によって証拠能力の有無が判断されることになる。実務上は，同意が原則化しており，証拠調手続の冒頭で検察官が申請した証拠に対して，被告人側が一括同意する場合が多いといわれている。これがわが国の調書裁判という実態を作り出している大きな原因であることは忘れるべきではなかろう。

(f) 合意書面（327条）　裁判所は，検察官および被告人または弁護人が合意のうえ，文書の内容または公判期日に出頭すれば供述することが予想される内容を書面に記載して提出したときは，その文書または供述すべき者を取り調べないでも，その書面を証拠とすることができる。この場合でも，その書面の証明力を争うことはできる（327条）。この書面を「合意書面」と呼ぶ。合意書面は，本来は供述書ではなく，文書または供述の内容に関する当事者の主張を記載した書面であって，厳密な意味では供述証拠ではない。合意書面については主として訴訟経済の見地から，証拠能力が認められるといわれているが，326条の同意書面により同一の目的が達せられるので，実際にはほとんど用いられていない。

3 証明力を争う証拠（328条）

　公判準備・公判期日における被告人や証人などの供述の証明力を争うためには，321条〜324条によって証拠とすることができない書面・供述も利用可能である（328条）。

　証明力を争う場合とは，具体的には，たとえば同一人の不一致供述（いわゆる「自己矛盾供述」）によって証人の供述の証明力を減殺する（弾劾する）ことである。Aが公判廷で「Xが犯人である」と証言したけれど，同じAが公判廷外で「Xは犯人ではない」と供述していたとする。この場合，Xが犯人であるか，犯人でないかのいずれかしかないわけであり，Aは少なくとも1回はウソをついたことになる。ウソをつくような証人の供述は信用できないから，Aの公判廷での供述の証明力は弱められることになる。このように，自己矛盾の供述は証明力を減殺する弾劾証拠の典型である。

（1）弾劾証拠の範囲

　328条は，証明力を争うための証拠であれば，伝聞証拠も許容されると規定している。そこで，証明力を争うための証拠として，いま述べた自己矛盾供述に限られるのかどうかということが問題になる。これは，大きく「非限定説」と「限定説」に分かれている。

　(a)　非限定説は，弾劾証拠としてであれば，自己矛盾供述に限られず，伝聞証拠はすべて許容されるという。328条は何らの限定もしていないということから導かれる解釈で，条文の文言に忠実といえば忠実な考え方である。そして，弾劾の目的に限定されるのであるから，犯罪事実の認定に用いられることはないとする。非限定説によれば，公判廷でAが「犯人は色白の髪の長い男であった」と証言したときに，公判廷外のBの「犯人は色黒で短髪の男であった」という供述（第三者の矛盾供述）を弾劾証拠として用いることができることになる。しかし，よく考えてみると，公判準備・公判期日における証人・被告人の供述の証明力を減殺する効果をもつのは，弾劾証拠として利用された伝聞証拠の内容が「真実」であるときではないだろうか。Bの供述が真実であることを前提としてはじめて，Aの証言の信用性が減殺されることになるはずである。そう

であれば，このような伝聞証拠は「証明力を争う」ために用いるという限定をつけても，要証事実についての心証を形成する，いわば実質証拠として利用されるということにもなろう。さらに，第三者の矛盾供述を利用できるのであれば，始末書，参考人供述調書，警察官の捜査復命書など，事件に関連するあらゆる伝聞証拠が弾劾目的という名目で法廷に提出されてしまう。これでは，伝聞法則の例外を制限する現行法の趣旨に合致しないだろう。

(b) 限定説は，証明力を争うための証拠を自己矛盾供述に限定する。自己矛盾供述による弾劾は，証人が以前に公判供述とは矛盾した供述を行ったという事実を証明の対象とするもので，公判供述や公判外供述の内容の真偽は問題とならない。そうすると，そもそも伝聞証拠ではなく，非伝聞だということになり，328条は伝聞例外を規定したものではないと考えられる。これについては，犯罪事実存否の認定に利用できる内容の伝聞証拠であり，伝聞法則による排除されるものであっても，弾劾目的で非伝聞的に利用するのであればかまわないことを注意的に明らかにした規定だと理解できる。

「非限定説」と「限定説」の間に「折衷説」と呼ぶべき考え方がある。

まず，自己矛盾供述が許容されることは当然であるが，それ以外に，証人の信用性のみに関する補助事実を立証する証拠に限り伝聞証拠も許容されるという考え方である（補助事実説）。328条がわざわざ証拠とすることができると規定しているのは，自己矛盾以外の伝聞証拠も許容される場合があるからだと考える。そして，それを補助事実の立証に限定しようとするわけである。しかし，この説が前提としている補助事実であれば自由な証明でよいという考え方には疑問がある。補助事実の立証は，犯罪事実の認定に間接的に影響を与えるにすぎないから，自由な証明で可能だといえるだろうか。やはり，証拠の信用性を基礎として犯罪事実は認定されるのだから，補助事実にも厳格な証明が要求されると解すべきであろう。

検察官提出の証拠は自己矛盾供述に限られるとする「片面的限定説」もある。328条の文言からは非限定説に立たなければならないけれども，検察官が弾劾目的で自己矛盾供述以外の伝聞証拠を提出することは，憲法37条2項が保障する被告人の証人喚問権と抵触するので，この観点から328条を限定しようとする。つまり，被告人は弾劾のためなら自己矛盾以外の伝聞証拠をも提出でき

るが，検察官は自己矛盾供述しか提出できないわけである。しかし，法は，被告人側が提出した証拠についても検察官の反対尋問権を配慮している（たとえば，322条1項）。そうであれば，片面的な構成が現行法の解釈として直ちに引き出されるかについては疑問が残る。こう考えれば，基本的に，限定説が妥当だといえよう。

(2) 「証明力を争う」の意味

弾劾証拠は証明力を減殺する証拠であって，証明力を争う証拠にあたることは当然である。それ以外に，証明力を争う証拠には，証明力を強める証拠としての増強証拠，そしていったん弱められた証拠の証明力を，たとえば以前に一致供述を行っていたことを示すことで，回復させるような回復証拠も含まれそうである。

しかし，増強証拠は証明力を争う証拠に含まれるのだろうか。証人として証言したAの公判廷の供述があるときに，もっと明らかに公訴事実を肯定する公判廷外のAの供述を，証明力を争う証拠として提出することができるのかという問題である（肯定するものとして，東京高判昭31・4・4高刑集9巻3号294頁など）。証明力を争う証拠を有罪判決のための実質証拠とすることは許されない（最決昭28・2・17刑集7巻2号237頁）のに，増強証拠は，形式的には証明力を争うためであっても，実質証拠として使われる可能性がある。また，増強のためには伝聞証拠も許容されるとすれば，かなり広範な伝聞証拠が328条で許容されることになりかねず，伝聞法則が骨抜きになる危険がある。増強証拠は証明力を争う証拠に含まれないと考えるべきである。

それでは，回復証拠はどうだろうか。回復証拠としての一致供述を考えた場合，自己矛盾供述による弾劾証拠が伝聞証拠でないのと同様に，これは，事実を証明する実質証拠ではなく，以前に一致した供述をなしたという事実を証明することによって，いったん弾劾された当該証人の公判供述が，実際上の効果として，回復すると考えられる。弾劾証拠に対する弾劾証拠だと考えられる。それゆえ，回復証拠は証明力を争う証拠に含めてよいであろう。

(3) 証明力を争う証拠の作成時期

321条1項1号および2号は，自己矛盾供述を実質証拠として許容する場合を規定しているが，以前になされた供述に限定している。しかし，328条には

この限定はない。そこで、たとえば、検察官が、公判準備や公判期日において証言した証人を、尋問終了後に取り調べて検面調書を作成し、それを証明力を争う証拠として提出できるのかが問題となる。判例はこれを肯定する（最判昭43・10・25刑集22巻11号961頁）。しかし、公判中心主義の観点からすれば、証人が当事者に不利益な供述を行った場合、当該当事者はその証人を証人尋問中に問いただすか、再び喚問して証人尋問を行うべきであろう。また、自己に不利益な公判証言に対して、公判外で当該証人を取り調べて、その調書を提出することは手続の適正という点からも疑問である。以前になされた供述に限定されるべきである。公判証言後になされた一致供述についても同じことがいえよう。

14 ■ 裁判の意義と種類とは？

1 裁判の意義

　裁判とは，裁判所または裁判官の意思表示的訴訟行為をいう。「裁判」という言葉は，広く刑事訴訟全体を指す用語として用いられる場合もあるが（たとえば「日本の刑事裁判」など），訴訟法では，今述べた定義によっている。終局裁判はむろんのこと，令状発付や裁判長の訴訟指揮権上の処分も裁判である。

2 裁判の種類

（1） 判決，決定，命令

　裁判は，主体，成立手続および不服申立方法の違いによって，判決，決定，命令に区別される。
　裁判の主体は，裁判所または裁判官である。ここでいう「裁判所」とは，被告事件について審判する司法機関としての裁判所をいう。したがって，公訴提起によってはじめて裁判所が手続に登場することになる。合議体（合議制）の場合はもちろんのこと，単独体（単独制）の場合も裁判所である。他方で「裁判官」とは，捜査段階で令状を発付する裁判官（いわゆる受任裁判官）や，裁判長，合議体の裁判所においてその構成員として訴訟行為を行う裁判官（受命裁判官）などをいう。なお，単独体の場合は，1人の裁判官が裁判体を構成しているので，裁判所としての裁判であったり，裁判官としての裁判であったりする。たとえば，公判期日の変更（276条1項）は裁判所としてのものであるが，公判期日の指定（237条1項）は裁判官としてのものである。
　判決は，裁判所の行う裁判であり，原則として口頭弁論にもとづいてなされる（43条1項）。最も重要な裁判形式であり，終局裁判は原則として判決によっ

てなされる。不服申立の方法は，控訴または上告である。決定も，裁判所の行う裁判であるが，必ずしも口頭弁論にもとづくことを要しない（43条2項）。不服申立の方法は，抗告である。命令は，裁判長・受命裁判官などの裁判官が行う裁判であり，不服申立の方法は準抗告である。決定，命令をするについて必要がある場合には事実の取調べをすることができる（43条3項）。事実の取調べをする場合には，証人を尋問し，鑑定を命ずることができ（規則33条3項），必要と認めるときは，検察官，被告人，被疑者，弁護人をその取調べまたは処分に立ち会わせることができる（規則33条4項）。この取調べは，合議体の構成員にさせ（受命裁判官），または地方裁判所，家庭裁判所，簡易裁判所の裁判官に嘱託することもできる（受託裁判官）（43条4項）。

（2） 実体裁判と形式裁判，終局裁判と非終局裁判

さらに裁判は，その性質によって，実体裁判と形式裁判に区別され，その果たす機能によって終局裁判と非終局裁判とに区別される。実体裁判とは，起訴事実の存否についての判断を行う有罪・無罪の判決をいう。形式裁判とは，被告事件の実体についての判断をしないで，訴訟手続をうち切る裁判をいい，管轄違いの判決，公訴棄却の判決・決定，免訴の判決がある。他方，終局裁判とは，その審級における訴訟手続を終了させる裁判であり，有罪・無罪の判決，管轄違いの判決，公訴棄却の判決・決定，免訴の判決がある。非終局裁判（終局前裁判）とは，審理の途中で手続上の問題についてなされる決定・命令をいう。

(a) 管轄違いの判決　被告事件が裁判所の管轄に属しないときは，判決で管轄違いの言渡しをしなければならない。ただし，266条2号の規定により地方裁判所の審判に付された事件については，管轄違いの言渡しをすることができない（329条）。これには，土地管轄と事物管轄の双方が含まれる。すなわち，裁判所の土地管轄は，犯罪地または被告人の住所，居所もしくは現在地による（2条）が，かかる基準をみたしていない裁判所に公訴が提起された場合，あるいは，地方裁判所が第一審の事物管轄を有するところ，検察官が誤って簡易裁判所に公訴を提起したような場合をいう。土地管轄と事物管轄のいずれも，訴因を基準に判断される。

管轄違いの判決は，実体裁判を経ていないので一事不再理効は生ぜず，管轄

裁判所に対し再度起訴することは許される。
　(b)　公訴棄却の判決　　①被告人に対して裁判権を有しないとき，②340条の規定に違反して公訴が提起されたとき，③公訴の提起があった事件について，さらに同一裁判所に公訴が提起されたとき，④公訴提起の手続がその規定に違反したため無効であるとき，には判決で公訴を棄却しなければならない（338条）。これは，手続的訴訟条件の欠如を理由としてなされる終局的形式裁判である。本条は，訴訟条件の欠缺が比較的重大で，かつ，必ずしも一見して明白でない場合について，口頭弁論にもとづいてその欠缺の有無を確認し，判決で公訴の棄却を行うことにした。本条4号は，起訴状の方式違背や親告罪における告訴の欠如など，公訴提起手続の不適法が補正追完を許さないほど重大な場合を想定したものであるが，最近の多くの学説は，不当に遅延した裁判や公訴権濫用の場合の救済規定として活用しようとする傾向を強めている。とはいえ，判例は検察官の訴追裁量権の逸脱が公訴の提起を無効ならしめる場合があることを認めるが，それは公訴の提起それじたいが職務犯罪を構成するような極限的な場合に限られるとする（最決昭55・12・17刑集34巻7号672頁）。
　(c)　公訴棄却の決定　　①271条2項の規定により公訴の提起がその効力を失ったとき，②起訴状に記載された事実が真実であっても，何らの罪となるべき事実を包含していないとき，③公訴が取り消されたとき，④被告人が死亡し，または被告人たる法人が存続しなくなったとき，⑤10条または11条の規定により審判してはならないとき，には決定で公訴を棄却しなければならない（339条1項）。本条の趣旨は，338条の場合と異ならないが，手続的瑕疵の程度が大きく，かつ，その存在が明白な場合には，口頭弁論によらず決定で公訴を棄却すべきものとした。
　(d)　免訴の判決　　①確定判決を経たとき，②犯罪後の法令により刑が廃止されたとき，③大赦があったとき，④時効が完成したとき，には判決で免訴の言渡しをしなければならない（337条）。本条は，有罪・無罪の実体裁判，管轄違い・公訴棄却という形式裁判に加えて，免訴判決という第三の類型を認めたものである。免訴判決の法的性質をめぐっては，学説に対立がみられる。旧法時代は，実体裁判説が通説であったが，その後さまざまな見解が主張されてきた。この点を含み，免訴判決の効力については後述する。

3 裁判の成立

(1) 内部的成立

(a) 裁判は，内部的意思決定とその外部的表示という過程を経て成立する。裁判の内容が，裁判機関の内部で決定されたときに，内部的に成立したとされる。これを論じる実益はどこにあるのか。告知される裁判の内容が弁論終結時の裁判官の判断であれば，その裁判官が裁判書（同音の「裁判所」と区別するため，実務では「さいばんがき」といわれている）を作成して署名押印をし，代わった裁判官が判決の宣告にだけ関与するにすぎないから，この問題を論じる実益はあまりないとの指摘もみられる。しかし，公判手続を更新（315条但書）するかしないかの判断は，直接審理主義の観点からは重要であり，この問題を区別する実益はあるといわなければならない。

単独制裁判所の場合は，手続の明確性の観点から，裁判書作成のときに内部的に成立するというのが通説である。これに対して，合議体の場合には，評議（裁判所法75条）が終結したときに内部的に成立するというのが通説である。しかしこれには，合議体の場合にも，裁判書作成のときに内部的成立があると解すべきだとする反対説がある。

(b) 合議体裁判所の意思決定は，評議によらなければならない。評議は，裁判長が主宰し原則として公開されないし，その内容についても秘密を守らなければならない（裁判所法75条）。裁判官は，評議において意見を述べる義務がある（同法76条）。裁判官の意見が一致しないときは，単純多数決によって決する（同法77条1項）。意見が3説以上に分かれ過半数に達しないときは，裁判所法は，「過半数になるまで被告人に最も不利な意見を順次利益な意見の数に加え，その中で最も利益な意見」によると規定している（同法77条2項2号）。

しかしこの基準は，量的問題（主としては，量刑問題）には当てはまろうが，質的問題についても妥当するかどうかは疑問である。たとえば，3人の裁判官の意見が，甲は懲役3年，乙は2年6月，丙は2年と分かれた場合には，最も不利な甲の意見を乙の意見に加え過半数になったところで乙の意見により懲役2年6月が裁判内容となろう。しかし，甲は有罪，乙は正当防衛を理由に無罪，

丙は責任無能力を理由に無罪を主張している場合にはどうであろうか。これには，有罪，無罪の結論だけで評決すべきとする結論説（結論合議説）と，個々の理由ごとに評決すべきとする理由説（理由合議説）の対立がある。結論説によれば，2対1で無罪の結論が導き出される。しかし，理由説によれば，正当防衛は2対1で否定，責任無能力も2対1で否定されることとなり，被告人は結局有罪とされてしまう。理由説は，裁判には理由を示すことが求められている（44条）ことを根拠に，理由ごとに評決しなければ判決理由を書くことができないと結論説を批判する。しかし，有罪の心証をもっている裁判官が1人だけなのに有罪とされることは，「疑わしきは被告人の利益に」の原則からみて問題であろう。平野龍一博士は，ドイツにおける両説の対立を紹介し，理由説の欠陥を指摘しつつ，結論説に立つべきであるとした。理由説を支持する声もなお根強いが，現在では，結論説が通説といってよいであろう。

それに対し，質的問題については，その性質に応じて理論的に解決するほかはないと思われる。たとえば，甲は窃盗で被告人有罪，乙は贓物収受で有罪，丙は無罪と分かれたような場合には，「ある訴因につき被告人は有罪か」という形で評決を行い，結局被告人を無罪とすべきであろう。もっとも，これは多分に理論的な問題であり，実際の裁判では，十分な議論が尽くされる結果，全員一致の結論が得られるのがほとんどであり，多数決による評決にまで至るのはむしろ稀であるようである。

(2) 外部的成立

(a) 裁判は，これを受ける者に対して告知されることによって外部的に成立する。公判廷における告知は，宣告により行い（規則34条），裁判長が主文ならびに理由を朗読するか，主文の朗読および理由の要旨の告知を行う（規則35条）。

(b) 裁判が外部的に成立すると，裁判所は自ら宣告した内容に拘束され，以後撤回，変更ないし訂正ができなくなる（自己拘束力，自縛力）。しかし，言渡した内容に誤りが含まれていた場合に，一切訂正できないとすると不便でありまた訴訟経済の観点からも問題があるので，裁判宣告手続の終了まではこの拘束力は発生しないとされている。したがって，終局前の裁判については撤回変更がひろく認められているし，終局裁判についても，上告審における訂正判決（415条），再度の考案による公訴棄却決定の更正（423条2項）などが認められて

いる。訂正可能な時間的限界について，判例は，宣告の公判期日が終了するまでは宣告内容の訂正変更が許されるとする（最判昭51・11・4刑集30巻10号1887頁）。しかし，単なる言い間違いのような場合は別として，宣告内容の実質的変更に至るような場合には，期日を延期するなどの慎重な扱いが必要であろう。そこで，判例のように処理すれば法的安定性を害し，裁判所に対する信頼を失わせることになる。はっきり違法というべきである，と判例に批判的な見解もみられる。

4 裁判の構成

(1) 主　　文
裁判は，主文と理由とからなる。言渡の順序は，主文→理由が通例であるが，死刑事件では，被告人の動揺を考慮して理由の朗読から始まり，主文の言渡へと続くのが実務の慣行となっている。

主文とは，裁判の対象となっている事項についての最終的結論をいう。有罪判決の場合には，「被告人を懲役3年に処する」といった具体的な宣告刑が主文となる。未決勾留日数の本刑通算（刑21条），労役場留置（刑18条），執行猶予・保護観察（333条2項），仮納付命令（348条），没収・追徴（刑19条），被害者還付（347条1項2号），訴訟費用の負担（181条・182条）なども主文で示される。なお，刑の免除の判決（334条）も有罪判決である。この場合には，判決主文において「被告人に対し刑を免除する」と言い渡す。

(2) 理　　由
裁判には，理由を付さねばならない(44条1項)。これは，①当事者に対して，その納得を得るためのもの，換言すれば，裁判が合理的かつ客観的な根拠にもとづいて行われたことを示すこと（裁判機関の判断の恣意性の防止），②上訴審に対して，その判断資料を提供すること，③社会に対して，法の適用が正当になされたことを示すこと，が主なねらいである。

理由において明らかにすべき判断内容については，次に述べる有罪判決の理由を別として，ほとんど法定されていない。一般的にいえば，裁判は，司法判断すなわち一定の事実の認定とその事実への法令のあてはめ，そしてその結果

としての法的な権利義務関係の存否の判断である。したがって，裁判の理由はその判断過程が明らかになるものでなければならない。

(3) 有罪判決の理由

有罪判決は，被告人にとってとくに重要な意味をもつから，裁判に理由を付さねばならないとした一般条項（44条1項）に加えて，法はとくに有罪判決の理由について明文規定をおくこととした（335条）。すなわち，①罪となるべき事実，②証拠の標目，③法令の適用，がそれである。終局裁判であり，かつ被告人の生命・自由に関する重要度の高さから，このような明文規定がおかれたのであり，納得のいく裁判および裁判の信用のために法はとくに慎重な考慮を払っているのである。

なお近時，判決書の様式・表現をわかりやすくするために，実務上工夫が試みられている。いわゆる「ひらかれた司法」の観点から歓迎すべきことであり，裁判運用の合理的改善という実質的な効果も期待されている。

(a) 罪となるべき事実　これは，起訴状記載の訴因に対応するもの，すなわち構成要件に該当する具体的事実をいう。「事実の認定は，証拠による」（317条）と規定する「事実」に対応するものである。有罪の心証の基準については，法は明文規定をおいていないが，英米法でいう「合理的な疑いを越えた証明（proof beyond a reasonable doubt）」が，わが国でもひろく一般に承認されている。そこで，罪となるべき事実には，合理的な疑いを越えるという高度の有罪心証を担保しうるだけの詳細さと確実さが示されている必要があり，かつ，関係者を納得させるに足る程度のものでなければならない。判例は，犯罪の日時，場所，方法などは罪となるべき事実に含まれないとする（最判昭24・4・14刑集3巻4号530頁）が，疑問である。これらは，被告人の犯罪行為を特定するのに不可欠の要素と思われるからである。また，構成要件の修正形式である予備，未遂，共犯も罪となるべき事実に含まれる。なお，判例は，共謀共同正犯につき，共謀の日時，場所，内容について具体的に判示する必要はないとしている（最大判昭33・5・28刑集12巻8号1718頁）。

(b) 証拠の標目　「罪となるべき事実」を認定する根拠となった証拠を挙示することをいう。旧法では，「証拠ニ依リ認メタル理由ヲ説明」することとされていたが，裁判官の負担軽減の意味で，戦時刑事特別法で標目の挙示に緩和

され，それがそのまま現行法に引き継がれることになったものである。その背景には，英米型の当事者主義，公判中心主義には詳細な証拠説明はなじまない，といった事情があったようである。判例も，数個の犯罪事実の証拠として多数の証拠の標目を一括挙示しても，記録と照合すれば犯罪事実との対応が明らかであれば違法ではないとし（最判昭25・9・19刑集4巻9号1695頁），証拠の採否・取捨選択の判断または事実認定についての心証形成に理由の判示は必要ないとし（最決昭34・11・24刑集13巻12号3089頁），これを支持する学説もみられる。

　しかし，これには早くから批判の声が聞かれた。たとえば，佐伯千仭博士は，どの証拠からどの事実を認定したが分かるようなものでなければ，裁判官の証拠による認定を安易にするだけでなく，法律が判決理由にくい違いがあることを絶対的控訴理由と認めたこと（378条4号）はまったく意味がないことになってしまう，と論じた。井戸田侃教授も，理由を付すべき趣旨から考えると，数個の独立した犯罪事実の認定に採用した証拠を漫然羅列し，あるいは犯罪事実の成否についてきわめて争いのある事実について数多くの証拠を羅列するような表示方法は許されない，とする。鈴木茂嗣教授も，証拠を挙示する理由は，事実認定の合理性の担保にあるから，どの証拠でどの事実が認定されたかが分かるような挙示の仕方をする必要があろう。また，とくに争いのある事件では，有罪判決の基礎とされた主要な証拠について必ず具体的な証拠説明をしておく運用が望まれる，とする。自由心証主義（318条）における心証形成は，直感的・総合的なもので論理的な説明にはなじまないとする考え方も依然根強いが，近時では，証拠説明を要するとする考え方が有力といえよう。なお，判例によれば，証拠は判示事実を認定するに必要な最小限度の証拠を挙げれば足りるが，実務ではその程度にとどまらずそれ以上の証拠を掲げるのが普通である。

　(c)　法令の適用　　法令の適用とは，罪となるべき事実として記載された被告人の行為がいかなる犯罪を構成するのか，そして主文の刑がどのようにして導き出されたのか，についてその法令上の根拠を明らかにすることをいう。罪刑法定主義が遵守されていることを担保するために，法令の適用が明示されるのである。

　法令適用の形式としては，文章式と羅列式とがあり，かつては文章式のみが行われていたが，最近は羅列式も多い。法令の適用は，①罰条，②科刑上一罪

の処理（観念的競合，牽連犯），③刑種の選択，④累犯加重，⑤法律上の減刑（未遂，心神耗弱など），⑥併合罪の加重，⑦宣告刑，の順序による。

(d) 当事者等の主張に対する判断　法律上犯罪の成立を妨げる理由となる事実および刑の加重減免の理由となる事実について主張があった場合には，裁判所はこれに対する判断を示さなければならない（335条2項）。当事者の主張を裁判所が無視しなかったことを明らかにするという当事者主義の精神に由来する。

法律上犯罪の成立を妨げる理由となる事実とは，構成要件に該当する事実以外の事実であって法律上犯罪の不成立をきたす事実をいう。いわゆる阻却事由をいい，たんなる構成要件事実の否認はこれに含まれない。一般に認められているものとしては，法令による行為・正当業務行為（刑35条），正当防衛（刑36条1項），緊急避難（刑37条1項），心神喪失（刑39条），刑事未成年（刑41条），名誉毀損罪における真実性（刑230条の2）などがあり，さらに判例では，期待可能性の不存在（最判昭24・9・1刑集3巻10号1529頁），自救行為（最決昭46・7・30刑集25巻5号756頁）などが認められている。なお，当事者の主張が，たんなる構成要件事実の否認か阻却事由の主張か明白でない場合には，裁判所は釈明権の行使によりその趣旨を確かめ判断を示すべきであろう。

法律上刑の加重減免の理由となる事実の主張とは，必要的に刑を加重・減軽・免除すべき理由となる事実のことである。累犯（刑56条），中止未遂（刑43条但書），心神耗弱（刑39条2項），親族相盗等（刑244条1項・251条・255条・257条1項）の主張がこれに当たる。これに対し，通説は，刑の減免が裁判所の裁量にゆだねられている場合にはこれに当たらないとする。しかし，法律上類型化された加重減免事由であれば任意的な場合も含まれよう。

(e) 量刑の理由　量刑の理由については，335条の要求するところでない。しかし，当事者の納得，量刑の重要性等にかんがみると，少なくとも重大事件については原則として説明する義務があると解すべきであろう（死刑・無期刑を科するときとか，あるいは殺人罪や放火罪等の重罪については記載するのが妥当であろう。さらに実際の訴訟においては量刑が主要な争点となることが多く，とくに執行猶予か実刑かをめぐって攻防がつくされたときは，なぜ執行猶予にしたのか，なぜ実刑にしたのか，その理由を説示したほうがよいであろう）。

(4) 無 罪 判 決

　無罪判決は，被告事件が罪とならないとき，または，被告事件について犯罪の証明がないときに言い渡される（336条）。「被告事件が罪とならないとき」とは，法律上犯罪の成立が否定される場合，すなわち，犯罪の構成要件該当性，違法性，責任の各阻却事由等がある場合をいう。なお，起訴状に記載された事実が真実であっても，何らの罪となるべき事実を包含していないときは，無罪判決ではなく，339条1項2号により公訴棄却の決定がなされる。「被告事件について犯罪の証明がないとき」とは，立証すべき証拠がないかまたは不十分な場合，すなわち，裁判官が公訴事実の存在について合理的な疑いを越える程度の心証を得るに至らなかった場合をいう。自白はあるが，それを補強する証拠がない場合もここに含まれる。

　ところで，無罪判決がきわめて少ないことは，わが国刑事司法の一大特色となっている。犯罪白書平成12年版によると，全事件裁判確定人員中無罪が確定した者は，1997年では総数109万9,567人中58人（0.00527％），1998年では総数107万6,329人中57人（0.00529％），1999年では総数109万701人中59人（0.0054％）となっている。また，1998年の地方裁判所および家庭裁判所による第一審における終局処理人員をみてみると，総数57,762人中無罪人員は39名（0.0675％）となっている。

　無罪判決をめぐっては，「真っ白無罪」と「灰色無罪」とに分けて論じるむきがないわけではない。前者は，アリバイ証明，真犯人の出現など決定的な反証がある場合，後者は，証拠不十分によって下される場合に用いられる。しかし，刑事裁判は「黒か白か」を決めるものではなく，「黒か黒でないか」を決めるものであり，かかる区別は近代法の常識に反するものといわなければならない。灰色無罪なる概念は認めるべきではないであろう。

　無罪判決にも，理由が付されなければならない（44条）。理由の程度については，罪とならないものとして無罪とするか，犯罪の証明がないものとして無罪とするかを示せば足り（東京高判昭27・10・23高刑集5巻12号2165頁），個々の証拠について採用できない理由を逐一説明する必要はない（最判昭35・12・16刑集14巻14号1947頁）。しかし，無罪判決に対しては，検察官からの上訴が認められているので，有罪判決以上に詳細な判決理由が付されるのもめずらしくないよ

うである。なお，無罪判決があったときは，勾留状はその効力を失い（345条），身柄を拘束されていた被告人は釈放される。

5 裁判の効果

（1） 形式的確定と内容的確定

裁判は，確定によってその効力を生ずる。裁判の確定は，形式的確定と内容的確定に区別され，確定の効力も，これに対応して形式的確定力と内容的確定力に区別される。

（2） 形式的確定力

裁判が，上訴などの通常の不服申立方法で争えなくなった状態を形式的確定といい，それによって生じた効果を形式的確定力という。これは，すべての裁判について認められる効力であり，形式的確定力によって当該事件の訴訟係属も消滅する。

不服申立の許されない裁判では，告知と同時に確定する。これは，例外的な場合とされている。不服申立の許される裁判では，不服申立期間の徒過，不服申立の放棄・取下，不服申立を棄却する裁判の確定によって確定する。抗告については，その利益がなくなったときに確定する。

（3） 内容的確定力

裁判の形式的確定があると，その判断内容も確定する。これを内容的確定といい，その確定された内容にともなう効力を内容的確定力という。形式的確定力と同様に，すべての裁判を通じて考えうる効力であり，対内的には執行力，対外的には内容的拘束力としてあらわれる。

　(a)　執行力　　471条は，「裁判は，この法律に特別の定のある場合を除いては，確定した後これを執行する」と規定し，裁判の執行力は裁判の形式的確定によって生じるのを原則としている。しかし，抗告については，「抗告は，即時抗告を除いては，裁判の執行を停止する効力を有しない」(424条)ので，その対象となる決定は，告知により直ちに執行力が生じる。準抗告の場合も同様である(432条)。罰金等の仮納付の裁判も，直ちに執行力が生じる(348条)。裁判の執行は，その裁判をした裁判所に対応する検察庁の検察官が指揮する(472条1

項本文)。裁判の執行の指揮は，書面でこれをし，これに裁判書または裁判を記載した調書の謄本または抄本をそえなければならない (473条1項本文)。

死刑の執行は，判決確定後6カ月以内に法務大臣の命令によって行う (475条)。死刑は，監獄内において，絞首して執行する (刑11条1項)。法務大臣の執行命令があると，5日以内に執行しなければならない (476条)。懲役は，監獄に拘置して所定の作業を行わせ (刑12条2項)，禁錮は監獄に拘置して (刑13条2項)，拘留は拘留場に拘置して (刑16条) 執行する。罰金，科料，没収，追徴，過料，没取，訴訟費用，費用賠償または仮納付の裁判は，検察官の命令によって執行する。この命令は，執行力のある債務名義と同一の効力を有する (490条1項)。

(b) 内容的拘束力　同一事項については，異なる判断をなしえないとする効力をいう。この効力は，実体裁判，形式裁判を問わず生じる(通説)。そこで，別訴を提起しても，裁判の確定によって不動のものとなった内容を取り消したり変更したりすることはできず，別訴を審理する裁判所の判断を拘束する。後の裁判所は，同一事項について異なる判断をなしえないとしなければ，先に下された裁判が無意味になってしまうからである。したがって，親告罪につきなされた告訴が無効であるとして公訴棄却の判決 (338条4号) をなしそれが確定された後に，同一訴因でふたたび公訴提起があった場合，前の判断を無視し当該告訴は有効であるとして実体裁判をすることはできない。しかし，事情の変更があればこの拘束力は及ばない。すなわち，後に有効な告訴があらためてなされたときは，事情の変更があるので，有効に再起訴することができる。下級審判例のなかには，死亡診断書を偽造し公訴棄却の決定を受けた被告人に対し，同一事実について再起訴がなされた事案について，公訴棄却の決定は形式裁判であるから，その裁判が確定しても再起訴は妨げられない，としたものがある (大阪地判昭49・5・2判時745号40頁)。

(4)　一事不再理の効力

(a)　一事不再理効の根拠　有罪・無罪の実体判決が確定したときには，同一事件を再び訴訟上問題とすることはできない。これを，一事不再理効 (ne bis in idem) という。

その根拠ないし本質については，①確定裁判の内容的効力 (内容的確定力) に

ともなう矛盾裁判の禁止，②裁判が終結した以上，国家の訴追権が消滅する（公訴権消滅説），③被告人は，一度訴追の負担を課されたならば，再度同じ苦しみを受けることは許されない（二重の危険説），に分かれる。

いわゆる公訴事実対象説にたてば，同時審判の可能性のある公訴事実の全範囲に一事不再理効が及ぶことになる。しかし，裁判所の審判が訴因に限定されているとの立場（訴因対象説，通説）にたてば，かかる結論を導き出すには若干の困難がともなう。訴因制度を前提として，同じ結論を導き出すためさまざまな見解がみられたが，現在では検察官の同時訴追義務の観念を媒介として一事不再理効が公訴事実同一の全範囲に及ぶことが一般に承認されている。ところで，判例ははやいときから，憲法39条は二重の危険を採用している旨を明らかにしていた（最大判昭25・9・27刑集4巻9号1805頁）。現在の通説も，二重の危険説に依拠しているといってよい。したがって，一事不再理効を支えるのは，刑事手続にともなう被告人の種々の負担を最小限度にとどめ，被告人をいつまでも不安定な状態におくことを避けるという人権擁護の思想であるといえよう。

(b) 一事不再理の発生時期　　有罪あるいは無罪の実体判決が確定すれば，一事不再理効が生じることに疑問はない。ところで，一事不再理の効力を二重の危険説からとらえれば，そのねらいは刑事訴追を受けた被告人を再訴から保護することにあるわけであるから，実体審理という手続負担を受けた事実のみで効力が発生する可能性があるのではないか，という疑問が生じる。その立場では，二重起訴の禁止（338条3号）と一事不再理とは，パラレルな関係としてとらえられる。また，危険発生の時期が裁判の確定時期よりはやまるとすれば，検察官上訴は憲法39条違反の疑問が生じる（なお，判例はいわゆる継続的危険説にたち，検察官上訴を合憲としている。前出最大判昭25・9・27）。

形式裁判については，危険の発生は一般に否定されている（通説・判例）。しかし，一事不再理効を被告人が手続上危険にさらされた効果として生じるという立場を徹底させれば，ある程度の実体審理が行われたのなら，形式裁判の場合も一事不再理効が生じる可能性が残される。田宮裕教授は，訴訟条件の具備しない当該訴因について，何らかの理由で実体審理を続行し，その結果，結局形式裁判が言い渡たされたというような場合には，実体裁判とは結論の時点で途が分かれただけであって，実質的な被告人に対する危険としては同じことで

あるから，一事不再理の効力を与えても不都合はないと思われる，とする。

　(c)　**一事不再理効の及ぶ範囲**　　一事不再理の効力の及ぶ範囲については，主観的範囲，客観的範囲および時間的範囲に分けて論じられている。

　一事不再理効は，国家と確定判決を受けた被告人との間においてのみ生じる（主観的範囲）。同一犯罪に加わった共犯でも，他の共犯者の判決の効力は及ばない（通説）。したがって，共犯者の間で内容的に矛盾した判決がなされうる。

　一事不再理効は，判決のあった訴因と公訴事実同一単一の関係にある犯罪事実の全部に及ぶ（客観的範囲）。たとえば，横領の訴因について無罪判決が確定した後，詐欺の訴因で後訴があった場合，後訴を審理する裁判所で詐欺の訴因と横領の訴因との間に公訴事実の同一性があり，前訴の審理のさいに訴因の変更が可能であった場合は，再訴することはできない。

　継続犯，常習犯などが確定判決の前後にまたがって行われているときは，確定判決の効力の及ぶ時間的範囲が問題となる。確定判決以後の行為についてはその効力が及ばない，すなわち，公訴事実の同一性は否定される。その基準時点としては，第一審弁論終結時説，第一審判決言渡し説，判決確定時説などがあり，多数説は第一審判決言渡し説である。

（5）　免訴判決の効力

　(a)　免訴の判決が，実体裁判であるとするならば，一事不再理効が認められることに疑問の余地はない。しかるに通説は，免訴判決を形式裁判としつつ，しかもそれにもかかわらず一事不再理効が発生するとする。では，なぜ形式裁判であるにもかかわらず一事不再理効が生じるのであろうか。

　免訴判決の性質をめぐっては，①犯罪によっていったん発生した刑罰権が，その後の事情の変化により消滅した場合に言い渡す裁判だとする説（実体裁判説），②1号免訴（確定判決を経たとき）は形式裁判，2号免訴以下は実体裁判であるとする説（二分説），③実体的訴訟条件を欠く場合に言い渡される裁判であり，その条件の存否を審査するためには必然的にある程度まで事件の実体に立ち入らざるをえず，またその存否は実体に関係させて判断せざるをえないものだとする説（実体関係的形式裁判説），④訴訟追行自体が許されないとして言い渡す形式裁判だとする説，⑤無罪判決と共通性をもつ一方で，公訴犯罪事実の存否について直接判断を下すものでない点で公訴棄却の裁判とも共通性を有す

る形式裁判であるとする説，などの見解がみられてきた。理由付けに違いはみられるも，いずれの説も免訴に一事不再理効を認めている。それに対し，⑥免訴を形式裁判と解しつつ一事不再理効を認めようとする構成は，いずれも成功しておらず，免訴を形式裁判と解する限り，一事不再理効を認めるのは困難であるとの見解も有力に主張されている。

　(b)　従来の免訴判決をめぐる対立点は，①免訴判決をするについて犯罪事実の存否に関する実体形成を要するか，②被告人に無罪判決請求権を認めるか，③337条2号以下の事由を未確定の刑罰権の消滅事由と解するか，④免訴の確定判決に一事不再理効を認めるか，⑤337条を限定列挙とみるか，の5点に帰着する。

　①および②について，判例は，免訴事由が存在する場合は実体審理を許さず，犯罪事実の存否を確定せず免訴の言渡しをすべきものとし，したがって免訴事由が存在すれば，無罪判決を求めることを許していない（最大判昭23・5・26刑集2巻6号529頁）。③④については，これを肯定してよいであろう。⑤については，免訴の意義を形式裁判による被告人の早期釈放に求めるとすれば，限定列挙とみる必然性はない。現に判例は，迅速な裁判の保障条項（憲37条1項）に反する事態が生じた場合を免訴事由として認めている（最大判昭47・12・20刑集26巻10号631頁）。

(6)　確定にともなうその他の効力

　終局裁判があった場合の押収物の処置について，没収の言渡しがないときは，押収を解く言渡しがあったものとしている（346条）。還付手続は，裁判所職員が行っているのが実務の慣行である。また，押収した贓物で被害者に還付すべき理由が明らかなものは，これを被害者に還付する言渡しをしなければならない（347条1項）。

15 ■ 上訴とは？

1 上訴一般

(1) 意義・目的

　上訴とは，未確定の裁判に対して上級裁判所に救済を求める不服申立の制度である。たとえば，AがBと喧嘩をして，その際に持っていたナイフでBを刺殺したとして殺人罪で起訴されたとしよう。被告・弁護人は，喧嘩ではあったが，AがBから一方的に殴られ，仕方なしに反撃した結果Bが死んだのであるから，急迫不正の侵害に対する正当防衛行為であると，あるいは，少なくとも過剰防衛にあたると主張した。しかし，その主張は認められず，Aの行為は殺人罪にあたるとの判決が言い渡された。これを不服として，被告・弁護人は，Aの行為がBから一方的に殴られ，仕方なしに反撃した結果であって，この点を認めなかった原審裁判所（この事例の場合であれば，地方裁判所）には事実誤認があるし，また，喧嘩の場合といえども一方的に攻撃された者が反撃に出たようなときには，正当防衛が認められるとした判例にも反するものであるとして控訴（この事例の場合であれば，高等裁判所）した。このように被告人にとっては，正当防衛が認められれば違法性が阻却されて無罪となり，過剰防衛が認められれば違法性あるいは責任が減少・消滅して刑の減刑または免除が受けられる。そして，真実は，被告人AがBの一方的な攻撃に対して耐えた上での反撃行為で，それがたまたま防衛の程度を超えたという過剰防衛の認められるべき事案であったとすれば，このまま原審の判断を確定させたのでは著しい不正義が被告人に行われることになる。
　確かに，法的安定性という法の理念からすると，いったん言い渡された判断は変更されないことが望ましい。しかし，他方で，正義の実現も法の理念の要請である。訴訟当事者の十分な攻防を保障し，自由に形成された裁判官の心証

は，通常は，この2つの理念を充足するものであるといえよう。とはいえ，これら理念を実現するための訴訟手続の整備も完全ではあり得ないし，訴訟当事者および裁判官もまた全能ではありえない。ここに誤判の危険性，あるいは，可能性がある。また，一般的に言って，判断の精度は一回の判断よりも，複数回の判断のほうが増す。ここに，上訴という上級審に対する不服申立制度の必要性と必然性が認められる。

それ故，そこでは，適正手続の保障という憲法の要請の下に，法的安定性の実現のために法令解釈・適用の統一性の確保と，正義の実現のために具体的妥当性が追求されることになる。

なお，この上訴は，上述のように，未確定の裁判に対するものであるから，確定判決に対する救済制度である再審・非常上告（非常救済制度）とは区別されなければならない。

(2) 上訴審の性格

この上訴制度は，第一審の裁判に対してどのような関係に立つか，すなわち，審判を新たにやり直すのか，あるいは，引き継ぐのかという審判の方式によって覆審・続審・事後審に，また，そこで何を審理するかという審判の対象によって事実審・法律審に区別される。

まず，審判の方式の内，覆審とは，第一審と同様に審理を最初からやり直す方式で，たとえば，旧刑訴がこの方式を採用していた。次に，続審とは，第一審からの訴訟を引き継ぎ，継続して審理を行う方式で，現在の民事訴訟の控訴審がその例である。最後に，事後審とは，第一審の判決を法律的および事実的観点から審査・検討する方式である。これらのうち，わが国の現行の制度は，原則的には，事後審の方式によっているのである。しかし，あくまで原則的にそういえるにすぎず，たとえば，量刑事情については原判決後の事情をも考慮して原判決を破棄できると規定しているし（393条2項・397条2項），破棄自判の場合には第一審と同じ立場で判決できるのである（400条但書）。その意味では，例外的ではあるが，続審の性格を持っているともいえよう。

また，上訴裁判所は，上述のように，審理の対象によって事実審と法律審に類別される。事実審とは，犯罪事実の問題とそれに関する法律問題について審理する審級で，現行の制度からいえば，第一審と控訴審がこれに属する。これ

に対して，法律審とは，法律問題についてのみ審理する審級で，上告審（前掲の事例の場合には，最高裁判所）がこれに当たる。ただし，上告審も，事実誤認等によって著しく正義に反すると認められるときには原判決を破棄するのであるから（411条），その限りでは，事実審としての機能も果たしている。

(3) 種　　類

さて，このような未確定の裁判に対する上訴には，判決に対する上訴である**控訴**（本書230頁以下参照）と上告（本書238頁以下参照）がある。一方，判決以外の裁判，すなわち，裁判所のした決定に対する上訴には，抗告がある。これには，さらに，通常抗告と即時抗告とを含む一般抗告，特別抗告および準抗告の種類がある（本書242頁以下参照）。

(4) 上　訴　権

では，上訴する権利は誰にあるのであろうか。上掲の事例でいえば，真実に反する判断によって過剰防衛が否定された被告人に認められることは明らかであろう。それ以外に誰に認められるのであろうか，弁護人には，検察官にはどうであろうか。

(a) **上訴権者**　　刑事訴訟法は，上訴権を，まず，検察官と被告人に（351条），次いで，被告人のために上訴する者に，すなわち，被告人の法定代理人・保佐人（353条），原審における代理人・弁護人（355条）に，および，勾留理由開示請求者（354条）に認めている。ただし，この権利は，被告人の明示の意思に反して行使することはできない（356条）。また，検察官および被告人以外の者で，たとえば，133条等の決定を受けた者にも抗告権を認めている（352条）。

しかし，何故これらの者に限って上訴権が認められているのであろうか。その理由は，上訴の利益の有無にある。まず，検察官は，公益の代表者であるから，原裁判が客観的に誤っている限り，これを是正する利益を有する。したがって，一方で，裁判所の誤った法律の解釈・適用を正すために，他方で，被告人の利益のためにも上訴できる。たとえば，無罪判決に対して有罪を求めて，逆に，有罪判決に対して無罪を求めて上訴することができる。なお，付審判請求事件の場合には，検察官の職務を担当する弁護士にこの利益が認められる。

次に，被告人は，自己に不利益な原裁判の是正を求める利益を持っている。

逆に，自己に有利な原裁判を不利益に変更するために上訴する権利は，上訴の利益がないので，認められない。たとえば，無罪判決が下された場合に，有罪を主張して上訴することはできない。しかし，何が被告人にとって利益・不利益なのかは，結局は，社会倫理的通念によって決定する以外にはなく，その判断基準をめぐっては学説の対立がある。通説は，軽い破廉恥罪の有罪判決に対して重い非破廉恥罪を主張して上訴できるかの問題について，これを否定しているし，また，通説・判例は，免訴・控訴棄却・管轄違いの裁判に対して無罪を主張して上訴できるかの問題についても，その利益を否定している（最判昭23・5・26刑集2巻6号529頁，大判明32・10・6刑録5輯9巻7頁，大判明37・6・27刑録10輯1416頁）。

　これに加えて，前述のように，被告人の法定代理人・保佐人，原審における代理人・弁護人，および勾留理由開示請求者も被告人のために独立して上訴権を代理行使できるが，その利益も，あくまでも被告人の利益である。ただし，被告人の明示の意思に反してはならない（356条）。ここに，被告人の両親には上訴権があるかという問題があるが，法定代理人・保佐人でない限り，被告人のために上訴権を行使できないと理解されている。また，原審における代理人・弁護人に原判決宣告後に選任された弁護人も含まれると解すべきかという問題については，原判決宣告の前後を問わないとするのが通説の立場である。なお，上訴審の弁護を依頼された弁護人は，上訴審の弁護人として当然に被告人を代理して上訴の申立ができる。

　そして，このような利益のない上訴が申し立てられた場合，および，無罪・免訴等の裁判に対して控訴が申し立てられた場合には，385条1項により，また，有罪判決に対して控訴が申し立てられた場合には，386条1項3号によって決定で控訴が棄却される。

　(b)　上訴権の発生・消滅・回復　　上訴権は，358条によれば，裁判の告知された日に発生し，上訴提起期間の徒過または上訴の放棄・取下げによって消滅する。上訴期間は，その種類によって異なる。たとえば，控訴・上告であれば14日である（詳しくは，本書232頁参照）。

　上訴の放棄とは，上訴をしない旨を事前に表明することであり，取下げとは，上訴申立後にこれを撤回することである。上訴権者は，原則として書面によっ

て上訴の放棄・取下げを行うことができるが（360条の3），死刑または無期懲役・禁錮に処する判決については上訴の放棄は許されない（360条の2）。そして，いったん上訴の放棄・取下げがなされると，その撤回はゆるされず，その結果，放棄・取下げ後の再上訴はできないことになる（361条前段）。このことは，放棄・取下げに同意した被告人にも妥当する（361条後段）。

しかし，上訴期間を徒過した場合であっても，それが上訴権者自身または代人の責任にもとづくものでなければ，原裁判所に上訴権の回復を請求することができる（362条）。

(5) 上訴の申立

(a) 上訴の方式　　上訴の申立は，上訴期間内に申立書を原裁判所に差し出して行わなければならない。上訴裁判所にではなく，現に期間内に原裁判所に到達することが必要である。

(b) 上訴の効果　　その効果は，停止の効力と移審の効力にある。停止の効力とは，裁判の確定および執行を停止する効力のことである。また，移審の効力とは，事件が原審から上訴審に移って訴訟係属することである。何時移審するかであるが，上訴申立書および訴訟記録が上訴裁判所に送付されたときとされている。

(c) 上訴の期間　　次に，上訴の申立期間は，控訴・上告が14日（373条・414条），即時抗告が3日（422条），通常抗告が実益のある間（421条），準抗告は3日または実益のある間（429条4項），そして特別抗告が5日（433条2項）と規定されている。

(d) 上訴の範囲　　上述のように，上訴がその期間内に申し立てられると停止の効力と移審の効力とが生ずることになるが，その場合，原裁判のどの部分に上訴の効果が生ずるのであろうか。上訴申立の範囲が問題となる。上訴の申立とは原裁判破棄の申立であるから，原裁判が可分的でない限りは，その全部について上訴の効果が生ずると考えられるべきである。したがって，可分的な場合，たとえば，A・B2個の犯罪が併合罪とされ，その主文が2つになっている場合には，可分的であるから，Aの部分についてのみ上訴することができる。他方，主文が1つになっている場合には，不可分であるから，Aの部分についての上訴は他の部分，すなわち，Bの部分にも及ぶことになる。これが原

則であるが，まだ問題が残されている。たとえば，原審がA・B二罪を併合罪の関係にあるとして，A有罪，B無罪の判決を言い渡したのに対して，被告人がA罪についてのみ上訴したが，控訴審は，A・B二罪は科刑上一罪あるいは本来的一罪の関係にあると認めた場合を如何に解すべきであろうか。B罪について判決が確定することによって，A罪とB罪とが分割されると考えるならば，部分上訴説が支持されるべきであろうが，免訴説あるいは包括上訴説も主張されている（最判昭34・12・11刑集13巻13号3195頁）。また，包括一罪や科刑上一罪とされる並列的犯罪事実について，たとえば，連続して行われた賭博行為が包括一罪として起訴され，その一部について有罪，他の一部について無罪の判決が言い渡されたが，被告人から有罪の部分についてのみ上訴の申立がなされた場合，原則的には，不可分な犯罪事実についての上訴であるから，全部について上訴があったと判断すべきであろうが，一部上訴説も，攻防の対象になった事実のみが上訴の申し立てられた事実であるとする判例の攻防対象論（最大判昭46・3・24刑集25巻2号293頁）も主張されている。

(e) 不利益変更禁止　402条は，被告人が控訴をし，または被告人のため控訴をした事件については，原判決の刑より重い刑を言い渡すことはできないと，不利益変更禁止を規定している。この規定の本旨は，被告人が安心して上訴権を行使できるようにとの政策的配慮にある。その「被告人のため控訴した事件」とは，通説・判例によれば，353条および355条に規定されている者が控訴した場合を意味し，検察官が被告人のためにした場合を含まないとされている。また，「原判決の刑より重い刑」とは，実質的な観点からいずれが被告人の法益をより大きく奪うことになるかを判断して決定されることになるが，具体的総合説に立つ判例と学説とが対立している。たとえば，学説は，禁錮を懲役に変更することをすでに不利益変更であると考えているが，判例は禁錮2年6月を懲役2年に変更することを不利益変更ではないとしている（最決昭9・5・7刑集18巻4号136頁）。しかし，これが原判決より被告人に不利益な事実を認定することまでも禁止する趣旨ではないことは，通説・判例の認めるところである。最後に，重い刑を「言い渡すことはできない」とは，控訴審が破棄自判する場合のみならず，差戻・移送後の第一審の裁判にも適用されると解されている。

（6） 上訴の理由

　上訴を申し立てた者は，上訴理由を明示しなければならない。すなわち，控訴あるいは上告の場合，申立書自体に上訴の理由を記載する必要はないが，所定の期間内に控訴趣意書あるいは上告趣意書を提出しなければならない。

　趣意書が期間内に提出されない場合には，やむを得ない遅延事情が存在する場合は除いて，上訴が成立せず，上訴裁判所は決定で上訴を棄却する（386条1項1号・414条）。趣意書が期間内に提出された場合であっても，法令に定める方式違反等の理由（386条1項2号・3号・414条）があるときには，提出されなかった場合と同様に，決定で上訴が棄却される。とはいえ，この場合，上訴はとりあえず成立しているのであるから，訴訟条件の存否の審査および原判決の瑕疵についての一定の範囲での職権調査を行うことができる。

　抗告の場合も，判例によれば，同様に申立の理由が明示されなければならないとされている。抗告の申立書に理由を記載してもいいし，期間内に理由書を提出してもよい。

（7） 上訴審の判断の拘束力

　裁判所法4条によれば，上級審の裁判所の裁判における判断は，その事件について下級審の裁判所を拘束するとされる。すなわち，上訴裁判所が原判決を破棄し，事件を原審裁判所に差し戻した場合，あるいは，同等の他の裁判所に移送した場合には，上訴裁判所の判断がそれらの裁判所の判断を拘束するという趣旨である。現行法制度の採る上級審優越という制度から導かれる当然の帰結である。判断の拘束力は，上訴審が破棄の直接的理由とした判断に限定されるのであって，破棄差戻後の審理で新たな証拠によって異なる判断を下すことまで禁止する趣旨ではない。

（8） 上訴に対する補償その他

　刑事訴訟法は，勾留中の被告人に上訴について熟慮する時間を保障するという趣旨から，上訴申立前の上訴提起期間中の未決勾留日数を本刑に通算すると規定している（495条1項）。また，我が法制度は，英米法流の「二重の危険」の法理を採用しておらず，それ故，検察官による上訴が許されるが，しかし，そのことから被告人の権利が不当に侵害されることのないようにと，上訴申立後の未決勾留日数の本刑通算を認めている（495条2項）。あるいは，検察官に

よる上訴が棄却されたり，取り下げられたりした場合については，上訴費用の補償等も定めている（181条3項・188条の4）。

2 控　　訴

（1）意義・性格

　控訴とは，372条によれば，地方裁判所，家庭裁判所または簡易裁判所がした第一審の判決に対してなされる高等裁判所への上訴である。なお，内乱罪等特定の犯罪の第一審は高等裁判所で，これに対する上訴は最高裁判所になるが，これは控訴ではなく上告である（405条）。また，控訴なしで最高裁判所へ直接上訴できるが，これは控訴ではなく，飛躍上告である。

　控訴審の法的性質については，原判決の瑕疵の有無を事実的および法律的観点から審査する事後審なのか，第一審から訴訟を引き継ぎ，審理を続ける続審なのかをめぐって見解の対立がある。それは，383条2号あるいは393条2号によって，必ずしも原判決時が判断の基準時とされていないし，382条の2・383条1号および393条1項但書によって，判断の資料が必ずしも原判決の資料に限定されていないからである。しかし，400条は，本文で破棄差戻および移送を原則とし，但書で，自判の許される場合を，訴訟記録ならびに原裁判所および控訴裁判所において取り調べた証拠によって，直ちに判決ができるものと認めた場合に限っている。このことから，現行法は，控訴審を事後審と考えていることが判る。したがって，判断の基準時と判断資料に関する上述の規定は，例外規定と考えられることになる。

（2）控訴理由

　384条によれば，控訴は法定の事由がなければ申し立てることができない。この控訴理由には，377条・378条・381条および383条に定められた事由のように，そのような事由の存在が当然に控訴を許すことになる絶対的控訴理由と，379条・380条および382条のように，その事由の存在が判決に影響を及ぼす場合にのみ控訴が許される相対的控訴理由とがある。この区別は，その事由が如何に重大であるか，すなわち，それ自体で裁判の公正さや適正さ等に疑いを生じさせるものであるか否かの観点によっている。以下，絶対的控訴理由，相対

的控訴理由の順序で説明を加える。絶対的控訴理由には，
- ⓐ 法律に従って判決裁判所を構成しなかったこと（377条1号），たとえば合議体で審理すべき事件を単独の裁判官でした場合，
- ⓑ 法令により判決に関与することのできない裁判官が判決に関与したこと（377条2号），たとえば，除斥事由のある裁判官が判決裁判所の構成員として判決に関与した場合，
- ⓒ 審判の公開に関する規定に違反したこと（377条3号），たとえば，憲法82条あるいは裁判所法70条に違反した場合，
- ⓓ 不法に管轄または管轄違いを認めたこと（378条1号），たとえば，事物管轄または土地管轄について，管轄違いの言渡しをすべきであったのに実体裁判をしたり（前段），管轄があるのに管轄違いの言渡しをした（後段）場合，
- ⓔ 不法に，公訴を受理し，またはこれを棄却したこと（378条2号），たとえば，338条または339条1項に定める控訴棄却の事由があるのに実体判決をしたり（前段），あるいは，338条に定める事由がないのに控訴棄却の判決をした（後段）場合，
- ⓕ 審判の請求を受けた事件について判決をせず，また審判の請求を受けない事件について判決をしたこと（378条3号），たとえば，併合審理した併合罪の関係にあるＡ，Ｂ，Ｃの訴因の内のＣ訴因に対して判断しなかった，すなわち，判断遺脱があったり（前段），訴因として主張されていない，公訴事実の同一性を超えた事実に対して判断した，不告不理原則違反（後段）の場合，
- ⓖ 判決に理由を附せず，または理由にくい違いがあること（378条4号），たとえば，44条および335条1項で必要とされる判決の理由を全部またはその重要部分を欠く，すなわち，理由不備がある（前段）か，あるいは，主文と理由の間に，また，理由相互間に不一致が存在する，すなわち，理由齟齬がある（後段）場合，
- ⓗ 刑の量定が不当であること（381条），たとえば，宣告された刑が犯罪に対して重過ぎたり軽過ぎたりする，すなわち，量刑不当である場合，
- ⓘ 再審の請求をすることができる場合にあたる事由があること（383条1

号),たとえば,435条に定められた事由がある,すなわち,原判決の証拠となった証拠書類または証拠物が確定判決により偽造または変造であったことが証明された（1号）場合,

③ 判決後に刑の廃止もしくは変更または大赦があったこと（383条2号）,

がある。

他方,違反や誤りが判決に影響を及ぼすものであるときにのみ控訴理由となる相対的控訴理由には,訴訟手続の法令違反（379条）,法令の適用の誤り（380条）および事実誤認（382条）がある。

① 本条の訴訟手続の法令違反とは,377条および378条以外の,判決の直接の基礎となっている審理や判決手続の違反である。たとえば,原審公判廷で行われた目撃証人に対する証人尋問が無宣誓で行われ,しかもその証言が有罪認定の直接の証拠となっているような場合が,これに当たる。

② 法令の適用の誤りとは,認定した犯罪事実に対する実体法規の適用の誤りをいい,適用すべき規定を適用しなかった場合と,適用すべきでない規定を適用した場合とがある。たとえば,判例は,免訴事由があるのに実体判決をし,免訴事由がないのに免訴判決をする場合に,法令適用の誤りがあるとしている（最大昭40・7・14刑集19巻5号525頁）。

③ 事実誤認とは,原審で適式に取り調べられた証拠能力ある証拠と控訴審で取り調べが許される新証拠とを基礎に,認定できる事実を認定せず,または認定できない事実を認定した場合である。たとえば,共同正犯と認定すべきところを,従犯と認定したような場合である。

なお,前述のように,これらの事由は,いずれも判決に影響を及ぼすことが明らかな場合にのみ控訴理由となるが,その「影響を及ぼす」とは,このような事由がなかったならば現になされている判決とは異なる判決がなされたであろうという蓋然性があること,すなわち,事由と判決との間に規範的な因果関係があることを意味している。

(3) 控 訴 手 続

控訴手続は,372条によれば,地方裁判所,家庭裁判所または簡易裁判所がした第一審の判決に対して,まず,控訴申立書を第一審裁判所に提出し,続いて,高等裁判所に控訴趣意書を提出するという方式によってなされる。

(a) 控訴申立書の提出　控訴申立書とは，上訴の意思を表示するもので，そこには管轄控訴裁判所に宛てて，控訴をする旨および控訴の対象となる判決が記載される。そして，この申立書は，358条および373条によれば，第一審判決告知後14日以内に第一審裁判所に差し出されなければならない。その理由は，刑の執行等との関係で第一審裁判所が判決の確定の有無を知る必要があるからである。

　差し出された申立書が明らかに控訴権の消滅後になされたものである場合には，控訴は第一審裁判所によって決定で棄却されることになるが，それ以外の場合には，訴訟記録や証拠物が控訴裁判所に速やかに送付され，移審の効果が生ずることになる。その後，控訴裁判所によって，控訴趣意書提出の最終日が指定され，控訴申立人およびその弁護人に通知される。

(b) 控訴趣意書の提出　376条によれば，控訴申立人は，裁判所の規則で定める期間内に控訴趣意書を控訴裁判所に差し出さなければならない。ここでいう控訴申立人とは，現実に控訴を申し立てた当事者ではなく，控訴を申し立てた側の当事者たる被告人または検察官である。したがって，弁護人も被告人を代理して控訴趣意書を差し出すことができるが，控訴審の弁護人に限られる。また，差出最終日は，控訴趣意書を差し出すべき最終日の記載された通知書が届いてから21日以後の日である。なお，これ以後であっても，やむを得ない事情があれば許される。他方，控訴の相手側は，答弁書を差し出すことができるが，控訴裁判所によって命ぜられることもある。

(c) 事実の援用等　この控訴趣意書には，保証書の添付あるいは事実の援用が義務づけられている。まず，377条に規定された絶対的控訴理由を根拠に控訴する場合は，控訴趣意書にその事由があることの充分な証明ができる旨の検察官または弁護人の保証書を添付しなければならない。それに対して，378条に規定された絶対的控訴理由，訴訟手続の法令違反，事実誤認または量刑不当を理由に控訴する場合には，訴訟記録および原裁判所において取り調べた証拠に現れている事実であって，これらの理由の存在することを信じさせるに足りる事実を援用しなければならない。

(d) 控訴趣意書が差出期間内に差し出されなかったとき等　そして，控訴趣意書が期間内に差し出されなかった場合（386条1項），控訴趣意書が方式に

違反しているとき，および必要な疎明資料や保証書が添付されていない場合（同条2項），控訴趣意書に記載された控訴の申立理由が明らかに377条ないし382条および383条に規定する事由に該当しない場合（同条3項）には，控訴裁判所は，決定で控訴を棄却しなければならない。

（4） 控訴審の審理

(a) 審理の方式　控訴審も，第一審同様に，公判の審理を経て判決によって終局する。したがって，第一審の公判に関する規定は，特別の定めがある場合を除いて，そのまま控訴審の審判に準用される（404条）。しかし，控訴審は前述のように事後審であるから，その性格上，冒頭手続，検察官の冒頭手続，最終弁論等に関する規定は適用されない。審理は，389条に規定されているように，第1回公判期日で控訴申立側である弁護人または検察官が控訴趣意書にもとづいて弁論をすることによって開始される。これを受けて，通常であれば，引き続き，相手方の答弁書にもとづく，あるいは，答弁書が作成されていないときは，口頭による弁論がなされる。ただし，被告人は，この弁論をすることができない。それは，控訴審では被告人に弁論能力が認められていないためである。したがって弁護人によってなされることになる（388条）。また，被告人には，公判期日に出頭する権利はあるが，出頭の義務はない（390条）。しかし，裁判所は，被告人の権利を保護する上で重要であると認めるときには，出頭を命ずることはできる（390条但書）ので，その限りでは義務的である。

また，控訴審で事実を取り調べる際に，証拠調べの方式が用いられることがあるが，当然第一審の証拠調べとは性格が異なるので，厳格に証拠調べの規定に沿って行われる必要はないが，後に破棄自判にいたった場合に証拠として用いることのできるようにと厳格な証拠調べの方法によるとするのが通説・判例である。したがって事実の取調べの結果にもとづいて検察官および弁護人は弁論することはできる（393条4項）が，これは293条にもとづく最終弁論ではない。また，被告人に最終陳述の機会も与えられていない。

(b) 審理の対象　控訴審の審判の対象は，控訴申立の理由ないし原判決であって，公訴事実そのものではない。とはいえ，原判決および控訴理由はともに被告人が控訴事実について起訴されていることを前提にしているのであるから，その限りでは，すなわち，間接的には公訴事実も審判の対象であるといえ

る。それ故に，控訴審では，訴因・罰条の追加，変更という問題は起こりえない。ただ，通説・判例は，破棄自判の段階にいたれば，検察官の請求により可能であるとしている（最決昭29・9・30刑集8巻9号1565頁）。

また，これに関連して，控訴審は，控訴理由として主張されていない事項についても職権で調査し，判断する義務を負っているのかという問題があるが，消極的に考えられるべきであろう。それは，現行刑事訴訟法が当事者主義をその基本としているからである。この主義によれば，審判の対象は，当事者によって主張されたもの，すなわち，控訴理由であるからである。

(c) 範囲，方法，事実の取調べ等　(ｱ) 控訴趣意書に包含された事項の調査　392条1項によれば，控訴趣意書に含まれている事項は調査しなければならないと規定され，義務的である。したがって，控訴趣意書に含まれていない事項は，377条ないし382条および383条に規定されている法定控訴理由であっても，調査可能ではあるが，義務的ではないことになる（392条2項）。ただし，例外的に，原判決自体から明らかな法令適用の誤り，訴訟記録を一読しただけで明らかな手続違反は，職権で調査することが義務的であると考えられる。

ここでいう「調査」とは，控訴理由の有無を判断するために資料などを検討し，審査することである。調査の方法および時期に制限はない。一般的に，まず，第一審から送付された訴訟記録，すなわち，手続関係の書類，原審で取調べた各書証，証人尋問調書，被告人質問調書等，および証拠物の内容的が検討され，次に，控訴趣意書やこれに添付された疎明資料，答弁書が検討されるという順序でなされる。

(ｲ) 事実の取調べ　393条によれば，控訴裁判所は，必要があれば当事者の請求によって，あるいは，職権で事実の取調べをすることができる。ただし，382条の2に掲げる事実については，例外的に，同条3項に定める疎明があること，量刑不当または事実誤認を証明するために欠くことができないことを条件に，義務的となる。

取調べの対象となる事実は，実体法上のものであろうと訴訟法上のものであるとを問わないが，原判決前に生じた事実に限られるのが原則である。しかし，例外的に，刑の量定に影響を及ぼすべき事情に限り，原判決後に生じた事情で

あっても必要な限り職権で取り調べることができる（393条2項）。この事情は，被告人に有利，不利を問わない。ここに控訴審の続審的性格が現れている。

取調べの方法については，特段の定めはない。したがって証拠調べの規定を厳格に適用する必要はない。たとえば，当事者から被告人質問の請求があった場合，控訴裁判所は，必要性を判断し，それを行うこともできるが，そこでは311条2項・3項の直接の適用はない。しかし，実務では，破棄自判の際に取調べた事実を証拠として使用できるようにと厳格な証明の方式に従っている。

393条1項本文によって事実の取調べをする際に，どの範囲までの証拠を資料として用いることができるかについては，多数の見解が主張されているが，実務では，原審で取り調べた証拠，原審で請求を却下された証拠または原審が職権で取り調べるべきであった証拠に限られると考えられている。ただし，職権で事実の取調べをする場合には，原判決前に生じた事実である限り，具体的な正義の実現のために，新しい証拠も取り調べることができると考えられるべきであろう。

事実が取り調べられたときは，検察官および弁護人は，その結果にもとづき，控訴理由，原判決破棄の理由について弁論できる（393条4項）が，それは，293条に規定されている事件全体についての最終意見の陳述ではない。

（5） 控訴審の裁判

(a) 控訴申立が不適法な場合　控訴申立が不適法な場合とは，たとえば，法令上の方式に違反している場合，控訴権の消滅後になされた場合等であるが，控訴棄却の形式裁判がなされる。

公判期日を開かないでする場合には，控訴棄却の決定（385条）で，公判期日を開いた後にする場合には，控訴棄却の判決（395条）が下される。

ただし，控訴受理の段階で，控訴権の消滅していることが明らかになった場合には，第一審裁判所によって，控訴棄却の決定がなされる。

控訴趣意書が期間内に提出されない等控訴の成立要件を充足していない場合には，控訴棄却の決定がなされる。

(b) 339条1項各号に該当する事由がある場合　原判決前に339条1項各号に該当する事由，すなわち，起訴状の不送達，公訴の取消，被告人の死亡等の事由があるのに，原裁判所が公訴棄却の決定をしていないときには，控訴裁判

所は，公判期日を開くまでもなく，直ちに公訴棄却の決定をしなければならない（403条）。それは，形式的訴訟条件を欠如しているからである。

また，原判決後に被告人死亡等339条1項各号に該当する事由が発生した場合にも，同様に，403条によって公訴棄却の決定がなされる。

(c) 控訴申立が理由のない場合　377条ないし382条および383条に規定される控訴事由の内，主張された理由を調査した結果，すべてが理由なしであった場合，控訴棄却の判決がなされる（396条）。

しかし，主張されていない控訴事由であっても，主張された控訴事由の調査の過程でその存在が明らかになった場合には，判決に影響ありと認められる限り，それを根拠に原判決を破棄しなければならない。

検察官と被告人がともに控訴を申立てた場合には，双方の控訴を棄却する。

(d) 原判決を破棄する理由がある場合　(ｱ) 1項破棄　一方，377条ないし382条および383条に規定される控訴事由がある場合には，397条1項によって，原判決を破棄しなければならない。事由の有無についての判断は，絶対的控訴事由の場合は別であるが，一般に，訴訟手続の法令違反，事実認定の誤り，法令適用の誤り，量刑不当という刑の宣告に至る判断過程の順序に従って判断される。それゆえ，たとえば，事実認定に誤りがあって原判決を破棄する場合は，法令適用の誤りや量刑不当について判断をする必要はない。

なお，被告人の利益のため原判決を破棄する場合において，破棄の理由が控訴をした共同被告人に共通であるときは，その共同被告人のためにも原判決を破棄しなければならない（401条）。

(ｲ) 2項破棄　393条2項にもとづいて職権で第一審判決後の刑の量定に影響を及ぼすべき事情を取り調べた結果，原判決時に明らかであった事情と原判決後に生じた事情とを総合して考慮すると，原判決を破棄しなければ明らかに正義に反すると認められるような量刑判断の逸脱がある場合には，原判決を破棄することができる（397条2項）。

なお，判断時は，原判決時ではなく，控訴審の判決時である。

(e) 原判決破棄に伴う事件に対する処置　原判決を破棄すると，事件が原判決がない状態で係属することになるので，事件について何らかの処置をすることが必要になる。

㈦ 管轄があるのに誤って管轄違いの言渡しをした原判決，または公訴棄却の事由がないのに公訴棄却の判決を言い渡した原判決の処置　398条により，事件を原裁判所に差し戻さなければならない。

㈣ 原判決が，管轄がないのに誤って管轄があると認め，実体判決に及んでいるときの処置　399条により，不法に管轄を認めたことを理由に原判決を破棄し，事件を管轄権のある第一審裁判所に移送しなければならない。

㈡ それ以外の理由による原判決破棄のときの処置　400条本文は，398条および399条以外の理由によって原判決を破棄したときには，判決で，事件を原裁判所に差し戻し，または原裁判所と同等の他の裁判所に移送しなければならないと規定している。

ただし，同条但書は，控訴裁判所が，訴訟記録ならびに原裁判所および控訴裁判所において取り調べた証拠によって，直ちに判決をすることができるものと認めるときは，被告事件について，さらに判決をすることができると，破棄自判の可能性を認めている。これは，当事者にとって不必要な訴訟活動上の負担を回避しようとする意図と，訴訟の経済性を考慮しての規定である。しかし，実際の運用では，400条の本文と但書の関係は逆転している。すなわち，破棄差戻あるいは移送に代わって破棄自判が原則化している。それは，394条によれば，第一審で証拠とすることのできた証拠は，控訴審でも証拠とすることができるし，また，控訴審で事実を取り調べる必要のある場合にも証拠調べの方式によって行われるのが通常であるために，これらの証拠を総合すれば，判決をしうる状態に達していると考えられることが多いからである。

3　上　　告

(1)　上告の意義

上告は，判決に対する最高裁判所への上訴，すなわち，三審制度を前提とするわが国の法制度の下での，下級審の判決に対する最終的な不服申立の方法である。したがって上告は，原則として，第二審の判決に対してなされる。しかし，内乱罪や独禁法違反の事件等のように高等裁判所を第一審とする事件に対する上訴や，通常の第一審判決に含まれる憲法違反等の判断に対する特別の上

訴方法である跳躍上告の場合には，第一審の判決に対してなされる。

上告の目的は，法理論的には，憲法解釈についての最終的な判断と，法令解釈の統一，殊に判例の統一を求めることにある。しかし，実際的には，被告人にとっての最終的な救済手段としての側面も重要である。

(2) 上告の手続

上告は，上告権者によって控訴審判決告知の日から14日以内に原裁判所に上告申立書を，さらに上告裁判所が指定した期日までに上告趣意書を提出することによってなされる。

上告権者は，検察官と被告人の双方である（351条）が，被告人の法定代理人・保佐人，原審における弁護人も，被告人の明示の意思に反しない限り，これに含まれる（353条・355条・356条）。

上告趣意書とは，上告理由を記載した書面で，上告審の弁論はこれにもとづいてなされる（414条・389条）。これが，期限までに提出されないとき，方式に違反しているときには，決定で上告が棄却される（414条・389条）。また，上告趣意書等から明らかに上告が理由なしと認められるときには，弁論を経ないで判決で上告を棄却する（408条）。

(3) 上告理由

405条は，上告理由として，憲法違反または憲法解釈の誤り（同条1号），最高裁判所の判例違反（同条2号），および最高裁判所の判例がない場合における旧大審院判例および現行刑訴法による控訴裁判所としての高等裁判所の判例違反（同条3号）を規定している。

(a) 憲法違反または憲法の解釈の誤り　これには，実体法的には，違憲の法令を合憲であるとして適用した場合と，その逆に，合憲である法令を違憲であるとして適用した場合があり，訴訟手続的には，憲法に違反する手続がなされたという訴訟手続の法令違反がある。

(b) 最高裁判所の判例違反または大審院・現行法施行後の控訴裁判所たる高等裁判所の判例違反　これには，原審が同性質の事実に対して判例と矛盾する法令の解釈適用をした場合と訴訟手続に関する法令の遵守につき判例と異なる判断をした場合とが考えられる。

なお，上告理由は，原審が判断を示した事項についての主張でなければなら

ない。それは，上告が原審の裁判に対する不服申立ての制度であるからである（最決昭26・3・27刑集5巻4号695頁）。

（4） 事件受理申立

しかし，上告は，405条に規定された理由が存在する場合に限られるわけではない。405条所定の上告理由以外のものであっても，法令解釈に関する重要な事項について最高裁判所の判断を求めることが必要な場合が考えられるからである。そこで，406条は，最高裁判所は，前条の規定により上告をすることができる場合以外の場合であっても，法令の解釈に関する重要な事項を含むものと認められる事件については，その判決確定前に限り，裁判所の規則の定めるところにより，自ら上告審としてその事件を受理することができると規定し，事件受理申立の制度を認めている。その手続の概略を示せば，上訴権者が，上告申立期間内に事件受理を最高裁判所に申し立て，規則に定められた手続を履践の上，申立理由を具体的に記載した理由書を原裁判所に差出し，それの送付を受けた最高裁判所が裁量で事件受理を相当と認める決定をしたときに，事件は上告審に移審することになる。しかし，現在では，411条による職権破棄を求める上告が一般的になされるようになったため，あまり用いられなくなっている。

（5） 職権破棄を促す上告

また，411条は，405条に規定された上告理由がない場合であっても，判決に影響を及ぼすべき法令違反（1号），量刑の甚だしい不当（2号），判決に影響を及ぼすべき重大な事実誤認（3号），再審請求事由の存在（4号），判決後の刑の廃止・変更，大赦（5号）という事由のいずれかがある場合で，原判決を破棄しなければ著しく正義に反すると認めるときには，判決で原判決を破棄できる職権破棄の制度を定めている。しかし，この制度は，上告裁判所に破棄の義務を課するものではなく，単なる可能性を認めたものにすぎない。それは，これらの事由が405条に規定された正当な上告理由ではないからである。したがって，上告裁判所は，これを理由とする上告を414条・386条1項3号によって，理由なしとして決定で棄却することもできるし，他方，職権で理由を審査し，原判決を破棄することもできる。

（6） 上告審の審理

上告審は，純粋な事後審であるから，書面審理の方式がとられる。その書面とは，上告趣意書であり，そこに記載された事項について弁論がなされる（414条・389条）。また，控訴審同様，被告人には，出頭の義務も権利もない（409条）。

なお，上告審においても，上告趣意書に記載された事項について事実の取り調べをすることはできる（414条・393条）。しかし，上告審で証拠調べをすることは全く予定されていないから，今までにも証人尋問や被告人質問がなされたことはない。ただ，証拠書類ないし証拠物については，松川事件において，公判顕出という方法で訴訟関係人に閲覧させ，争う機会を与えたことはある（最大判昭34・8・10刑集13巻9号1419頁）。

（7） 上告審の裁判

(a) 405条所定の上告理由がある場合　上告裁判所が，審査の結果，405条所定の上告事由について理由ありと判断したときには，判決で原判決を破棄する（410条1項）。ただし，判決に影響を及ぼさないことが明らかな場合には，破棄する必要はない（同条1項但書）。ただし，判例違反の場合であっても，判例を変更すべき場合には，原判決を維持し，上告を棄却することになる（同条2項）。

他方，上告理由なしと判断したときには，上告を棄却することになるが，405条に規定された上告理由に当たらない事由を主張している場合には決定で，また，法定の事由の主張に理由がなかった場合には，口頭弁論なしで（408条）あるいは口頭弁論を経て判決で上告を棄却することになる（414条・396条）。

(b) 411条の著しく正義に反する場合　また，411条所定の事由がある場合にも，著しく正義に反する場合に限り，職権により判決で原判決を破棄することができる（411条）。「著しく正義に反する」場合として判例が認めたものには，たとえば，1号に規定されている，判決に影響を及ぼすべき法令違反の場合として，実体法の解釈適用を誤って無罪たるべきものを有罪とした場合（最判昭32・1・31刑集1巻1号464頁），著しい量刑不当の場合として，情状酌量すべき事由がある場合に法定刑の最高限度の刑を科した場合（最判昭27・12・2刑集6巻11号1281頁），判決に影響を及ぼす重大な事実誤認の場合として，これを拡大し，重大な事実誤認を疑うに足りる顕著な事由があるとした前述松川事件がある。

(c) 原判決を破棄した場合　原判決を破棄した場合で，不法に管轄を認めたことを理由とするときは，判決で事件を管轄控訴裁判所または管轄第一審裁判所に移送し（412条），それ以外の理由によるときには，判決で事件を原裁判所もしくは第一審裁判所に差し戻すか，あるいは，これらと同等の他の裁判所に移送しなければならない（413条）。しかし，後者の場合において，訴訟記録ならびに原裁判所および第一審裁判所において取り調べた証拠によって，直ちに判決をすることができるものと認めるときは，被告事件について判決することもできる（413条但書）。

(8) 上告審の裁判の確定時期

　418条によれば，上告裁判所の判決は，宣告があった日から415条に規定される判決訂正申立期間（10日間）の期間を経過したとき，またはその期間内に同条1項の申立があった場合には訂正の判決もしくは申立を棄却する決定があったときに，確定するとされる。その判決訂正申立とは，415条によれば，検察官，被告人または弁護人の申立によってなされる判決の内容の誤りを訂正する申立制度で，原則として判決宣告の日から10日以内になさなければならない。

4　抗告・準抗告

(1) 抗　　告

(a) 意義・種類等　抗告とは，419条によれば，裁判所のした決定に対する上訴である。これには，一般抗告と特別抗告があり，前者はさらに通常抗告と即時抗告とに区別される。

　抗告審は，事後審であり，その裁判は，口頭弁論の必要のない決定である。

(b) 一般抗告　㋐即時抗告　即時抗告は，419条によれば，迅速に法律関係を確定する必要があって，刑訴法に即時抗告ができる旨規定されている場合に限り，許される。そのような場合には，たとえば，控訴棄却の決定（339条2項），忌避申立却下決定（25条）などがある。提起期間は3日（422条）で，原則として原裁判の執行停止の効力がある（425条）。

㋑通常抗告　通常抗告は，419条によれば，即時抗告ができる場合以外の決定に対してできる。しかし，420条1項は，裁判所の管轄または訴訟手続

に関し判決前にした決定に対しては，即時抗告を許す特別の規定がある場合あるいは一定の例外を除けば，通常抗告は許されないと規定している。それゆえ，通常抗告は，420条2項が，判決前に訴訟手続等に関してなされた決定ではあるが，その例外としている勾留・保釈・押収・押収物の還付または鑑定留置に関する決定，あるいは，付審判請求を棄却する決定（226条1号）について，許されるにすぎない。

通常抗告の提起期間に定めはなく，原裁判を取り消す利益のある限り許されるが，その提起によって当然に執行が停止されるわけではない（424条1項本文）。しかし，原裁判所は，抗告の裁判があるまで執行を停止することができる（424条1項但書）し，抗告裁判所も執行を停止できる（424条2項）。

(ウ) 抗告審の手続・再度の考案　　一般抗告は，抗告権者によって申立書を原裁判所に差し出すことによって提起される（423条1項）。抗告権者とは，検察官および被告人とそれ以外の決定を受けた者であり，一般抗告の抗告裁判所は，高等裁判所である。申立書を受け取った原裁判所は，理由があると認めたときは，再度の考案，すなわち，自ら決定を改める決定をしなければならない（423条2項前段）。抗告が不適法または理由がないと認めた場合には，3日以内に意見書を添えて申立書を抗告裁判所に送付する（423条2項後段）。これを受けた抗告裁判所は，手続上の適法・違法および理由の有無を判断して，手続的に不適法および理由がないときは決定で抗告を棄却し（426条1項），理由があるときは原決定を破棄し，さらに必要があれば自判する（462条2項）。なお，抗告審の決定に対して再抗告することはできない（427条）。

(c) 抗告に代わる異議　　428条によれば，高等裁判所の決定に対する抗告は許されない（428条1項）。それは，最高裁判所の負担を軽減するためである。その代わりに，異議の申立ができる（428条2項）。その対象は，即時抗告をすることができる旨の規定が在る決定，ならびに419条および420条の規定により抗告をすることができる決定，すなわち，地方裁判所等の決定であれば一般抗告の対象となるはずの，高等裁判所のした決定である（428条2項）。この申立に対する決定は，同じ高等裁判所の，原決定をした裁判官以外の裁判官によって構成された裁判所によってなされる。

なお，この異議の申立には，一般抗告に関する規定が準用される（428条3

(d) 特別抗告　特別抗告は，最高裁判所に対する抗告で，433条によれば，この法律により不服を申し立てることができない決定または命令であって，405条に規定する事由があることを理由とする場合に限られる。「この法律により不服を申し立てることができない」とは，それを争う手段が全くないことを意味する。たとえば，判例は，証拠調に関する異議申立の棄却決定（最決昭28・9・1刑集7巻9号1796頁），証拠開示命令に対する異議申立の棄却決定（最決昭34・12・26刑集13巻13号3372頁）等について特別抗告を認めている。提起期間は，5日で（433条2項），執行停止の効力はない（434条）。

(2) 準抗告

準抗告には，裁判官の命令に対する上訴である429条1項の準抗告と，検察官・検察事務官・司法警察職員のした一定の処分に対する上訴である430条1項の準抗告の二種類がある。

(a) 429条1項の準抗告　まず，準抗告は，429条1項によれば，裁判官のした，忌避申立却下命令（1号），勾留，保釈，押収，押収物の還付に関する裁判（2号），鑑定留置に関する裁判（3号），証人，鑑定人等に対して過料または賠償を命ずる裁判（4号），および，身体検査を受けた者に対して過料または費用の賠償を命ずる裁判（5号）に対して申し立てることができる。この内，1号から3号の裁判に対する申立は，利益のある間は可能であるが，原裁判官または抗告裁判所が執行停止の決定をしない限り，執行停止の効力はない（432条）。その意味で，通常抗告の性質を持っている。一方，4号と5号の裁判に対する申立は，裁判のあった日から3日以内であり，執行停止の効力を持っている（429条4項・5項）。その意味で，性質上，即時抗告に類似するものである。

準抗告裁判所は，簡易裁判所裁判官の裁判に対しては管轄地方裁判所の合議体であり，その他の裁判官の裁判に対しては所属裁判所の合議体である（429条1項・3項）。その決定については，抗告の規定が準用される（432条）。この準抗告と抗告との差異は，準抗告の場合には，申立書が原裁判官を経由しない，それ故，再度の考案の機会がない点にある。

(b) 430条の準抗告　また，準抗告の申立は，430条1項によれば，検察官・検察事務官・司法警察職員のした，弁護人等と被告人（被疑者）との接見授

受に関する日時場所等の指定，および，押収または押収物の還付に関する処分に対してもできる。準抗告裁判所は，検察官・検察事務官の処分の場合には，その所属検察庁に対応する裁判所，司法警察職員の場合には，当該処分行為が行われた職務執行地を管轄する地方裁判所または簡易裁判所である。本条の準抗告は，前条が法定合議事件であるのに対して，単独事件である。

5 非常救済手段

非常救済手段とは，確定判決に対する救済制度で，再審と非常上告とがある。法の理念である法的安定性の要請に従えば，判決が確定した以上，これを再び争うことは禁止されるべきであろう。しかし，確定判決に重大な誤りが存在する場合には，これを変更することが一方の法の理念である正義の要請である。この相矛盾する要請を調和させようとして考案されたのが，この制度である。再審は，主として事実面の誤りを，非常上告は法律面の誤りを正すための制度である。

(1) 再　　審

435条によれば，再審は，有罪の言渡しをした確定判決に対して，その言渡しを受けた者，すなわち，被告人の利益のために請求される。

(a) 再審理由　　(ア) 有罪の言渡しをした確定判決に対する再審理由　　再審理由は，435条に列挙されているが，これらは，原確定判決の証拠が偽造または虚偽であることが明らかになった場合（1号，2号，3号，4号，5号），原確定判決後に無罪，免訴等を言渡すべき被告人に有利な新証拠が発見された場合（6号），原確定判決に関与した裁判官や原確定判決の証拠となった証拠書類の作成等に関与した裁判官・検察官等が被告事件について職務犯罪を犯したことが明らかになった場合（7号）に分類できる。「明らかになる」とは，原則として，確定判決によって確認されることを意味し，「確定判決」とは，刑事の確定判決であると理解されている。これらの再審事由の内で最も利用され，しかも問題点の多いのは6号の事由である。これは，有罪の言渡しを受けた者に対して無罪もしくは免訴を言い渡し，刑の言渡受けた者に対して刑の免除を言い渡し，または原判決において認めた罪より軽い罪を認めるべき明らかな証拠

を新たに発見したときと規定されている。その「無罪」を言い渡すべき証拠とは，犯罪事実に関する証拠のみならず，犯罪事実を証明する証拠の証拠能力や証明力に関する事実の証拠も，無罪を言渡す根拠となりうる限りで，それに含まれると解されている。「刑の免除」とは，必要的免除の場合で，「軽い罪」とは，法定刑の軽い他の罪である。証拠には，新規性と明白性が必要であるとされている。判例も，白鳥事件決定の中で，「明らかな証拠」とは確定判決における事実認定につき合理的な疑いを抱かせ，その認定を覆すに足りる蓋然性のある証拠をいい，合理的な疑いを生じさせるかどうかの判断は新証拠と旧証拠（確定判決の審理中に取り調べられた証拠）とを総合的に評価してなすべきものであり，また，その判断に際しても「疑わしきは被告人の利益」という刑事裁判における鉄則が適用されると述べている（最決昭50・5・20刑集29巻5号177頁）。

(イ) 上訴を棄却した確定判決に対する再審理由　436条は，控訴・上告を棄却した確定判決に対しても，当該判決の証拠が偽造・変造あるいは虚偽であった場合（1号），また，当該判決またはその証拠となった証拠書類の作成に関与した裁判官が被告事件について職務犯罪を犯したことが明らかになった場合（2号）に再審を請求できると規定している。この規定は，435条の補充規定である。適用の想定できる場合としては，上訴棄却の判決をした裁判所が事実の取調べをしたが，その取り調べた事実に435条1号または2号の事由があった場合，あるいは，原審が証拠調べをしたが，それを判決に証拠として挙示しなかった証拠にもとづいて上訴審が事実誤認なしの判決をした場合等が考えられる。

(b) 再審請求　再審の請求は，その趣意書に原判決の謄本，証拠書類・証拠物を添えて管轄裁判所，すなわち，原判決をした裁判所に差し出さなければならない（438条）。その再審請求権者は，439条1項に定められているが，検察官（1号），有罪の言渡しを受けた者およびその法定代理人・保佐人（2号），有罪の言渡しを受けた者が死亡または心神喪失したときには，その配偶者・直系の親族および兄弟姉妹である。検察官以外の者は，当然に弁護士を選任できる（440条）。請求の時期に限りはない。したがって刑の執行を終わっても，死亡等で刑の執行を受けることがなくなった場合でも，名誉回復あるいは刑事補償等の効果があるので，請求できる。刑の執行停止の効力はないが，検察官は，

再審の裁判があるまで停止できる（442条）。再審請求は，取り下げることができるが，同一理由で再度請求することはできない（443条）。

(c) 再審請求に対する決定　再審の請求を受けた裁判所が，再審の請求の方式が法令に違反しているとき，請求権の消滅後になされているとき，さらに，理由がないときには，請求棄却の決定をする（446条・447条1項）。そして再審の理由があるときには，再審開始の決定をする（448条1項）。その際に，必要があれば，裁判所の裁量によって事実の取調べも可能であるが，その方法は，決定手続の一般的規定に従ってなされる（445条）。

(d) 再審の審判　再審の理由が認められ，再審の決定が下された場合，再審の審判が開始されるが，449条の場合を除いて，その審級に従って，さらに審判される（451条）。再審の判決にも不利益変更禁止の原則は適用され（452条），無罪の場合には，官報および新聞に掲載して，その判決を公示しなければならない（453条）。

(2) 非常上告

(a) 意義　非常上告は，454条によれば，判決が確定した後にその事件の審判が法令に違反していることを発見した場合に，検事総長によって最高裁判所に対してなされる救済手段である。その目的とするところは，再審のような具体的事件の救済ではなく，法令解釈の統一である。

(b) 申立理由　その申立理由は，原判決の法令違反と，原判決の訴訟手続違反である。

(c) 手続　455条は，非常上告するには，その理由を記載した申立書を最高裁判所に差し出さなければならないと規定している。申立権者は，検事総長で，管轄は，最高裁判所である。

裁判所は，必ず公判期日を開き，公判には検察官のみが出席し，申立書にもとづいて陳述をする。裁判所は，申立書に含まれている事項に限って調査が義務的である（460条1項）。なお，裁判所の管轄，公訴の受理および訴訟手続に関しては，自ら事実の取調べをすることができるし，受命裁判官・受託裁判官にさせることもできる（460条2項）。

(d) 裁判　(ア) 棄却の裁判　非常上告が理由のないとき，判決でこれを棄却する（457条）。

(イ) 破棄の裁判　　非常上告に理由がある場合には，次の区分に従って，破棄の判決が下されることになる。

(i) 原判決に法令違反があるとき　　原判決に法令違反があるときには，458条1項によって，その違反した部分を破棄する（458条1号本文）。しかし，原判決が被告人に不利益であるときには，被告事件についてさらに判決しなければならない（458条1号但書）。

(ii) 原判決の訴訟手続に法令違反があるとき　　原判決に訴訟手続上の法令違反があるときには，その違反した手続を破棄するだけである（458条2項）。

なお，非常上告の判決は，458条1号但書に規定される破棄自判の場合以外には，その効力を被告人に及ぼさない（459条）。

16 ■ 少年事件の手続とは？

1　少年による刑事事件と少年法

(1)　少年法による特則

　少年（20歳未満の者を、「少年」といい、20歳以上の者を「成人」という。少年法2条1項）による刑事事件とは、少年が犯罪を犯したという場合である。この場合にも、原則としては、いままで説明してきたような刑事訴訟法の規定が適用される。しかし、少年の場合には、成人の場合とは異なり、その素質や置かれた環境に大きく影響されて犯罪を犯す場合が多く、またその性格の面でも可塑性に富み、教育により改善がなされる可能性が非常に高いという特質がある。このため、少年法が、少年の刑事事件の手続について、特別の規定を定め、同法に定めのない場合にだけ、刑事訴訟法の規定を適用することとしている（少年法40条）。

　少年法は、「少年の健全な育成を期し、非行のある少年に対して性格の矯正及び環境の調整に関する保護処分を行うとともに、少年及び少年の福祉を害する成人の刑事事件について特別の措置を講ずることを目的」として、昭和23年7月15日に制定され、昭和24年1月1日から施行された。その後、何回かの改正が行われたが、平成12年に大きな改正が行われた。それは、(1)最近の少年犯罪の動向などにかんがみ、少年およびその保護者に対し、その責任について一層の自覚を促して少年の健全な成長を図ること、(2)少年審判における事実認定手続の一層の適正化を図ること、(3)被害者などに対する配慮を充実すること、を目的とするものであり、その柱は、①少年事件の処分等のあり方の見直し、②少年審判の事実認定手続の適正化、③被害者への配慮の充実である。この「少年法等の一部を改正する法律」は、平成12年11月28日に国会で可決、成立し、平成13年4月1日から施行された。

（2） 刑事手続の対象となる少年

少年法3条1項は，家庭裁判所の審判の対象となる少年を，①犯罪少年——罪を犯した少年，②触法少年——14歳未満で刑事法令に触れる行為を行った少年，③虞犯少年——少年法3条1項3号の(イ)ないし(ニ)の事由があって，その性格又は環境に照らして，将来，罪を犯し，又は刑罰法令に触れる行為をする虞のある少年の三種類に分類している。このうち，②，③は，刑事手続の対象とはならず，保護事件として保護手続の対象となるにすぎない。これに対し，①は，保護事件として保護手続の対象となることもあるが，刑事事件として，刑事手続の対象となる可能性もある。以下では，①の少年に対する手続について述べることとする。

2 逆送決定に至るまでの手続の流れ

（1） 捜　　査

たとえば，16歳の少年Aが犯罪を犯したという場合，具体的にどのような手続がとられるのであろうか。この場合にも，もちろん捜査機関が刑事訴訟法上の捜査権を持っている。したがって，通常の場合には，司法警察職員が，刑事訴訟法の規定に従って捜査を行う。その結果，司法警察職員はAに罰金以下の刑にあたる犯罪を犯したという嫌疑があると思料する場合，または犯罪の嫌疑がない場合でも家庭裁判所の審判に付すべき理由があると思料する場合には，当該事件を家庭裁判所に送致しなければならない（少年法41条）。これに対し，司法警察職員がAが禁錮以上の刑にあたる犯罪を犯したという嫌疑があると思料する場合には，通常の刑事手続に従って，事件を検察官に送致しなければならない（刑訴法246条）。もっとも，この場合，簡易送致手続，および家庭裁判所による簡易処分手続を行うことが認められている。これは，手続が簡易であるだけで，全件送致が義務づけられている点で微罪処分とは異なるが，警察が，事件がきわめて軽微で，犯罪の原因，少年の性格などからみて再犯の虞れがなく，明らかに刑事処分，保護処分を科す必要がない認められる場合に，少年，その関係者に訓戒，注意等を行ったうえ，少年ごとに少年事件簡易送致書を作成し，これを毎月一括して検察官に送致し，検察官がそれを一括して家庭裁判

16　少年事件の手続とは？

所に送り，家庭裁判所も簡易な手続でこれを処理するというものである。

（2）勾留請求

検察官は，裁判官に対してAの勾留を請求することもできるが，それは「やむを得ない場合」でなければならない（少年法43条3項）。「やむを得ない場合」とは，少年鑑別所への収容が不可能なとき，あるいは勾留をしないと捜査の遂行上重大な支障を生じる場合などである。

裁判官も，やむを得ない場合でなければ，Aに対して勾留状を発することはできない（同法48条1項）。裁判官がやむを得ずAを勾留する場合にも，少年鑑別所に拘禁することができ（同法48条2項），これはAが20歳に達した後でも継続することができる（同3項）。また，Aは，他の被疑者と分離し，できるだけ相互に接触しないようにしなければならず（同法49条1項），また拘置監に収容する場合には，Aを成人と分離しなければならない（同3項）。

検察官は，裁判官に対し，勾留請求に代えて，Aを観護措置，すなわち，①家庭裁判所調査官の観護に付する措置，または②少年鑑別所に送致する措置を請求することができる（同法43条1項・17条1項）。裁判官により①の措置がとられた場合に，検察官が捜査の結果事件を家庭裁判所に送致しないときには，直ちに裁判官に対してその措置の取消を請求しなければならない（同法44条1項）。もっとも，①は調査がいまだ進行していない段階では，人格的な力による身柄保全が困難であるなどの理由により，ほとんど活用されていないのが実情のようである。裁判官が②の措置がとる場合には，令状を発して行われなければならない（同法44条2項）。この措置がとられると，Aの身柄は，少年鑑別所に収容される。収容の期間は，その請求の日から10日間である（同法44条3項）。少年鑑別所に収容された日数は，未決勾留の日数とみなされる（同法53条）。

（3）家庭裁判所送致

検察官は，捜査の結果，Aに犯罪の嫌疑があるか，または家庭裁判所の審判に付すべき理由があると思料するときには，事件を家庭裁判所に送致しなければならない（少年法42条）。犯罪の嫌疑があると否とを問わず，家庭裁判所の審判に付すべき理由がある場合には，すべて家庭裁判所に送致しなければならない。また，事件が司法警察職員から送致を受けたものであると否とを問わない。

これを「全件送致主義」という。これは，その少年をどのような処分に付すかの判断をすべて家庭裁判所に委ねるシステムである。

（4）　家庭裁判所による措置

Aの事件を受理した家庭裁判所は，少年に対する要保護性の観点から，以下のような手続をとる。すなわち，家庭裁判所は，まず，審判を行うため必要があるときは，彼を観護措置，すなわち，①家庭裁判所調査官の観護に付する措置，または②少年鑑別所に送致する措置をとることができる（少年法17条1項）。捜査中にこの措置がとられている場合には，家庭裁判所がその措置をとったものとみなされる（同法17条4項・5項）。この観護措置の決定は，Aの身柄が家庭裁判所に到着してから24時間以内に行わなければならない（同法17条2項）。②の措置がとられた場合，Aを少年鑑別所に収容しうる期間は原則として2週間であるが，継続の必要がある場合には，1回に限り更新することができる（同法17条3項本文）。

家庭裁判所は，Aの事件を受理した場合，当該事件について調査を行わなければならない（少年法8条）。この調査は，家庭裁判所が，家庭裁判所調査官に命じて必要な調査を行わせる。家庭裁判所調査官は，A本人，その保護者または関係人の行状，経歴，素質，環境などを，医学，心理学，教育学，社会学その他の専門的知識にもとづいて調査したり，証人尋問を行ったり，検証・捜索・押収をしたり，Aを調査官の観護に付したり，鑑別所という身柄拘束施設に収容して調査を行う（同法12条〜17条参照）。**今回の改正**により，被害者への配慮を充実させるという観点から，家庭裁判所は，事件の性質，調査，審判の状況その他の事情を考慮して，相当ではないと認められる場合を除き，事件の被害者，その法定代理人，被害者が死亡した場合にはその配偶者，直系の親族，兄弟姉妹等から，被害に関する心情その他事件に関する意見の陳述の申出があるときには，自らそれを聴取するか，あるいは家庭裁判所調査官に命じて聴取するものとするとする規定が新たに定められた（同法9条の2）。

以上のような調査の結果は，家庭裁判所裁判官に報告される。家庭裁判所裁判官は，その調査にもとづいて，Aに対し，次のうちのいずれかの決定をしなければならない。すなわち，①児童福祉法による措置を相当と認めるときは，事件を権限を有している都道府県知事，または児童相談所所長に送致する旨の

決定，②審判に付することができず，または審判に付するのが相当ではないと認められる場合には，審判を開始しない旨の決定，③刑事事件相当と判断して検察官に事件を送致する旨の決定，あるいは④家庭裁判所による審判を開始する旨の決定のいずれか，の決定をしなければならない。

 (5) 家庭裁判所による審判

　家庭裁判所の審判が開始された場合，その審判は，非公開で，懇切を旨として，なごやかに行うとともに，非行のある少年に内省を促すものとしなければならないとされている（少年法22条）。この審判は，これまでは一人の裁判官で行うこととされていたが，**今回の改正**により，事実認定手続の一層の適正化を図るという目的から，裁判所が複数の裁判官による合議制により行うことを裁定することができるとされた（裁判所法31条の4第2項）。また，同様の目的から，家庭裁判所は，Aが故意の犯罪行為により被害者を死亡させた罪，および短期2年以上の懲役または禁錮にあたる罪の事件を犯したという場合，その事実認定の手続に検察官が関与する必要があるときは，それを決定できるとされた。もっとも，その場合には，それとの均衡上，Aの利益を守る弁護士である付添人が付されていることが適当であるから，検察官関与を決定した場合には，彼に弁護士である付添人がいないときは，国選で付するものとする規定も設けられた（少年法22条の2第1項・22条の3第1項）。

　審判の結果，家庭裁判所は，Aに対し，①児童福祉法に規定による措置を相当と認めるときは，事件を権限を有する都道府県知事または児童相談所長に送致する決定をし，②検察官への送致が相当と認めるときは検察官への逆送を決定し，③保護処分に付す要件がないとき，あるいは，それを相当としないときはその旨を決定し，④Aが20歳以上であると判明した場合には，事件を管轄地方裁判所に対応する検察庁の検察官に送致する決定をしなければならない（少年法23条）。それ以外の場合には，家庭裁判所は，Aに対し保護処分を行う決定をしなければならない。この保護処分には，①保護観察所の保護観察措置に付すもの，②児童自立支援施設，児童養護施設に送致するもの，③少年院に送致するものとがある。①の処分をするために必要があるときには，家庭裁判所は，Aを相当の期間家庭裁判所調査官の観察に付することができる。このような保護処分の決定に対しては，その決定に影響を及ぼすべき法令違反，重大な

事実誤認または処分の著しい不当を理由として，少年，その法定代理人または付添人から，2週間以内に抗告をすることができる。

今回の改正により，当該被害者等から申出があり，その損害賠償請求権の行使のため必要があるなど正当な理由がある場合には，審判中および審判確定後，彼らに当該事件に関する記録の閲覧，謄写をさせることができるようになった（少年法5条の2第1項）。また家庭裁判所は，当該事件の被害者から申出があった場合には，Aの健全な育成を妨げるおそれがあり相当ではないと認められる場合を除き，少年審判の決定の年月日，主文および理由の要旨，Aおよびその法定代理人の氏名および住所を被害者等の通知するものとするという規定も設けられた（同法31条の2第1項）。

（6） 保護処分等の効力

少年法は，保護処分に一事不再理効を認めている。たとえば，Aに対し，24条1項の保護処分がなされた場合には，一事不再理効により，刑事訴追をすることも，家庭裁判所の審判に付すこともできない（少年法46条1項）。これに対し，家庭裁判所が犯罪非行なしを理由として，少年に対し不処分決定あるいは審判不開始の決定をした場合にも，上述のような一事不再理効を認めることができるかについては，学説おいて肯定説と否定説との対立がある。少年を保護するという少年法の精神，憲法39条の二重の危険禁止の原則，少年に対する保護処分は，実質的には，刑罰と類似の性格を有していることなどの理由から，不処分決定についてはもちろん，審判不開始決定についても一事不再理効を認めるべきであるという肯定説も有力に主張されている。しかし，最高裁判所は，審判不開始決定について，少年法46条が保護処分に限定して一事不再理効を認めていること，審判不開始決定において行われた実体判断は刑事手続におけるそれとは異なるものであることなどから，一事不再理の効力を否定した（最大判昭40・4・28刑集19巻3号240頁）。それに対し，処分決定については，実務において見解が分かれていたが，この点について，今回の改正により，検察官の関与が認められた事件についてなされた不処分決定などにも，一事不再理の効力が付与されることとされた。すなわち，不処分決定には，一般的には一事不再理効は認められないが，家庭裁判所の審判に検察官の関与を認める決定がなされた事件について，審判に付すべき理由がないか，あるいは保護処分に付す

る必要なしとして保護処分に付さない旨の決定が確定したときは，その事件について刑事訴追すること，または家庭裁判所の審判に付すことはできないとされたのである（46条2項）。さらに，今回の改正により，27の21項の保護処分の取消決定が確定した事件についても，検察官がその保護処分取消事件の審判手続に関与し，審判に付すべき事由の認められないことを理由に保護処分が取り消されたときは，一事不再理効が認められるとされた（46条3項但書）。

なお，これまで，保護処分の取消は，保護処分継続中に限るとされていた（旧27条の2）ため，保護処分終了後はそれを取り消すことは認められないとされていた。この点の不備を是正するため，今回の改正により，保護処分終了後でもその取消ができるように改められた（新27条の2）。

3 少年事件の刑事手続

(1) 逆送決定

前述したように，家庭裁判所が事件の調査を行い，あるいは審判を開始して事件の審理をして，その結果，その罪質・情状に照らして刑事処分を相当と認めたときは，Aの死刑，懲役または禁錮にあたる罪の事件については，管轄地方裁判所に対応する検察庁の検察官に事件を送致する。このことを「逆送決定」という。今回の改正までは，「ただし，送致のときに16歳に満たない少年の事件については，これを検察官に送致することはできない」として，処分時16歳未満の少年は，犯行時14歳以上であれば刑事責任能力があるにもかかわらず，刑事処分に付されないことになっていた。しかし，この年齢層の少年であっても罪を犯せば処罰されることがあることを示すことにより，社会生活における責任を自覚させ，健全な成長を図る必要があるという観点から，今回の改正により，但書を削除し，刑事処分可能年齢を刑事責任年齢に一致させ，14歳以上の少年による死刑，懲役または禁錮にあたる罪の事件については，調査の結果，その罪質および情状に照らして刑事処分を相当と認めるときは，逆送決定ができるように改められた（少年法20条1項）。また，凶悪重大犯罪を犯した少年に対する処分のあり方の見直しという観点から，罪を犯したとき16歳以上の少年の故意の犯罪行為により被害者を死亡させた罪の事件については，調

査により，犯行の動機・態様，犯行後の情況，少年の性格，年齢，行状，環境その他の事情を考慮して，保護処分が適当と認められる場合を除き，検察官送致を決定しなければならないという改正もなされ（同法20条2項），検察官送致を行うことが原則とされた。この「故意の犯罪行為により被害者を死亡させた罪」とは，殺人のほか，傷害致死，強盗致死，逮捕・監禁致死のように，死の結果について故意のない犯罪も含まれるが，過失致死のように，犯罪構成要素に故意を含んでいない犯罪，殺人未遂のように，死の結果が発生しなかった犯罪は含まれないとされている。

逆送決定がなされた場合には，少年法17条1項2号にもとづいてAに行われた観護措置は，勾留とみなされる（同法45条4項・45条の2）。

（2）起　　　訴

以上のように，検察官が家庭裁判所から事件を送致され，公訴を提起するに足りる犯罪の嫌疑があると思料する場合には，Aについて必ず公訴を提起しなければならない（少年法45条5項）。すなわち，成人の事件の場合とは異なり，起訴が法定されており，起訴便宜主義は妥当しないのである。もっとも，これには例外がある。①送致事件の一部について公訴を提起するに足りる犯罪の嫌疑がないか，②犯罪の情状等に影響を及ぼす新たな事情を発見した，あるいは③送致後の情況により訴追をすることが相当ではないと認められる場合には，起訴をする必要はない（同法45条5号但書）。この場合には，検察官は事件を再度家庭裁判所に送致する（同法42条）。起訴された事件の裁判管轄は，通常の場合と同じであり，一般の裁判所が管轄する。

（3）公判審理

Aに対する公判審理の手続についても，原則としては刑事訴訟法の規定が適用される（少年法40条）。しかし，少年事件には成人の事件とは異なる特質があるため，その公判審理に関しても次のような特別な定めが設けられている。

①被告人であるAに弁護人がいないとき（国選弁護の請求がなく，必要的弁護事件でもない場合）は，裁判所はなるべく職権で弁護人を付さなければならない（規則279条）。②Aに対する刑事事件は，審理に妨げない限りにおいて他の事件と関連する場合であっても，その審理手続を分離しなければならない（少年法49条2項）。③Aに対する刑事事件の公判審理は，医学，心理学，教育学，

社会学等科学的調査にもとづいて行われなければならず（同法50条・9条），懇切を旨とし，なごやかに行われなければならない（同法22条1項）。④その審理にあたっては，事案の真相を明らかにするため，家庭裁判所が取り調べた証拠は，つとめて取り調べなければならない（規則277条）。

（4） 裁　　判

(a) 家庭裁判所への送致　　裁判所が事件を審理した結果，Aに刑事罰を科すより，保護処分に付すことが相当であると認めたときは，あらためて家庭裁判所の判断を受けさせ，保護処分に付すため，決定で事件を家庭裁判所に送致しなければならない（少年法55条）。

(b) 刑罰についての特則　　これに対し，裁判所が審理の結果，Aに有罪判決を下す場合，言い渡す刑罰について，以下のような特則が定められている。

①A（犯行時18歳未満）に対して死刑を科すべきときは無期刑を言い渡さなければならない（少年法51条1項）。また，無期刑が処断刑の場合には，10年以上15年以下の範囲内において有期の懲役または禁錮刑を言い渡すことができる（同2項）。今回の改正までは，無期刑が処断刑の場合には，必ず10年以上15年以下の範囲内において有期の懲役または禁錮刑を言い渡さなければならないとされていた（旧51条）。しかし，今回の改正により，裁量により無期刑を言い渡すこともできるし，10年以上15年以下の範囲内において有期の懲役または禁錮刑を言い渡すこともできると改められた。これは，本来，無期刑を相当とした事案について必ず有期刑に減刑しなければならないとすることは適当ではないという理由による。②A（判決言渡し時に少年である被告人）に対して，長期3年以上の懲役または禁錮刑を言い渡す場合には，その処断刑の範囲内において長期と短期を定めた不定期刑を言い渡す。ただし，短期が5年を超える刑で処断すべきときであっても，短期は5年に短縮して不定期刑を言い渡し，また，短期は5年，長期は10年を超えることはできない（少年法52条1項・2項）。もっとも，刑の執行猶予を言い渡すときは，不定期刑ではなく，定期刑を言い渡さなければならない（同条3項）。③A（判決言渡し時に少年である被告人）に対しては，換刑処分である労役場留置の言渡しはできない（同法54条）。

（5） 刑 の 執 行

もし，Aが懲役刑または禁錮刑の言渡しを受けた場合には，彼に対する監獄

内での刑の執行にあたっては、成人との分離が図られており、このような分離はＡが満20歳に達した後であっても、満26歳に達するまでは継続することができるとされている（少年法56条1項・2項）。また、今回の改正により、懲役または禁錮刑の言渡しを受けたＡが満16歳未満である場合には、16歳に達するまで少年院でその刑の執行をすることができるとする規定が新たに設けられた。この場合、Ａには矯正教育が授けられる（同56条3項）。

（6） 仮 出 獄

仮出獄についても、少年法には特則が設けられており、少年のとき懲役、禁錮の言渡しを受けた者については、大幅にその期間が短縮されている（少年法58条）。それでは、たとえば、Ａに死刑をもって処断すべきときに無期刑が言い渡された場合、仮出獄はいつ許されるのであろうか。この点について、刑法は、無期刑については、10年を経過した後でなければ仮出獄を許すことはできないとしている（28条）。これに対し、**少年法では**、少年が無期刑に処せられた場合には、7年を経過した後仮出獄を許すことができるという特則が置かれている（同58条1項1号）。しかしそうするとＡには死刑を減刑して無期刑としたうえに仮出獄を許す期間の点でも、特典を与えることになり、罪刑の均衡、被害者感情等の点から妥当とはいえない。このような理由から、**今回の改正**により死刑を減刑して無期刑を言い渡した場合には、58条1項1号の規定は適用しないこととされた（同法58条2項）。

（7） 公 訴 時 効

最後に、公訴時効の停止についての特則についても触れておこう。少年法では公訴時効の停止についても、以下のような特則が定められている。①家庭裁判所が一般人からの通告、または家庭裁判所調査官からの報告により調査を開始した事件に関しては、審判開始の決定があったときから、また、②家庭裁判所が検察官、司法警察職員、都道府県知事、児童相談所長から家庭裁判所の審判に付すべきとして送致を受けた事件に関しては、送致の時から、保護処分の決定が確定するまで公訴時効は停止する（少年法47条1項）。いずれの場合においても、本人が途中で満20歳に達しても同様である（同条2項）。

事項索引

あ行

アリバイ …………………………115
移監請求 …………………………114
異　議 ……………………………160
　——の申立 ……………………243
移審の効力 ………………………227
移　送 ……………………………195
一事不再理効 …………………219, 254
一般抗告 …………………………225
一般的指揮権 ……………………17
一般的指示権 ……………………17
一般予防 …………………………3
違法収集証拠 …………………152, 161
　——の排除法則 ……………151, 162
違法捜査の抑止 …………………165
違法排除説 ……………………162, 178
冤罪事件 …………………………55
押　収 ……………………………61
押収拒絶義務 ……………………63
押収拒絶権 ………………………63

か行

開示手続方式 ……………………53
介入権 ……………………………157
回　避 ……………………………129
回復証拠 …………………………206
家庭裁判所送致 …………………251
家庭裁判所の審判 ………………253
管轄違いの判決 …………………209
観護措置 …………………………252

間接証拠（状況証拠） …………148
鑑　定 ……………………………79
鑑定受託者 ………………………197
鑑定人 ……………………………158
　——の鑑定書 …………………197
鑑定人尋問 ………………………159
鑑定命令 …………………………197
鑑定留置 …………………………158
期日外尋問 ………………………157
希釈の理論 ………………………172
起訴状 ……………………………121
起訴状一本主義 ………………7, 123
起訴独占主義 …………………4, 6, 117
起訴法定主義 ……………………117
起訴猶予処分 ……………………118
忌　避 ……………………………129
忌避申立却下決定 ………………242
逆送決定 …………………………250
旧刑事訴訟法 ……………………4
糺問的捜査観 ……………………20
糺問手続 …………………………102
供述拒否権の告知 ………………45
供述証拠 ………………………148, 163
供述書 ……………………………191
供述代用書面 ……………………183
供述不能 ………………………190, 191
供述録取書 ………………………191
強制採血 …………………………81
強制採尿 …………………………80
強制手段 …………………………21
強制処分法定主義 ………………19

強制捜査……………………17, 117
共同被告人 ………………154, 199
共犯者の自白 ………………181
虚偽排除説 …………………177
挙証責任 ……………………149
緊急捜索・差押え …………71
緊急逮捕 ………………32, 41
具体的指揮権 ………………17
具体的総合説 ………………228
虞犯少年 ……………………250
警察官職務執行法…………22
警察の組織 …………………15
形式裁判 …………209, 236
形式的確定力 ………………218
形式的挙証責任 ……………153
形式的訴訟条件 ……………237
刑事訴訟法 ………………2, 9
──の種類 ………………9
刑事被疑者弁護人法律扶助制度 …105
刑訴応急措置法 ……………5
継続審理主義 ………………140
刑の時効 ……………………124
結　審 ………………………147
決　定 …………………208, 209
厳格な証明 …………………205
現行犯 ………………………28
現行犯逮捕 ………………32, 38
検察官面前調書 ……………193
検察審査会の制度 …………7
検　視 ………………………28
検　証 ………………………77
検証調書 ……………………195
検証令状 ……………………35
限定説 ………………………205

検面調書 ……………………200
合意書面 ……………………203
勾　引 ………………………135
公開主義 ……………………139
合議体（合議制）………127, 208, 231
合議体裁判所の意思決定 …211
拘禁二法案 …………………55
交互尋問制 ……………99, 156
控　訴 ………………………230
控訴棄却 ……………………231
公訴棄却 ……………………217
──の判決 ………………210
公訴時効の停止進行 ………126
公訴事実の単一性 …………122
控訴趣意書 ……………229, 233
控訴受理 ……………………236
控訴審 ………………………224
控訴手続 ……………………232
公訴の時効 …………………124
公訴の提起……………13, 117, 121
公訴不可分の原則 …………124
控訴申立書 …………………232
控訴理由 ……………………230
拘置監 ………………………54
公的弁護制度 ………………104
口頭主義 ……………………140
口頭弁論主義 ………………140
公判期日の指定 ……………132
公判顕出 ……………………241
公判準備 ……………………131
公判中心主義 ………………136
公判手続更新 ………………195
公平な裁判所 ………………129
攻防対象論 …………………228

公務文書 ……………………………197
拘　留 ……………………………47
勾　留 ……………………………47
　　──の取消 ……………………57
勾留期間 ……………………………56
勾留質問 ……………………………51
勾留執行の停止 ……………………114
勾留請求 ……………………………251
勾留取消 ……………………………114
勾留場所 ……………………………54
勾留理由開示 ………………………52
勾留理由開示請求者 ………52, 225
国選弁護人 …………………………104
国選弁護人制度 ……………………132
告　訴 ……………………………29
告　発 ……………………………29
国家刑罰権 …………………………2
国家訴追主義 ………………………117
コンピュータ・データの捜索・差押え…72

さ行

罪刑法定主義 ………………………2
最終陳述 ……………………………234
最終弁論 ……………………………146
再主尋問 ……………………100, 156
罪証隠滅の防止 ……………………47
再審請求 ……………………………246
再審請求権者 ………………………246
再審請求事由 ………………………240
再審・非常上告（非常救済制度）…224
再逮捕・再勾留の禁止 ……………58
在宅起訴 ……………………………45
再伝聞 ………………………………191
再伝聞証拠 …………………………200

再度の考案 …………………………243
裁判官面前調書（裁面調書）………192
裁判所 …………………………127, 208
裁判所外尋問 ………………………157
裁判長の補充尋問 …………………100
裁判の公開主義 ……………………4
裁判の公開の原則 …………………139
参考人 ………………………………94
　　──の取調べ ……………………94
参審制 ………………………………137
三審制度 …………………………4, 238
事件受理申立 ………………………240
事件単位説 …………………………58
時効期間 ……………………………125
時効の起算点 ………………………125
事後審 ………………………………224
自己負罪拒否特権 …………………155
自己矛盾供述 ………………………204
事実誤認 ……………………………232
事実審 ………………………………224
自　首 ……………………………29
自然的関連性 ………………………151
死体見分 ……………………………29
実況見分 ……………………………196
実況見分調書 ………………………196
実質証拠 …………………………148, 206
実質的挙証責任 ……………………153
実体裁判 ……………………………209
実体的真実主義 ……………………6
自動車検問 …………………………26
自　白 …………………………176, 199
　　──の証明力（信用性）………8, 179
　　──の任意性 ……………………115
　　──は証拠の王 …………………176

自白法則（自白の任意性）………151, 177
事物管轄 ……………………129, 231
司法協力義務 ……………………155
司法警察職員……………………6, 16
写真撮影 …………………………70
終局裁判 …………………………209
自由心証主義 ……………4, 152, 215
重大な違法 ………………………169
集中審理主義 ……………………140
自由な証明 ………………………205
重要参考人 ………………………95
主尋問 ……………………………156
受任裁判官 ………………………208
主　文 ……………………………213
受命裁判官 ………………………208
準抗告 ……………………225, 244
召　喚 ……………………………135
上級審優越 ………………………229
情況証拠（間接証拠）……………189
証言拒否権 ………………………155
証言能力 …………………………155
証　拠 ……………………………148
　──の自由心証主義 ……………4
　──の収集手続 ………………161
　──の必要性 …………………190
　──の不可欠性 ………191, 192
証拠開示 …………………………133
証拠禁止 …………………………151
上　告 ……………………………238
上告趣意書 ………………………229
上告審 ……………………225, 240
上告申立書 ………………………239
証拠決定 …………………………145
証拠書類 …………………………149

証拠調べ請求 ……………………143
証拠資料 …………………………148
証拠能力 ……………………150, 152
証拠物 ……………………………149
　──の排除法則 ………………163
証拠方法 …………………………148
証拠保全 …………………………115
　──の請求権 …………………90
上訴期間 …………………………226
上訴権 ……………………………225
上訴申立書 ………………………227
証　人 ……………………………153
証人義務 …………………………98
証人尋問 ……………………97, 153
証人尋問説 ………………………160
証人尋問調書 ……………………158
証人適格 ……………………97, 154
証明力 ……………………152, 204
　──を争う ……………………206
　──を争う証拠 ………………204
職権尋問制 ………………………156
職権破棄の制度 …………………240
嘱託尋問調書 ……………………152
触法少年 …………………………250
職務質問 …………………………22
所持品検査 ………………………24
除　斥 ……………………………129
除斥事由 ……………………152, 231
書面審理の方式 …………………240
書類送検 …………………………45
審級管轄 …………………………130
人権保障 …………………………5
人権擁護（保障）主義 ……………6
人権擁護説 ………………………178

真実発見	165, 171
人　証	149
真相解明	165
身体検査令状	78
身体検査令状説	80
人定質問	155
信用性の情況的保障	190
請　求	29
接見交通権	89
接見指定	108
接見指定違憲説	112
接見指定制度	103
絶対的控訴理由	230
善意の例外	170
全件送致主義	252
訴　因	123
増強証拠	149, 206
送　検	45
捜　査	4, 14, 61
──の端緒	21
捜査機関	14
捜　索	61
捜索差押許可状	20
捜索差押令状	67
捜索令状	35
相対的控訴理由	230
相反供述	193
相反・実質的不一致	193
即時抗告	225
続　審	224
訴訟関係人の補充尋問	101
訴訟記録	227
訴訟指揮権	141, 142
疎明資料	233

た行

大　赦	232
退廷命令	203
逮　捕	31
──現場	76
──の必要性	36, 40
逮捕・勾留	58
逮捕・勾留一回性の原則	58
逮捕状請求書	37
逮捕状の緊急執行	38
逮捕前置主義	50, 113
代用監獄	55
立会権	158
立会権肯定説	112
立会人	96
──の指示説明	196
弾劾証拠	149, 204
弾劾的捜査観	20
単独体（単独制）	127, 208
治罪法	3
調　査	235
調書の録取	96
直接主義	140, 187
直接証拠	148
通常抗告	225
通常逮捕	32, 33
通信傍受（電話盗聴等）	82
通訳人	159
罪となるべき事実	214
停止の効力	227
適正手続（デュー・プロセス）	165
──の保障	171, 224
手続によらなければ刑罰なし	2

デュープロセス主義 …………………6
伝聞証拠 ………………………………183
伝聞証拠排斥の原則 …………………183
伝聞証人 ………………………………199
伝聞書面 ………………………………191
伝聞法則（伝聞排除法則）…145, 151, 185
伝聞例外 ………………………………191
同意権者 ………………………………203
同意書面 ………………………………201
当事者主義的訴訟構造 ………………136
当番弁護士制度 ………………………105
答弁書 …………………………………233
毒樹の果実の理論 ……………………171
特信情況 …………………………192, 193
特信書面 ………………………………197
特別抗告 ………………………………225
特別予防 …………………………………3
独立源の理論 …………………………172
土地管轄 …………………………130, 231

な行

内容的確定力 …………………………218
二重起訴の禁止 ………………………220
二重の危険禁止の原則 ……………229, 254
任意処分優先主義 ………………………18
任意性の調査 …………………………201
任意捜査 …………………………………17, 117

は行

陪審制 …………………………………137
配分的正義 ……………………………117
破棄差戻 ………………………………195
破棄自判 ………………………………234
判　　決 ………………………………208

判決訂正申立期間 ……………………242
犯罪少年 ………………………………250
犯罪の嫌疑 ………………………………49
犯罪の明白性 ……………………………40
反対尋問 …………………………100, 156, 184
判断遺脱 ………………………………231
犯人の明白性 ……………………………40
被疑者 ……………………………………86
　──の人権保障 ………………………5
　──の調書 ……………………………87
　──の取調べ …………………………86
　──の別件逮捕・勾留 ………………88
　──の防御権 …………………………89
　──の黙秘権 …………………………86
被疑者勾留 ………………………………48
被疑者国選弁護制度 …………………103
非供述証拠 ………………………148, 163
非限定説 ………………………………204
被告人 ……………………………………90
　──の証人審問権 …………………186
　──の取調べ …………………………90
　──の黙秘権 …………………………93
被告人勾留 ………………………………48
被告人質問 ……………………………159
　──の制度 …………………………154
被告人質問説 …………………………160
非終局裁判 ……………………………209
非常上告 ………………………………247
非伝聞 …………………………………187
人単位説 …………………………………58
秘密交通権 ……………………………108
秘密の暴露 ……………………………179
飛躍上告 ………………………………230
不一致供述 ……………………………193

不可避的な発見の例外 …………170	法律審 ……………………224
不起訴処分 ………………118	法律的関連性 ……………151
覆　審 ……………………224	法律なければ刑罰なし ……………2
不告不理の原則 ……………124, 231	法令の適用の誤り ……………232
付審判請求 ………………243	補強法則 …………………180
付審判請求事件 ……………225	保佐人 ……………………225
物　証 ……………………149	保　釈 ……………………135
不服申立の制度 ……………223	保釈金 ……………………136
部分上訴説 ………………228	補充尋問 …………………156
不利益な事実の承認 ………199	保証書 ……………………233
不利益変更禁止 ……………228	補助事実 …………………205
プレイン・ビュー（明認）法理 ……71	補助証拠 …………………148
併科刑 ……………………125	本件基準説 …………………60
平均的正義 ………………117	本件着目説 …………………60
別件基準説 …………………60	翻訳人 ……………………159

ま行

別件捜索・差押え …………70	無罪の推定 …………………90
別件逮捕・勾留 ……………59	──の原則 ………………102, 135
ヘービアス・コーパスの制度 ………113	──の法理 …………………47
弁護人 ……………………103	無罪判決 …………………217
──の接見交通権 …………7, 107	命　令 ……………………208, 209
弁護人依頼 ………………93, 103	免　訴 ……………………126
弁護人選任権 ……………103	免訴説 ……………………228
──の告知 …………………7	免訴判決 …………………210, 221
弁護人立会権 ……………111	目撃証拠 …………………188
変死体 ……………………28	黙秘権 ……………………112
片面的限定説 ……………205	
弁論主義 …………………139	

や行

包括上訴説 ………………228	有罪判決 …………………214
包括的黙秘権 ……………154, 159	誘導尋問 …………………100, 156
法廷警察権 ………………142	要証事実 …………………188
法定代理人 ………………225	予審手続 ……………………4
法的安定性 ………………223	予断排除の原則 ……………123
冒頭陳述 …………………143	
冒頭手続 …………………142	

ら行

理由齟齬 …………………………231
留置所 ……………………………54
理由不備 …………………………231
量刑事情 …………………………224
量刑の理由 ………………………216
量刑不当 …………………………231

領　置 ……………………………62
臨床尋問 …………………………158
令　状 ……………………………64
　──によらない検証 …………78
　──による捜索・差押え ……64
　──の執行 ……………………67
令状主義 ……………………14, 19, 61
論告・求刑 ………………………146

編者　河上　和雄

〔執筆者〕　　　　　　　　　　　　　　　〔担当箇所〕

河上　和雄（駿河台大学教授，弁護士）　1
近藤　和哉（富山大学助教授）　2, 3
上田信太郎（岡山大学教授）　4
臼木　豊（小樽商科大学助教授）　5, 12
津田　重憲（明治大学教授）　6
新屋　達之（立正大学助教授）　7
吉田　宣之（桐蔭横浜大学教授）　8, 10, 15
辻脇　葉子（明治大学教授）　9
内田　浩（岩手大学助教授）　11
吉弘　光男（久留米大学教授）　13
新保　佳宏（京都学園大学助教授）　14
山本　輝之（名古屋大学教授）　16

みぢかな刑事訴訟法

2003年4月30日　第1版第1刷発行

編者　河上　和雄
発行　不磨書房
〒113-0033 東京都文京区本郷6-2-9-302
TEL(03)3813-7199／FAX(03)3813-7104

発売　㈱信山社
〒113-0033 東京都文京区本郷6-2-9-102
TEL(03)3818-1019／FAX(03)3818-0344

制作：編集工房INABA　　印刷・製本／松澤印刷
©著者, 2003, Printed in Japan

ISBN4-7972-9225-3 C3332

不磨書房

戒能民江 著（お茶の水女子大学教授）　　山川菊栄賞受賞
ドメスティック・バイオレンス
本体 3,200 円（税別）

導入対話による **ジェンダー法学**　浅倉むつ子監修（東京都立大学教授）
戒能民江・阿部浩己・武田万里子ほか　　9268-7　■ 2,400 円（税別）

キャサリン・マッキノン／ポルノ・買春問題研究会編
マッキノンと語る　◆ポルノグラフィと売買春
性差別と人権侵害、その闘いと実践の中から　　四六変　本体 1,500 円（税別）

◆女性執筆陣による法学へのいざない◆
Invitation 法学入門【新版】　9082-x ■ 2,800 円（税別）
岡上雅美（新潟大学）／門広乃里子（実践女子大学）／船尾章子（神戸市立外国語大学）
降矢順子（玉川大学）／松田聰子（桃山学院大学）／田村陽子（山形大学）

これからの 家族の法（2分冊）　奥山恭子 著（帝京大学助教授）
1　親族法編　9233-4　　2　相続法編　9296-2　■各巻 1,600 円（税別）

法 学 講 義〔第2版〕　新里光代 編著（北海道教育大学名誉教授）
篠田優（北海道教育大学旭川校）／浅利祐一（同釧路校）／寺島壽一（同札幌校）
永盛恒男（函館大学）／土井勝久（札幌大学）　9086-2　■ 2,600円（税別）

- -
◆　市民カレッジ　シリーズ　◆

1　知っておきたい **市民社会の法**　金子 晃（慶應義塾大学名誉教授）編 ■ 2,400 円（税別）
2　市民社会における **紛争解決と法**　宗田親彦（弁護士）編　■ 2,500 円（税別）
3　市民社会における **行 政 と 法**　園部逸夫（弁護士）編　■ 2,400 円（税別）
4　**市民社会と 公　益　学**　小松隆二・公益学研究会 編■ 2,500 円（税別）
- -

不磨書房

◆ ファンダメンタル 法学講座 ◆

民　法　〈民法 全5巻 刊行予定〉

1 総則　草野元己(三重大学)／岸上晴志(中京大学)／中山知己(桐蔭横浜大学)　9242-3
　　　　　清原泰司(桃山学院大学)／鹿野菜穂子(立命館大学)　本体 2,800 円 (税別)

2 物権　清原泰司／岸上晴志／中山知己／鹿野菜穂子　9243-1
　　　　　草野元己／鶴井俊吉(駒沢大学)　★近刊

商　法　〈商法 全3巻 刊行予定〉

1 総則・商行為法　9234-2　　定価：本体 2,800 円 (税別)
　今泉邦子(南山大学)／受川環大(国士舘大学)／酒巻俊之(日本大学)／永田均(青森中央学院大学)
　中村信男(早稲田大学)／増尾均(松商学園短期大学)／松岡啓祐(専修大学)

民事訴訟法　9249-0　　定価：本体 2,800 円 (税別)
　中山幸二(明治大学)／小松良正(国士舘大学)／近藤隆司(白鷗大学)／山本研(国士舘大学)

国際法　9257-1　　定価：本体 2,800 円 (税別)
　水上千之(広島大学)／臼杵知史(明治学院大学)／吉井淳(明治学院大学)編
　山本良(埼玉大学)／吉田脩(筑波大学)／高村ゆかり(静岡大学)／高田映(東海大学)
　加藤信行(北海学園大学)／池島大策(同志社女子大学)／熊谷卓(新潟国際情報大学)

～～～～～～～～～～～～ 導入対話 シリーズ ～～～～～～～～～～～～

導入対話による**民法講義（総則）【新版】**	9070-6	■ 2,900 円 (税別)
導入対話による**民法講義（物権法）**	9212-1	■ 2,900 円 (税別)
導入対話による**民法講義（債権総論）**	9213-X	■ 2,600 円 (税別)
導入対話による**刑法講義（総論）【第2版】**	9083-8	■ 2,800 円 (税別)
導入対話による**刑法講義（各論）**　★近刊	9262-8	予価 2,800 円 (税別)
導入対話による**刑事政策講義**　土井政和ほか	9218-0	予価 2,800 円 (税別)
導入対話による**商法講義**(総則・商行為法)【第2版】	9084-6	■ 2,800 円 (税別)
導入対話による**国際法講義**　廣部和也・荒木教夫	9216-4	■ 3,200 円 (税別)
導入対話による**医事法講義**　佐藤司ほか	9269-5	■ 2,700 円 (税別)
導入対話による**ジェンダー法学**　浅倉むつ子監修	9268-7	■ 2,400 円 (税別)

不磨書房

ケイスメソッド 刑法総論 9073-0	船山泰範 (日本大学)
ケイスメソッド 刑法各論 9080-3	清水洋雄 (秋田経済法科大学) 編 中村雄一 (秋田経済法科大学)

南部篤 (日本大学)／水野正 (日本大学)／岡西賢治 (日本大学)／只木誠 (中央大学)／
鈴木彰雄 (関東学園大学)／山本光英 (山口大学)／菊池京子 (神奈川大学)／小林敬和 (高岡法科大学)
後藤弘子 (東京富士大学)／辻本衣佐 (明治大学)／野村和彦 (日本大学)／小針健慈 (日本人学)
武田茂樹 (日本大学)／前原宏一 (札幌大学)　　　　各巻　本体 2,000 円 (税別)

◇◇ **法学検定試験**を視野に入れた **ワークスタディ シリーズ** ◇◇

1　ワークスタディ 刑法総論 (第2版)　定価：本体 1,800円 (税別)

島岡まな (大阪大学) 編　／北川佳世子 (海上保安大学校)／末道康之 (南山大学)
松原芳博 (早稲田大学)／萩原滋 (愛知大学)／津田重憲 (明治大学)／大野正博 (朝日大学)
勝亦藤彦 (海上保安大学校)／小名木明宏 (熊本大学)／平澤修 (中央学院大学)
石井徹哉 (奈良産業大学)／對馬直紀 (宮崎産業経営大学)／内山良雄 (九州国際大学)　9074-9

2　ワークスタディ 刑法各論　定価：本体 2,200円 (税別)

島岡まな (大阪大学) 編　／北川佳世子 (海上保安大学校)／末道康之 (南山大学)
松原芳博 (早稲田大学)／萩原滋 (愛知大学)／津田重憲 (明治大学)／大野正博 (朝日大学)
勝亦藤彦 (海上保安大学校)／小名木明宏 (熊本大学)／平澤修 (中央学院大学)
石井徹哉 (奈良産業大学)／對馬直紀 (宮崎産業経営大学)／内山良雄 (九州国際大学)
関哲夫 (国士舘大学)／清水真 (獨協大学)／近藤佐保子 (明治大学)　9281-4

3　ワークスタディ 商法 (会社法)　定価：本体 2,400円 (税別)

石山卓磨 (日本大学) 編　／河内隆史 (神奈川大学)／中村信男 (早稲田大学)
土井勝久 (札幌大学)／土田亮 (東亜大学)／松岡啓祐 (専修大学)／松崎良 (東日本国際大学)
王子田誠 (東亜大学)／前田修志 (東亜大学)／松本博 (宮崎産業経営大学)／
大久保拓也 (日本大学)／松嶋隆弘 (日本大学)／川島いづみ (早稲田大学)　9289-X

事例で学ぶ 刑法総論	吉田宣之 著 (桐蔭横浜大学教授)	9078-1	■予価 2,200 円

刑法総論	小松 進 著 (大東文化大学教授)	9079-X	■予価 2,200 円

─────────── 講説　シリーズ ───────────

講説　民　法　総　則　　9081-1　■ 2,800 円（税別）
久々湊晴夫（北海道医療大学）／木幡文徳（専修大学）／高橋敏（国士舘大学）／田口文夫（専修大学）
野口昌宏（大東文化大学）／山口康夫（流通経済大学）／江口幸治（埼玉大学）

講説　民　法（債権各論）　9208-3　■ 3,600 円（税別）
山口康夫（流通経済大学）／野口昌宏（大東文化大学）／加藤輝夫（日本文化大学）
菅原静夫（帝京大学）／後藤泰一（信州大学）／吉川日出男（札幌学院大学）／田口文夫（専修大学）

講説　民　法（親族法・相続法）【改訂第2版】　9251-2　■ 3,000 円（税別）
落合福司（新潟経営大学）／小野憲昭（北九州市立大学）／久々湊晴夫（北海道医療大学）
木幡文徳（専修大学）／桜井弘晃（埼玉短期大学）／椎名規子（茨城女子短期大学）
高橋敏（国士舘大学）／宗村和広（信州大学）

講説　民　法（物権法）　9209-1　■ 2,800 円（税別）
野口昌宏（大東文化大学）／庄菊博（専修大学）／小野憲昭（北九州市立大学）／山口康夫（流通経済大学）
後藤泰一（信州大学）／加藤輝夫（日本文化大学）

講説　民　法（債権総論）　9210-5　■ 2,600 円（税別）
吉川日出男（札幌学院大学）／野口昌宏（大東文化大学）／木幡文徳（専修大学）／山口康夫（流通経済大学）
後藤泰一（信州大学）／庄菊博（専修大学）／田口文夫（専修大学）／久々湊晴夫（北海道医療大学）

講説　民事訴訟法【第2版】　9277-6　■ 3,400 円（税別）
遠藤功（日本大学）=**文字浩**（神戸海星女子学院大学）編著／安達栄司（成城大学）／
荒木隆男（亜細亜大学）／大内義三（沖縄国際大学）／角森正雄（富山大学）／片山克行（作新学院大学）
金子宏直（東京工業大学）／小松良正（国士舘大学）／佐野裕志（鹿児島大学）／高地茂世（明治大学）
田中ひとみ（元関東学園大学）／野村秀敏（横浜国立大学）／松本幸一（日本大学）／元永和彦（筑波大学）

講説　商　法（総則・商行為法）　9250-4　［近刊］
加藤徹（関西学院大学）／吉本健一（大阪大学）／金田充広（関東学園大学）／清弘正子（和歌山大学）

〜〜〜〜〜〜〜〜〜　近刊案内　〜〜〜〜〜〜〜〜〜

ADRの基本的視座　9298-9　◇ADR基本法へのパースペクティブ◇
早川吉尚（立教大学）／山田文（岡山大学）／濱野亮（立教大学）編著◆　　［近刊］
長谷部由起子（学習院大学）／谷口安平（東京経済大学）／小島武司（中央大学）
笠井正俊（京都大学）／垣内秀介（東京大学）／和田仁孝（九州大学）／中村芳彦（弁護士）

◇フロム・ナウシリーズ◇　**損害賠償法**　9283-0　橋本恭宏　著（明治大学）

労　働　法　9288-1
毛塚勝利（専修大学）／島田陽一（早稲田大学）
青野覚（明治大学）／石井保雄（獨協大学）／浜村彰（法政大学）／山田省三（中央大学）

不磨書房

初学者にやさしく、わかりやすい、法律の基礎知識
───石川明先生のみぢかな法律シリーズ───

みぢかな法学入門【第2版】　慶應義塾大学名誉教授　石川　明 編
有澤知子 (大阪学院大学)／神尾真知子 (尚美学園大学)／越山和広 (香川大学)
島岡まな (大阪大学)／鈴木貴博 (東北文化学園大学)／田村泰俊 (東京国際大学)
中村壽宏 (九州国際大学)／西山由美 (東海大学)／長谷川貞之 (駿河台大学)
松尾知子 (京都産業大学)／松山忠造 (山陽学園大学)／山田美枝子 (大妻女子大学)
渡邊眞男 (常磐大学短期大学)／渡辺森児 (平成国際大学)　009203-2　■ 2,500 円 (税別)

みぢかな民事訴訟法【第2版】　慶應義塾大学名誉教授　石川　明 編
小田敬美 (松山大学)／小野寺忍 (山梨学院大学)／河村好彦 (明海大学)／木川裕一郎 (東海大学)
草鹿晋一 (平成国際大学)／越山和広 (香川大学)／近藤隆司 (白鷗大学)／坂本恵三 (朝日大学)
椎橋邦雄 (山梨学院大学)／中村壽宏 (九州国際大学)／二羽和彦 (高岡法科大学)／福山達夫 (関東学院大学)
山本浩美 (東亜大学)／渡辺森児 (平成国際大学)　009223-7　■ 2,800 円 (税別)

みぢかな倒産法　慶應義塾大学名誉教授　石川　明 編
岡伸浩 (弁護士)／田村陽子 (山形大学)／山本研 (国士舘大学)／草鹿晋一 (平成国際大学)
近藤隆司 (白鷗大学)／栗田陸雄 (杏林大学)／宮里節子 (琉球大学)／本田耕一 (関東学院大学)
波多野雅子 (札幌学園大学)／芳賀雅顯 (明治大学)　649295-4　■ 2,800 円 (税別)

みぢかな商法入門　酒巻俊雄 (元早稲田大学) ＝石山卓磨 (日本大学) 編
秋坂朝則 (日本大学)／受川環大 (国士舘大学)／王子田誠 (東亜大学)／金子勲 (東海大学)
後藤幸康 (京都学園大学)／酒巻俊之 (日本大学)／長島弘 (産能短期大学)
福田弥夫 (武蔵野女子大学)／藤村知己 (徳島大学)／藤原祥二 (明海大学)／増尾均 (松商学園短期大学)
松崎良 (東日本国際大学)／山城将美 (沖縄国際大学)　9224-5　■ 2,800 円 (税別)

みぢかな刑事訴訟法　河上和雄 (駿河台大学) ＝山本輝之 (帝京大学) 編
近藤和哉 (富山大学)／上田信太郎 (岡山大学)／津田重憲 (明治大学)／新屋達之 (立正大学)
辻脇葉子 (明治大学)／吉田宣之 (桐蔭横浜大学)／内田浩 (岩手大学)／臼木豊 (小樽商科大学)
吉弘光男 (久留米大学)／新保佳宏 (京都学園大学)　9225-3　■ 2,600 円 (税別)

みぢかな刑法 (総論)　内田文昭 (神奈川大学) ＝山本輝之 (帝京大学) 編
清水一成 (琉球大学)／只木誠 (中央大学)／本間一也 (新潟大学)／松原久利 (桐蔭横浜大学)
内田浩 (岩手大学)／島岡まな (大阪大学)／小田直樹 (広島大学)／小名木明宏 (熊本大学)
北川佳世子 (海上保安大学校)／丹羽正夫 (新潟大学)／近藤和哉 (富山大学)
吉田宣之 (桐蔭横浜大学)　9275-X　(近刊)

不磨書房